图书在版编目（CIP）数据

方玉润行履著述编年考 / 白云娇著 . — 北京：国家
图书馆出版社，2022.6

ISBN 978-7-5013-7541-7

Ⅰ . ①方… Ⅱ . ①白… Ⅲ . ①方玉润（1811–1883）
—传记 Ⅳ . ① K825.6

中国版本图书馆 CIP 数据核字（2022）第 115591 号

书　　名　方玉润行履著述编年考
著　　者　白云娇　著
责任编辑　于春媚　刘鑫伟

出版发行　国家图书馆出版社（北京市西城区文津街 7 号　　100034）
　　　　　（原书目文献出版社　北京图书馆出版社）
　　　　　010-66114536　63802249　nlcpress@nlc.cn（邮购）
网　　址　http://www.nlcpress.com
印　　装　北京科信印刷有限公司
版次印次　2022 年 6 月第 1 版　2022 年 6 月第 1 次印刷

开　　本　710×1000（毫米）　1/16
印　　张　20
字　　数　278 千字
书　　号　ISBN 978-7-5013-7541-7
定　　价　68.00 元

方玉润六十五岁小照
（《星烈日记汇要》卷前，同治十二年陇东分署刻本，国家图书馆藏）

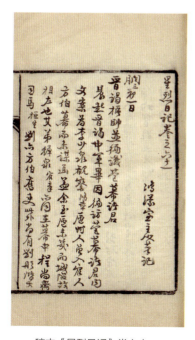

稿本《星烈日记》卷六十一
（国家图书馆藏）

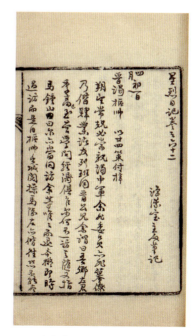

稿本《星烈日记》卷六十二
（国家图书馆藏）

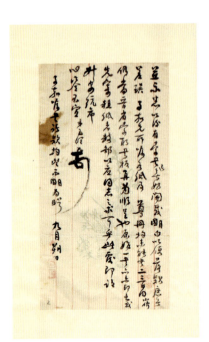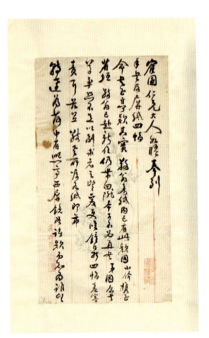

方玉润致友人（鹤园）手札一（国家图书馆藏）

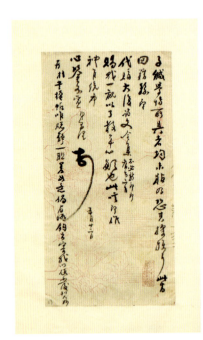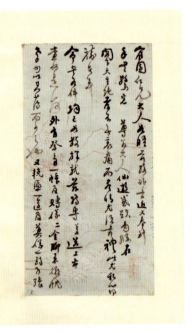

方玉润致友人（鹤园）手札二（国家图书馆藏）

凡 例

一、本编年以考证方玉润生平、行迹、交游为主，并尽可能对其创作进行系年。

二、本书之编排，悉以时间为序。一年之内，日月可考的，以日月为序；仅详于月份的，系于每月之末；仅详于季节的，系于各季之末；仅详于年份的，系于各年之末。

三、本编年纪时皆为阴历，特殊时候需要标注公历的，则于阴历后用括号注出。朔闰变化及与公历之对照，均依据陈垣《中西回史日历》。

四、编年所依据的谱主作品，包括咸丰十一年至同治十三年刻本《鸿濛室文钞》六卷、同治十二年陇东分署刻本《星烈日记汇要》四十卷、同治十三年刻本《鸿濛室诗钞》二十卷、《鸿濛室文钞二集》二卷以及稿本《星烈日记》《心烈日记》《新烈日记》。正文中征引时会分别注明出处。

五、对谱主作品已收入刻本诗文集且篇幅较长者，本编年征引只注明出处；部分与事实考证或展现谱主心态有关者，会择要摘录；另有不载入诗文集者，则尽可能全录，以存文献。

六、谱主薄宦微名，所与来往者多为下层官员文士，生平履历颇难确考。本编年对名公巨卿生平尽量从简，布衣寒士考证力求详尽，不可考者仅先记录，俟文献丰富再加以补充。

七、谱主自清咸丰五年离滇投军，自滇而黔，由黔而蜀，由蜀而楚，由楚而粤，后入京铨选，直至赴陇州任同知，一生多数时间都在颠沛流离中度过。故本编年在叙录谱主行迹时，不厌繁琐，详列每日行程，以展现当时下层文人生活之兜转不易。

八、本编年所涉及人物小传，仅对其生平作概括介绍，故不大量征引原始文献。人物时代如无特别说明，皆为清代。

九、编年所涉及具体地名，凡古今同名者，不另外标注今地名；凡古今异名者，则于按语或括号内标注今地名或所属地。

目 录

清嘉庆十六年　辛未（1811）　一岁

出生于云南宝宁（今广南）。其先由蜀迁滇。始祖承宗，高祖正矩，曾祖世璧，祖贵、字天锡。父凌瀚时年十八岁，母严氏二十一岁。兄弟四人，为玉润、玉树、玉铭、玉筠。树与筠早卒，玉铭出继族伯国宝公。玉润字友石，又字黝石，自号鸿濛子。

方玉润《预拟坝东阡表》云："先考讳凌瀚，字振鹏，北溟其别号也。郡明经候铨训导，先王父天锡公少子。先是，天锡公嫡配钟太宜人，生子不禄，再娶篷室农、韦两太宜人。时年已届六旬，逾岁而先考生，农所出也。先妣姓严氏，同邑拔贡生、举孝廉方正实甫公第四女，性尤慈介，长先考三岁，佐理家政，井井有条，虽先考之精详，犹逊谢弗及焉。……嘉庆辛未，玉润生。甲戌，先王父母相继卒，先考哀毁骨立，先妣痛不欲生，咸能感动乡邻。迨道光丁亥，先祖妣农太宜人弃养，庚戌，庶祖妣韦太宜人又弃养。先考经营丧葬，所养一如所生。……咸丰乙卯，江淮大乱，惟滇境静谧，玉润始出滇，冀博微名，归奉双亲。……迨戊午，始博微宦。返至星沙，即闻亲讣，而又阻乱不得归。……先考生于乾隆甲寅冬十二月二十四日，卒于咸丰丁巳六月十五日，享年六十有四。以玉润官例赠奉直大夫，晋封奉政大夫。先妣生于乾隆辛亥冬十一月初五日，卒于咸丰丁巳六月初十日，享年六十有七。例赠宜人。"

方玉润侄子思慎《拟征方友石七十寿言节略》云："家伯奉政公篆玉润，字黝石，亦字圆龙。鸿濛子，其别号也。"

王权《敕授承德郎陕西砖坪厅通判方君墓志铭》云："君姓方氏，讳玉润，字友石，一字黝石，自号鸿濛子，云南宝宁人。"

元至元十二年（1275），朝廷设立广南西路宣府司。明洪武年间，改置广南府。清乾隆二年（1737），广南府附设宝宁县，县治与府同城。民国二年（1913），废府，宝宁县改为广南县，县名沿用至今。

清道光十年　庚寅（1830）　二十岁

《鸿濛室诗钞》收诗始于本年，卷一《俯仰集一》收庚寅至辛卯诗。

方思慎《拟征方友石七十寿言节略》云："及冠，作《观物诗》五十二首见志。"《俯仰集一》有《观物五十二首》，述及太极、五行天地、女娲、梯山、明月、五岳、黄山、仓颉造字、释氏轮回等世事万物。

庚寅到辛卯间，方玉润饱读诗书，遍游广南胜景，留存诗作除《观物五十二首》外，尚有《梦游九龙山歌有序》《九日灵雨山登高，题丰年洞二首》《登科岩绝顶，访狄武襄公驻马处》《北极殿》《微风》《山雨初过》《村居》《宿古庙》《题画》《晚过东山古刹》《罗汉峰歌在广南城北十里，形似弥勒，故名》《游东涧》《题谢梅庄先生文集事见本传》《读陈其年检讨文集》《谒狄武襄公祠在广南城西一里》《铜面具歌》《那琅龙潭夜坐，题李梦楼书屋壁》《过废园二首》《分水岭新葺古寺，秋夜借宿，偶题一律》。

诗多活泼自然，如《九日灵雨山登高题丰年洞二首》云："岩头鬼斧凿玲珑，仙灶丹留落叶中。洞壑千年藏古佛，蛟灶白日走阴风。河流地窟空潭紫，亭倚层峦老树红。欲向摩崖镌鸟篆，墨痕零乱岭西东。""暮色萧然接大荒，风吹乌帽下崇冈。岩泉雨滴千钟乳，石窦天留一线光。文字漫须摩日月，英雄未合老家乡。登临莫怪多豪兴，下界烟云气郁苍。"

《微风》云："鸟语碎岩廊，轻风拂槛刚。草浮山荡碧，花落涧余香。酒意微醺觉，茶烟春思飏。搴帷调玉轸，引兴到羲皇。"

《村居》云："石林烟尽处，茅屋几家存。两水绿环市，一峰青到门。偶邀渔者话，如对上皇论。晚饭各投径，夕霏生树痕。"

清道光十二年　壬辰（1832）二十二岁

补县学弟子员。读书万寿宫。

《星烈日记汇要》卷首《年表》方玉润自述云："余自道光壬辰岁，年二十二，补弟子员。乙未试优等，丙申食廪饩。迨咸丰乙卯，凡二十有四年，中间应乡试者十有二，应优贡者一，应拔萃科者二，均不第。"

方思慎《拟征方友石七十寿言节略》云："岁壬辰，始补弟子员，旋食廪饩。"

《鸿濛室诗钞》卷二《俯仰集二》有《梅花诗有序》，序云："壬辰初春，余读书万寿宫东偏小室，两旁有寒梅数株，间以修竹红垣掩映间，清秘华丽，虽玉堂清照，弗能过也。每晓起风露中，细雨濛濛，必披衣小立梅树下，徘徊良久。人静香幽，似有花灵之恨余来迟者，因为是诗以赋之。"

清道光十五年　乙未（1835）二十五岁

试优等。

清道光十六年　丙申（1836）二十六岁

食廪饩。

赵藩《方玉润传》云："玉润厄于科举，顾天资卓越，嗜读书，涉猎至博，又喜谈兵。"

清道光十八年　戊戌（1838）二十八岁

二弟玉树病逝。

《鸿濛室诗钞》卷二《俯仰集二》有《哭二弟玉树戊戌》云："廿载为兄弟，今宵隔九泉。琴心悲雁断，灯影乱幡悬。久病生如梦，多情死亦仙。只怜堂上泪，点点血斑圆。"

清道光二十年　庚子（1840）　三十岁

自壬辰至庚子，作古近体诗七十四首。此数年行迹多在昆明及周边。

　　《鸿濛室诗钞》卷二《俯仰集二》收壬辰至庚子间诗，除上文言《梅花诗有序》《哭二弟玉树戊戌》外，另有《神龙篇》《天马颂》《大鹏吟》《我》《将侍家大人赴泸西，呈别慈亲一首》《赴泸西道中杂咏八首》①（《白马关》《红石岩》《鹦哥箐》《兔儿海》《花贵塘》《日落墅》《飞土江》《木刻岭》）《望圭山》《广福寺》《游阿泸洞》《登五华山望昆明池》《谒诸葛武侯祠堂》《圆通寺》《月夜登海心亭》《铜瓦寺歌》《游鹦鹉山，题环翠宫壁》《安阜园访陈圆圆墓不得》《晚过小渔村》《登陲峰绝顶，醉后作歌》《有所思八首》（《蓬莱讥求仙也》《绿鬓刺美色也》《豢豹讽狂士也》《龙门怀古调也》《边陲感壮志也》《天花愧逃禅也》《高丘伤肥遁也》《虞廷缅圣德也》）《读朱子文集书后八首》《奇兴》《题月下醉饮图》《题秋江泛月图》《题射猎图》《觉梦辞》《远镜诗戏简唐植三，兼邀同作》《昆明旅夜，与赵芝山话莲中旧游山水》《游西山》《寄题华亭寺》《重九日登螺峰玄天阁》《捣衣曲》《塞上曲》《征人怨》《读书之暇，偶检数学诸书，择其要者各题一绝，得十二首》《宝刀歌为施威甫作，时王湘芸已先有诗，因走笔和之》《战国摘咏十首录四首》《题王香泉听秋图小照》《村夜书怀》《天心寺》《宿大江边》《石岗塘古寺题壁》《大麦地题旅舍壁》《路南晚晴，李梦皋催予赋诗，因成长句》。

清道光二十四年　甲辰（1844）　三十四岁

纳妾胡姬，生子阿同。

　　《鸿濛室诗钞》卷三《俯仰集三》有《纳胡姬》和《生子阿同甲辰》。

---

　　①　诗题所附诗歌数量字体大小不一，依原文照录。

此年家书亦云："男玉润跪禀……前云胡笏山送男一妾，本不敢受，既而思之，有二便焉。"

纳胡姬前，方玉润已有室人雷氏。方玉润于同治元年（1862）十二月廿七日自言："韫山甥谓余室雷氏病笃，临危时，泣谓胡姬曰：'余一生无出，故娶汝，汝虽生一子，而不幸早亡，余自恨不能相容，以致夫子久游不归，至今尚无嗣，均余咎也。今且死，无颜以见翁姑地下，惟嘱好语夫子，珍重后嗣，以赎余辜。'呜咽而亡。此所谓人之将死，其言也善，呜乎晚矣！"（事见《星烈日记》卷九十五）

清道光二十六年　丙午（1846）　三十六岁

科举屡次失败，闲居昆明，经商骨董肆。作《云永善后事宜议》《安置昆明良回论》。

赵藩《方玉润传》云："（玉润）肄业省会五华书院时，设一小骨董肆，常仿为郑燮、钱沣书，装裱售之，以济膏火。"

方思慎《拟征方友石七十寿言节略》云："丙午、丁未，云永汉回互斗，大吏办理不善，纷纷获遣去，即稍称善者，而乱源终未塞，乃作《云永善后事宜议》。……未几而东川回乱，几及省垣，又作《安置昆明良回论》。拟上当事，不果。"

清道光二十八年　戊申（1848）　三十八岁

自辛丑至戊申，作古近体诗九十四首。四弟玉筠亦在此数年间病逝。

《鸿濛室诗钞》卷三《俯仰集三》收此数年间诗，《纳胡姬》和《生子阿同甲辰》外，另有《边漱珊夫子以沅江州牧来守吾郡，未及一载，旋奉檄卸篆，兹当远别，呈诗四首》《读余生录歌呈边漱珊夫子》《赠唐植三》《恒药轩参戎招同王湘芸、王云樵昆季西郊古寺小饮，即席赋诗，适先生扇头自书剑南七古一章，因用其韵》《小斋夜坐杂感偶题八首录六》《施威甫别驾将随侍西山郡伯贡象入都，药轩参戎邀朋作饯，即席赋赠》《村居无聊，适马生携文过访，喜不自胜，因与把酒夜话，成此四律，即以为赠》《宜良道中》《雨后偕严秋槎、季膺昆仲暨段南史、边存赤、刘仲鸿诸同人小饮锦香楼上》《题胡笏山盐政漱石山房》《雪中登五华山，因访段南史共话，适胡笏山盐政招饮，遂取道翠海赴约，畅饮而归》《岁暮过羊肠村，题酒家壁》《春日宿今是园，柬秋槎二首》《游妙高寺在三华山，山形如蚌，寺傍有锡杖泉》《海源寺》《正觉寺》《宿海印寺》《笻竹寺》《法界寺寺为兰谷禅师奉敕传经处》《宝珠寺》《进耳寺》《过宝月关》《西洋江岩旁有杨家洞，相传征蛮军士没于此，至今有阴兵之异，甚可怪焉》《板蚌泛》《村居赠友》《寄马子云翁翁久病，已动归思，近接季膺手札，犹云与子云螺峰登高之语，则是精神比前更健也，因是有赠》《寄怀郭良园七丈》《寄怀恒药轩参戎兼问令嗣熙孺公子》《寄怀段南史，时设帐昆明萧庚泉孝廉斋中》《寄题严季膺自爱山房，即以为赠》《寄刘仲鸿》《哭四弟玉筠》《严秋槎奉檄复授莱阳丞，将东行，以诗留别，时余在莲，远隔千里，未及亲饯离筵，因次元韵寄呈四首》《重游圆通寺》《赠子云翁二首》《送贺耦庚夫子以滇黔制军解藩豫州》《福海阁小憩，同智周长老》《雪弥勒》《游温泉在安宁州城北十五里》《雪山吟，送马子云先生归丽江》《偕庆友上人游宝藏寺，访别峰长老，书扇为赠》《岩栖上人邀偕季膺、仲鸿泛舟游华亭寺三首》《晓过太华寺，坐寰镜轩观日出》《罗汉壁题石》《三清阁》《罗汉壁新凿石窟歌》《雨后过松隐寺》《晚步普贤寺寺旁有升庵先生祠》《碧峣书院谒杨升庵先生遗像》《华亭雨夜不寐》《晓起由华亭归，舟泊近华浦，望太华诸胜》《妙景和尚庆六十僧寿，诗以嘲之》《宝藏寺楼听严季膺吹箫》《题刘云门先生石室题诗图仲鸿尊翁》《题程菊如螺峰揖别图》《晚登福海阁，酬欧子敏过访之作》《春晚雨后偕欧子敏游廖氏小园，买竹而归》《泸西道中感作》《七旬旅夜怀欧子敏、骆倬君》《消寒词有序》《消寒会代组霞校书，作戏仿小游仙体四律》《谪仙》《迁客》《烈士》《老衲》《酒徒》《旧仆》《贫女》《故妓》《题虚凝庵》《云安寺留别》。

清道光二十九年　己酉（1849）　三十九岁

仍居昆明。

是年，方玉润作家书云："男玉润谨禀父母亲大人膝下福安。敬禀者，男言生理一事，亦困厄无聊，不得已而作此垄断之想也。然货殖为圣门高第，贸易亦生人常业，并非希图妄异，非分于求也者。……少时气甚锐，谓功名可立致，古学亦不必急求，俟成名后再为专心肄力，亦未为晚。岂知时命多乖，事与愿违，屡试屡黜，益陷益深。……男今岁三十有九年矣，……名既不成，老死牖下，何时可见天日耶？"

《鸿濛室诗钞》卷四《俯仰集四》有《己酉仲春，陪许吟舫太守泛舟游大观楼》。

清道光三十年　庚戌（1850）　四十岁

许紫陵为方玉润诗集作跋，对方氏人品、诗文评述准确。

许紫陵跋文云："老子犹龙，盖言其德之至，而叹为神变无方也，乃今不意于友石之诗也遇之。友石诗笔离奇变幻，不可测度，吾将于其人也测之。友石为人亦神变无方，不可思议，吾又将于其诗也思之。盖观其形貌之清癯，矫然而独立也：一若东海奇石，屹立波涛之中；西山独鹤，飘飖霄汉之表，则神冷甚。其性情之孤高，落落而难合也，又似乎爨下焦桐，聆古音之独抱；篱边瘦菊，斗冷艳之幽香，则骨又傲甚。其处世脱略不羁，而应务渊深莫测也。或则歌哭无端，放悲声于万仞峰巅；或则机变百出，运奇谋于帷幄深际，则态狂甚，心尤奇甚。然而世之以神相接者，未闻其以冷而避之也，则冷不足以尽友石。以情相感者，未闻其以傲而远之也，则傲亦不足以尽友石。以气相应、事相需者，尤未闻其以狂与奇而短之也，则狂与奇更不足以尽友石。然则友石将何如？友石之冷，非冷也，冰梨雪枣，寒中有味，盖肠热而面冷耳。友石之傲，非傲也，铁石梅花，静里生香，盖心平而骨傲耳。友石之狂与奇，非狂且奇也。凤兮高咏，虎穴独探，则又狂也，肆奇而法焉者耳。是不以冷与傲与狂与奇视友石，而友石之真不见；仅徒以冷与傲与狂与奇视友石，而友石之真仍未见。盖友石自有所以为冷、所以为傲、所以为狂与奇者在也，故不必求冷而自冷，不必求傲而自傲，不必求狂与奇而自狂且奇，且不必避冷之名而冷气自退，不必避傲之名而傲气潜消，更不必避狂与奇之名而狂与奇之心自淡。吾又将何以测友石哉？其犹龙哉！请以是评友石之人也可，即以是评友石之诗也亦无不可。道光庚戌花朝日，满城许岳徵紫陵氏拜题。"（文存《鸿濛室诗钞》卷末）

清咸丰三年 癸丑（1853） 四十三岁

自己酉至癸丑，作古近体诗八十三首。足迹仍未出滇境。

《鸿濛室诗钞》卷四《俯仰集四》录此间诗作有《己酉仲春，陪许吟舫太守泛舟游大观楼》《题王实齐且醉图小照》《莲花池晚步》《荒祠》《富民道中偕许紫陵联句》《法华寺步紫陵韵》《夜宿妙高寺》《题张升腾英雄悟道图小照有序》《俞雪岑与余素未谋面，今秋忽自叶榆寄诗订交，感此赋赠》《寄三弟玉铭弟弃文习武》《辛亥秋日，刘仲鸿邀偕严季膺、孙菊君、林兰友诸同人集李氏小园，即事言怀，成此一律》《代人答所知，即用原韵四首》《香草闲吟三十六首》（《湘妃》《太姒》《旦己》《褒姒》《庄姜》《夏姬》《西施》《息妫》《虞姬》《陈后》《钩弋夫人》《尹邢夫人》《李夫人》《丽娟》《随清娱》《文君》《飞燕》《合德》《班婕妤》《明妃》《阴后》《曹大家》《蔡文姬》《甘后》《孙夫人》《大小乔》《木兰》《苏若兰》《绿珠》《潘贵妃》《红拂》《武后》《玉环》《红线》《窅娘》《费宫人》）《九日偕俞雪岑、周亨衢、倪桐村、谢小坪诸同人圆通寺登高即事》《感怀八首》《阅邸报，感成一律》《送俞雪岑北归》《癸丑春初，周亨衢招集同志作西山游，兼携玉阙校书偕往，题三清境石壁一律》《三清阁晚眺》《题吕祖殿壁》《游矕镜轩，读沈阳范尚书太华纪胜感赋》《由太华至华亭口占》《夜宿华亭，与克明、印溥两上人话旧》《陶定之邀偕周小农、兔堂昆季，鲁仲华、少庭昆季，卢达泉、玉亭昆仲暨靳大湘皋泛舟游大观楼，抚景书怀，首成一律，索诸君共和》《舟中与湘皋共话》《小农和韵，因用前韵酬之》《三叠前韵酬小农》《小农邀饮，并示和章，四叠前韵奉简》《小农五叠韵成，再简一律》《六叠前韵》《七叠前韵，即赠小农》《八叠前韵，并简同志诸公》《莲笑楼小集》《题洪亦珊渔装幻像图亦珊序略云：荆人县芸临解脱时，未及写照，揭白至十数纸，竟乏一肖者。自谓画中宠爱，犹复缘怪，况比翼连枝，他生可卜耶？后从吴中获见此幅，觉神情逼肖，不意雪香幻相，尚留一面因缘，愈叹无心人图绘于三十年前，有心人规摹于三十年后，亦云异已。岁壬子，行次汉阳，岳州被陷，仓皇逃避，所有行李，概付东流，仅将此图挈之以行，流离虎口中，未忍舍去。狼狈至长沙，袄被被劫，此图幸存，未始非冥冥中呵护力也》《重阳苦雨，不能出门，郁郁无聊，与亨衢把酒各赋一诗，吟成即索诸同人共和，亦九日一别趣也》《梦中作放言诗，叠九日韵，醒犹记其前四语，因足成之》《送周小农侍宦之姚州任，并寄令弟奂堂》《洪亦珊以无题诗索和，久未报命，几有尉迟老拳之挥，爰拈酸字一韵，奉简赎罚》。

清咸丰四年　甲寅（1854）　四十四岁

自甲寅至乙卯五月，作古近体诗六十一首，是为《问天集》。

《鸿濛室诗钞》卷五《问天集》收诗有《甲寅春仲，张俊卿参军邀偕洪亦珊、王公亮登雄川阁，属予首唱》《再成一律》《芦隐图歌为张俊卿作有序》《游近华浦》《拟新乐府有序　十九章录十八首》（《天主教　纪乱始也》《将星沉　悯督师也》《永安城　酿祸胎也》《四镇将　悯覆军也》《遏必隆　讥失柄也》《全州节　嘉同难也》《潮州勇　伤淫掠也》《木城隍　讥城守也》《武昌窖　伤屠戮也》《黄州船　恸冤民也》《不劳远送　讥纵贼也》《九江关　嗟弃险也》《逃亡僧　哀江南也》《渡泥佛　售奸欺也》《黄河涨　讥阃神也》《深州炮　幸挫贼也》《堵城溃　嗟兵散也》《冠县令　嘉全节也》）《喜晤段锦谷》《我园三十咏周亨衢园名》（《问天楼》《梦梦亭》《无逸斋》《芙蓉廊》《过来》《扫月台》《阁阁》《圆通无碍》《人倚西楼》《绿窗人静》《苍玉堆》《何须问主》《鹿梦闲》《蟋蟀秋风》《匏庐》《半日静坐》《菱舫》《豢龙池》《半弓桥》《出花难》《换貂处》《艳雪楼》《顾曲》《氅霞居》《谦益堂》《具卢别院》《无佛龛》《嚖香馆》《双松坞》《鉴室》)《偕锦谷、蘅渠上书投效，不遇志感》《锦谷邀予从军有日矣，而君缘俗累，仆以事牵，未克即行。中夜起舞，书此寄慨乙卯》《叶香谷刺史炯因锦谷过访，相与畅谈，成此为赠》《俞雪岑屡以书来，促余从军，诗以答之》。

该卷《拟新乐府》组诗有序一篇，可大略说明玉润此阶段心态，文云："白香山有新乐府五十章，皆自咏其本朝耳目闻见之事，盖取其足以信今传后也。乐府而命之曰新，自与古乐府不相蒙。余寓昆华，抑郁无聊，与洪君亦珊同拟新乐府十九章，悉粤匪悖逆以来事，与香山新乐府又不相类，故以拟别之。其中讽刺悼惜，低徊时事，时所不免。然言者无罪，听之足戒，诗教应尔，夫固无伤。至于比事属词，因题立意，虽亦得诸耳闻者居多，未可尽信。然以近时人咏近时事，似较后之咏今者堪信一二，故存之。"

方玉润此时已有从军意，《叶香谷刺史炯因锦谷过访，相与畅谈，成此为赠》云："英雄把臂便心倾，抵掌还如破敌城。纵酒士元甘废吏，能诗杜牧喜谈兵。江湖贼势天心乱，岛屿烽烟战法轻君为道宁波军务，直同儿戏。莫怪书生偏胆大，台登广武恨难平。"《俞雪岑屡以书来，促余从军，诗以答之》云："世无神骏肯同群，落魄天涯日又曛。投笔何难追定远，请缨独愧学终军。龙韬夜静愁烽火，虎帐风高起阵云。水镜不逢元直邈，南阳何处问奇勋。"

清咸丰五年 乙卯（1855） 四十五岁

五月

廿二日，将赴荆楚大营，作诗留别滇中诸友。

《鸿濛室诗钞》卷六《峤裾集》有《将偕段锦谷赴荆楚大营投效，

留别滇中诸友六首》。

《峤裾集》卷首自序云："半生潦倒，既遗堂上以忧；千里从军，尤烦倚闾之望。驱车就道，忍泪前行，何日是归农养志时耶？自滇而黔，由黔而蜀，今且至楚，凡百有卅日，获诗一百又二首，都为一卷，取温峤绝裾之意以名集。非敢羡其有恢复成功之志，亦聊以志吾负罪而行之心，则我是集敢存乎哉？抑忍弃之也哉！咸丰乙卯十月初九日，友石方玉润书于江陵舟中。时大风吹浪，黄叶打篷，天地皆为之黯色也。"

廿九日，偕段锦谷由滇垣起程，王公亮送至兴福寺，晚宿板桥驿。

锦谷，即段永源（1811—？），字廉泉，号锦谷。云南晋宁人。由贡生从军，以荐举得官，补广东碣石卫通判。晚年归寓昆明。下文皆以号称之。

公亮，即王述先，号公亮。下文皆以号称之。公亮为方玉润滇中好友，曾为《鸿濛室诗钞》题辞云："梦髯子，来燕赵，腰间宝剑人嗤笑。好我共为谁？滇南鸿濛先生许同调。醉后掷我一卷诗，仰首临风发长啸。古今吟坛树帜不知几千辈，先生乃以神工出没别开混沌之灵窍。令我读之欲狂欲醉，忽悲忽喜。童子问我胡为是？我云先生高极不可拟。即如诗笔空天地，纵横变化无其比。或如太苍烟，或如渤澥水。或惊风雨骤，或讶雷霆起。或澎湃以潮来，或巍峨而山峙。或如宫阙之壮丽，或如园林之艳美。或狮象怒吼兮，倾拔地之高山；或蛟龙斗舞兮，翻连天之碧海。或如猛士捣贼营，奋臂大呼摩敌垒；或如仙人下玉堂，五色云中飘罗绮。绕指钢柔经百炼，咳唾珠玉落满纸。心兵意匠森纪律，字字长城真万里。先生自言：'我师无常惟主善，古今合一见吾面。古所无者吾补之，古所有者吾其变。各畅所欲言，各抒平素愿。各写半生真阅历，各率往古旧成宪。取长弃短吾善度，补偏救弊人争羡。洞壑忽开新世界，胸中端倪豁然见。又岂屑寄人篱下受人怜，羁足缚手无恩怨。'达哉先生善立辞，斯秘岂仅见诸诗。万事万理无不包，随时随处皆得之。庖丁解牛称神技，针砭受人真吾师。惜乎志大无所成，神龙困海心常悲。探元徒窥石室秘，通经未有致用时著有《探元》《酌经》等书。穷愁写出风人旨，抑塞磊落多英词。嗟哉先生不独以诗名，山川灵淑钟奇英。草茅久征廊庙器，讴歌隐寓濂洛情。祥麟不出乾坤小，孤凤一鸣天地清。我愿先生毋独蕴奇略，为霖为楫当自矜。著述自让名山美，经纶还宜太史登。际会若逢尧舜主，皋夔应须畏后生。只今读诗论诗旨，金声玉振响千春。小子相逢幸同时，微言莫赞空佩钦。大书一纸某年月，述先稽首曰妄评。"（题辞存《鸿濛室诗钞》卷首）

卅日，晓发，有诗。晚宿杨林，谒兰芷庵先生祠堂，成诗一律。

《鸿濛室诗钞》卷六《峤裾集》有《板桥驿早发》《杨林谒兰止庵先生祠堂》。

《杨林谒兰芷庵先生祠堂》云："岳灵远望郁苍烟，落照祠堂古树边。乱世生才多霸略，英雄无用即神仙。尝余草木身才健，化及儿童道不偏著有《滇南本草》《声律发蒙》等书。漫说先生真大隐，也曾高咏济时篇。"

止庵先生，即明儒兰茂（1397—1476），字廷秀，号止庵。云南嵩明杨林人。通晓医药、地理、音韵、文学，著有《韵略易通》《声律发蒙》《医门揽要》《滇南本草》《玄壶集》等。

六月

初一日，次易隆驿，途中望岳灵山，作诗纪事，锦谷亦和作。

《鸿濛室诗钞》卷六《峤裾集》有《望岳灵山》。

初二日，晓起过关索岭，晚宿马龙州，访义象冢，皆有诗。

《鸿濛室诗钞》卷六《峤裾集》有《晓度关索岭》《义象冢在马龙州城北一里，事见州志》。

初三日，次沾益州。

沾益州，今云南曲靖沾益区。

初四日，次白水驿，夜深不寐，与段锦谷各作诗言志。

初六日，次亦资孔，为滇黔分界，有滇南胜境坊。晚登石虬亭，题壁。

《鸿濛室诗钞》卷六《峤裾集》有《石虬亭有序》，序云："滇南胜境有石骨突露土面，状类双虬，互相纠盘。昔人建亭于上，因题其壁。"

初七日，宿大凹塘，途中与段锦谷因山形论战守策。

初八日，次杨松旅店，壁有严秋槎自书旧句，因题其后。

《鸿濛室诗钞》卷六《峤裾集》有《杨松旅店壁有严秋槎旧题，因书其后时现任莱阳丞》。

秋槎，即严廷中（1796—1864），字石卿，号秋槎、岩泉山人。云南宜良人。才华雅赡，诗词尤冠一时，著有《秋声谱》《红蕉吟馆诗余》《药栏诗话》等。下文皆以号称之。

初九日，行抵上塞，闻前去道梗，仍退杨松，题《惠成桥》一律。

初十日，宿石灰窑。

十一日，宿拖肠江，有诗。

《鸿濛室诗钞》卷六《峤裾集》有《拖肠江遇雨》。

十二日，是日山高路险，远望八大山插入霄际，成诗纪胜。

《鸿濛室诗钞》卷六《峤裾集》有《拖肠江山顶最高处作》。

十三日，宿鸭子塘，有诗。

《鸿濛室诗钞》卷六《峤裾集》有《宿鸭子塘》。

十四日，抵宣威，复入滇境，亦有诗。

《鸿濛室诗钞》卷六《峤裾集》有《宣威道上作》。

十五日，宿倘塘。

倘塘，今云南宣威市倘塘镇。

十六日，访故人李二霄亭，君颇有赠。

十七日，李霄亭送至可渡河，别之以诗。

《鸿濛室诗钞》卷六《峤裾集》有《可渡河留别李二霄亭》。

十八日，抵威宁州，黔境也。

威宁州，今贵州毕节市威宁彝族回族苗族自治县。

十九日，宿清水塘，作《羸马叹》自嘲。

《鸿濛室诗钞》卷六《峤裾集》有《羸马叹》。

廿日，宿七家湾。

廿一日，宿牛困塘。

廿二日，晓过七星关，为武侯祭星处，明傅友德亦驻兵于此。补作诗怀古。

《鸿濛室诗钞》卷六《峤裾集》有《过七星关在毕节县东八十里。山形似七星，相传武侯南征，祭星于此。明傅友德征云南，亦常留兵戍守云》

廿三日，次毕节县，山川颇秀美，黔中文物地也。

廿四日，宿巴折坪。

廿五日，宿白岩。

廿六日，渡赤水河，宿半关脑。山高水深，毒雾蒸人，夜忽大雨，作诗遣兴。

《鸿濛室诗钞》卷六《峤裾集》有《渡赤水河》《判官脑本名半关脑，俗讹为判官脑，因戏为诗》。

廿七日，晨起，冒雨登雪山关，须臾晴，观云海作歌，段锦谷先成一律。晚宿莫逆场，二人皆有诗。

《鸿濛室诗钞》卷六《峤裾集》有《雨中上雪山关，至峰顶忽晴，观云海作歌》《莫逆场晚眺》。

廿八日，抵普市，晚晴，有诗。夜复大雨，与段锦谷同起披衣，各赋七言短歌。

《鸿濛室诗钞》卷六《峤裾集》有《宿普市》《是夜大雷雨，锦谷作歌，因走笔和之》。

廿九日，冒雨宿高石坂，段锦谷途中得诗二，玉润亦成五律一章。

《鸿濛室诗钞》卷六《峤裾集》有《雨中宿高石坂》。

卅日，次叙永厅，住东城，途中有诗。

叙永厅，今属四川泸州市。《鸿濛室诗钞》卷六《峤裾集》有《永宁道中遇雨》。

七月

初一日，金陵登舟，晚泊江门，作诗遣兴。

《鸿濛室诗钞》卷六《峤裾集》有《江行》《江门滩》。

初二日，舟次纳溪，作诗怀俞雪岑。

《鸿濛室诗钞》卷六《峤裾集》有《舟至纳溪，有怀俞二雪岑》。

俞雪岑，即俞耀，号雪岑。浙江吴兴（今属湖州）人。著有《雪岑残稿》。雪岑为方玉润好友，后于重庆相遇，遂同行，皆入王国才幕。下文皆以号称之。

初三日，抵泸州，住北街裕丰店。

初四日，访俞雪岑不遇，晤其弟东生。

《鸿濛室诗钞》卷六《峤裾集》有《舟泊泾南，访俞雪岑不遇，适令弟东生来，知其先赴广安，诗以寄怀》《俞东生招饮，即席成句》。

初五日，俞东生邀游忠山，谒武侯祠，成诗一律。

《鸿濛室诗钞》卷六《峤裾集》有《偕东生登忠山，谒武侯祠》。

初六日，易舆陆行，宿福集场。

福集场，今四川泸县北福集镇。

初七日，午过隆昌县，晚宿迎象街。段锦谷患病，作诗自叹。

隆昌县，今四川内江隆昌市。

初八日，次内江县。

《鸿濛室诗钞》卷六《峤裾集》有《内江县》。

初九日，次资州，途中有作。

资州，辖境大致涵盖今四川内江、资阳等地。

初十日，宿南津驿，作诗怀宋虞雍成公允文，段锦谷亦成一律。

《鸿濛室诗钞》卷六《峤裾集》有《过资州，有怀宋虞雍成公允文公仁寿人，属州治，故及之》。

十一日，午过资阳县，为苌弘、王褒、董钧故里，有诗二绝。

《鸿濛室诗钞》卷六《峤裾集》有《苌弘故里三贤故里坊，在资阳县西，上书东周苌弘、西汉王褒、东汉董钧》《驷马里吊王子渊即资阳县城西外》。

十二日，晨至简州，过折柳桥，和唐刺史雍陶韵。

简州，今四川简阳市。《鸿濛室诗钞》卷六《峤裾集》有《过折柳桥，即用桥上旧题韵有序》，序云："桥在简州朝天门外。唐刺史雍陶题云：'世间只有情无尽，底事号为情尽桥。从此改名为折柳，任他离恨一条条。'"

十三日，晓登龙泉山，午入成都，寓王道正直街，均有诗。

《鸿濛室诗钞》卷六《峤裾集》有《抵成都》。

十四日，段锦谷病稍愈，同游市肆，颇繁盛。

十五日，观市民迎神厉祭。

廿日，独出南城谒武侯祠，因纡道访草堂寺、青羊宫诸胜。

廿一日，作家书并致滇中诸友。

廿三日，登城北凤凰山察省龙。

廿四日，偕段锦谷访王济川明府，是晚济川与罗鉴平大令同过寓。

廿五日，晓发成都，舟过薛涛井。

廿七日，旅馆无事，作《有感》一绝。

《鸿濛室诗钞》卷六《峤裾集》有《有感》。

廿八日，补《惠陵》诗。

《鸿濛室诗钞》卷六《峤裾集》有《惠陵》。

廿九日，周小农招饮，以段锦谷疟发，均未赴。

八月

初一日，与段锦谷抵成都，周继文以纸索锦谷画，乘兴挥洒，顷刻立就屏梅六纸、扇兰三柄。

初二日，补草堂寺诗。

《鸿濛室诗钞》卷六《峤裾集》有《游草堂寺》。

初三日，补武侯祠诗。

《鸿濛室诗钞》卷六《峤裾集》有《谒武侯祠》。

初四日，袁镜湖少尉招饮，与其侄李北山明府晤，时将入都谒选。

初五日，周小农出册索书，因录途中杂作付之。

初六日，访薛涛井。

初九日，偕段锦谷访杨春樵太守，相与畅论地理、罗针源流。

春樵，即杨炳锃（1806—？），字用庚，号切斋、春樵。云南邓川人。下文皆以号称之。

十一日，杨春樵过访，见《战略诣》书，颇称赏。

十二日，补青羊宫诗。

《鸿濛室诗钞》卷六《峤裾集》有《青羊宫即张献忠杀应试秀才处》。

十三日，杨春樵过寓，尽携玉润所著诸书去。

《鸿濛室诗钞》卷六《峤裾集》有《杨春樵秉铿太守过访，索余所著〈罗针图说〉及〈神机八略〉等书共观，因出借证，并成诗一律》。按，诗题"秉"字应为"炳"。

十四日，杨春樵招饮，段锦谷往，玉润未赴。

十五日，作《蜀中杂感诗》，段锦谷《西梅百咏》亦成。

《鸿濛室诗钞》卷六《峤裾集》有《入蜀杂感十首》。

十六日，访文翁石室。

廿一日，与易衔六茂才论时务。

廿三日，访支机石，未至而返。

廿四日，买舟东下，移装舟中。

《鸿濛室诗钞》卷六《峤裾集》有《买舟东下，留别蜀中诸友》。

廿五日，晓发成都，过薛涛井作歌。晚泊古佛堰，再成二律，一赠同舟，一怀俞雪岑。

《鸿濛室诗钞》卷六《峤裾集》有《薛涛井歌》《晓发成都，简同舟武弁蓝采川》《晚泊古佛堰》。

廿六日，泊眉州，时已暮。

廿七日，晓发眉州，拟谒三苏祠不果，成诗一律。午过青神县，有诗。

《鸿濛室诗钞》卷六《峤裾集》有《过眉州，拟谒三苏祠，不果》《青神县》。

廿八日，次嘉定府，登城望凌云诸山，作诗题其寺，并补三峡诗。

《鸿濛室诗钞》卷六《峤裾集》有《登嘉定城，望凌云寺诸峰》《长峡夜泊一名三峡，在青神、嘉定之间。太白诗"夜发青溪向三峡"即此。见船山诗注》。

廿九日，晓过大佛岩，放歌舟中，望峨眉山不见。段锦谷先成七古百韵，玉润亦继作。

《鸿濛室诗钞》卷六《峤裾集》有《大巘佛歌在凌云山。就岩凿佛，如弥勒状，临江面城，高与山等，亦奇观也》《自嘉定舟行至泥溪》《舟中望峨眉山不见，戏作长歌寄之》。

卅日，午至叙州，晚泊南溪县，成五七律各一章。

叙州，今属四川宜宾市。《鸿濛室诗钞》卷六《峤裾集》有《宜宾》《南溪感怀》。

九月

初一日，重泊泸州，再作一诗。晓过江安，有诗。

《鸿濛室诗钞》卷六《峤裾集》有《重泊泾南》《江安》。

初二日，舟过合江，作《晚眺诗》，泊顺江场。夜忽雨，再成一律。

《鸿濛室诗钞》卷六《峤裾集》有《合江晚眺》《顺江舟夜》。

初三日，泊江津县，偕段锦谷登城远眺，归途有作。

《鸿濛室诗钞》卷六《峤裾集》有《登江津城》。

初四日，泊重庆。入城访俞雪岑，晤于吕氏园，相与作竟夕谈。午间作诗。

《鸿濛室诗钞》卷六《峤裾集》有《猫儿峡》《雨中泊重庆》。

初五日，园主吕月舫设宴招诸名士共饮，成诗纪事。俞雪岑和作，终夜不寐。

《鸿濛室诗钞》卷六《峤裾集》有《九日吕月舫参军招饮小园，雨中登楼感成，简同席诸公》。

初六日，偕段锦谷、俞雪岑别吕月舫，登舟东下，晚泊沙背沱。

初七日，泊涪州。

初八日，午过丰都县，偕俞雪岑登平都山顶。雪岑先有诗，段锦谷和之，玉润别成五古一章。至忠州已暮，遂泊焉。

《鸿濛室诗钞》卷六《峤裾集》有《游平都山在丰都县后》。

初九日，泊万县。

初十日，泊夔州，登城望八阵图，成诗志感。是夜月甚明，再成一律。

夔州，今重庆奉节县。《鸿濛室诗钞》卷六《峤裾集》有《登夔府城楼，望八阵图》《夔江夜泛》。

十一日，泊巫山县，赋诗一律。

《鸿濛室诗钞》卷六《峤裾集》有《泊巫山县》。

十二日，晓入巫峡，拟游神女庙不果，惟遥望巫峰，隐约可辨。归州日已暮，三人均有诗。

《鸿濛室诗钞》卷六《峤裾集》有《巫峡》《舟中遥望巫峰》《拟游神女祠，不果》《过虎须滩》《归州夜泊偶成》。

十三日，晨过兵书峡，与俞雪岑各作七律一首，段锦谷则成长歌。午抵宜昌，山忽开朗，再赋五律。

《鸿濛室诗钞》卷六《峤裾集》有《兵书峡》。

十四日，游巴东三峡。

《鸿濛室诗钞》卷六《峤裾集》有《夷陵》。

十六日，晓起开舟过枝江，晚泊宜都，作诗志感。

宜都，今属湖北宜昌市。《鸿濛室诗钞》卷六《峤裾集》有《舟晚书怀》《宜都》。

十七日，泊松滋董市，成诗一律。

《鸿濛室诗钞》卷六《峤裾集》有《松滋董市作》。

十八日，舟至羊湾，日暮天黑，风怒水涌，涉危者屡。

十九日，抵沙市，民兵相斗，成诗纪事。

沙市，今属湖北荆州市。《鸿濛室诗钞》卷六《峤裾集》有《抵荆州书所见》。

廿日，偕俞雪岑入荆州府城谒关圣祠，拟访王柏心，不及而返。

王柏心（1799—1873），字子寿，号螺洲、筲亭。湖北监利螺山镇人。著有《百柱堂全集》。

廿一日，拟《上荆州将军书》。

廿二日，段锦谷入城访王柏心。

廿三日，段锦谷邀张飞熊来寓。

廿四日，段锦谷以书上荆州将军，不达而返。

《鸿濛室诗钞》卷六《峤裾集》有《偕锦谷、雪岑上荆州将军书，不达志感》。

廿五日，俞雪岑再入郡城访王柏心，携其稿归，共阅之。

廿六日，王柏心以书荐锦谷于李鹤人廉访。

鹤人，即李孟群（1828—1859），字少樵，号鹤人。河南光州固始人。湘军名将。方玉润后亦入其幕。下文以号或"鹤帅"称之。

廿七日，题王柏心《漆室吟》后一律。

《鸿濛室诗钞》卷六《峤裾集》有《题王子寿柏心比部漆室吟稿》。

廿八日，买舟下新堤。

《鸿濛室诗钞》卷六《峤裾集》有《荆州晓发》。

卅日，泊杨发潦。

十月

初一日，野泊，有诗。

《鸿濛室诗钞》卷六《峤裾集》有《野泊》。

初二日，泊谢家荡。

初三日，晓过城陵矶，为塔齐布军门斩曾天养处。与俞雪岑皆有诗。

《鸿濛室诗钞》卷六《峤裾集》有《晓过城陵矶感赋即旧岁曾侍郎国藩、塔军门齐布斩伪丞相曾天仰处》。按，诗题"仰"字应为"养"。

初四日，闻王锦堂镇军驻师黄蓬，因拟《行军条略》致之。

锦堂，即王国才（？—1857），字锦堂，原姓罗氏。云南昆明人。方玉润此番离滇即入其幕，直至王氏咸丰七年（1857）战殁。下文皆以字称之。

初五日，晓步江干，见汉镇杂民聚处成市，并悉近日军情，成诗四律志感。

《鸿濛室诗钞》卷六《峤裾集》有《新堤志感四首》。

初八日，作诗寄怀周亨衢。

周亨衢，号蘮渠。为方玉润云南老友。《鸿濛室诗钞》卷六《峤裾集》有《寄怀周蘮渠有序》，序云："君与余议从军累矣，事久不济，因绘《请缨揖别图》以自励。余复撰联以赠云：'光阴迅速离弦矢，事业艰难逆水舟。'今且至楚，而君仍家居，能无笑我为驰逐多事耶？因足前联寄之。"

初十日，锦谷先赴黄蓬行营。

十一日，王锦堂镇军遣使邀入营幕，遂以书记相托。

《鸿濛室诗钞》卷七《江汉从军集》有《王锦堂镇军国才邀至黄蓬襄理营幕，感成一律》。

十三日，送段锦谷赴沙洋，成诗一律。

《鸿濛室诗钞》卷七《江汉从军集》有《送段锦谷赴沙洋李鹤人廉访孟群行营》。

十四日，登黄蓬山，为鲁肃屯粮处。

十五日，记王锦堂镇军天门之战。

十六日，记王锦堂镇军龙陂桥之捷。

龙陂桥，现名白云桥，位于湖北荆州市。

十七日，致王柏心书。

十八日，观军士夺帜，有诗。

《鸿濛室诗钞》卷七《江汉从军集》有《晓观军士夺帜》。

廿一日，记王锦堂镇军九江之役。

廿二日，记王锦堂镇军武昌之败。

廿三日，代王锦堂镇军拟族谱序。

廿五日，送王锦堂镇军移营仙桃镇。

仙桃镇，今湖北仙桃市。

廿六日，记王锦堂镇军沌口之役。

沌口，今属湖北武汉汉阳区。

廿七日，记王锦堂镇军攸县之役。

攸县，今属湖南株洲市。

廿八日，晓发黄蓬，晚泊新堤。

廿九日，王晓东贰尹招饮，与陈汉槎晤，席上因出其诗稿相示，得尽读之。

十一月

初一日，返泊黄蓬。

初二日，泊锅底湾，补作王锦堂镇军招饮及《移营》二诗。

　　《鸿濛室诗钞》卷七《江汉从军集》有《锦堂镇军邀陪水师游戎王著堂明山、张子涵启基、本营游戎乌雨川龄阿、都阃雷纬堂正绾、穆时斋正春、周福泉占标、王晓东贰尹树森及俞雪岑、周苣生诸同志共饮，即席成句》《移营》。

初三日，泊平坊。

初四日，甫开舟，旋接王锦堂镇军信，回泊隆兴口。

初五日，舟至清滩，适王锦堂镇军领队来会，段锦谷亦还自沙洋。

初七日，记雷纬堂、塔军门临阵御敌法。

　　雷正绾，字伟堂，一作纬堂。四川中江人。由把总从军湖北，积功至游击，赐号直勇巴图鲁。咸丰八年，从多隆阿援安徽石牌、潜山、太湖、桐城，诸战皆功最，累擢副将，以总兵记名。下文皆以字称之。

初八日，与段锦谷论所知人物。

初十日，王锦堂镇军邀陪水师诸将饮。

十一日，进泊东角潦。

十二日，清水军与太平军战于金口，太平军大败，遁归武昌。

十三日，登大军山顶，观览形势。

十四日，李鹤人廉访函托王锦堂镇军代聘入幕。

十五日，汉阳李星阶谈武汉初陷事。

十六日，进扎沌口。

十九日，太平军犯营，为清军击退。

廿日，代王锦堂镇军覆胡莲舫比部书。

　　莲舫，即胡大任（1804—1891），字莲舫。湖北监利人。湘军将领。

下文皆以字称之。

廿一日，太平军骑兵犯营，东卡兵击退之。

廿二日，观水军战于鲇鱼套。

廿三日，将赴李营馂饮。

廿四日，袁怀忠贰尹过访，亦将投效李营也。

廿六日，偕卢守戎至升官渡，察进军形势。

廿七日，绘汉阳地图。

廿八日，偕段锦谷步至东卡观防务。

廿九日，王锦堂镇军坐船，不戒于火，锦谷失足堕水，众救得免。

卅日，拟取汉阳三策，曰时、曰地、曰伏。

十二月

初一日，李鹤人廉访再以书邀，因辞王锦堂镇军赴之，俞雪岑亦偕往。

初二日，登蒋家埠，观水陆诸军攻城有作。

《鸿濛室诗钞》卷七《江汉从军集》有《李鹤人廉访邀赴三堰桥行营，过蒋家境，登高埠，观水陆诸军齐攻汉阳，不克》。

初三日，登锅顶山，观诸将再攻汉阳。

初四日，偕俞雪岑晋谒鹤帅于三堰桥行营，意颇相投。

《鸿濛室诗钞》卷七《江汉从军集》有《谒鹤人廉访，呈诗四律》。

初五日，石清吉招饮，晚入中军，王锦堂镇军亦由沌口来议攻策。

石清吉，字祥瑞。直隶沙河人。清军将领。同治三年（1864）九月阵亡。

初八日，上鹤帅《博采众论书》。

该文体现了方玉润的军事才能："欲克大敌，先集众论，古来名将未有不以此收功一时者也。岳武穆八日而平杨幺，王文成十八日而擒宸濠，人见其成功之美，而不知其早有为之谋定后战者矣。今麾下进攻汉城已近旬日，未能即下，非不奋勇直前，特公忠之怀过于切急，未暇会议，遽然出攻，故军令不能齐一耳。日前侍饮帐中，得闻伟论，欲仿向军门札饬诸将会议攻策,足见虚怀善下,广益集思,浸浸乎有名将风矣。然必用札,窃恐视为虚文,难得真策。即欲面议,亦多不尽之怀,终非博采道也。鄙意以为不如暗传示谕,俾将所议密封呈览,当者采,不当者勿问,如此则人人皆有欲言之心矣。采择既定,然后密传号令,各有专责,务令成功,违者斩。如是而犹有不听命者,谁哉?昨午步出营门,与袁贰尹怀忠晤,见其左拇指血痕淋漓,右手提刀,豪气勃勃,因相与把臂入帐,畅论攻策。据云前夜至五显庙窥探贼营,守备虽坚,颇有可乘之隙。盖其坚壁深濠,仅西南二路,东北角湖水甚浅,褰裳可渡,以数十人牵制其前,以数十人用木凳驾浮桥,越洲渡湖,绕出其后,只一登岸,则诸贼自乱,贼营可唾手得矣。惜其无勇,诸将又难齐心,故无如何耳。又闻张都司云攻贼濠宜用连环排枪在前,制其施炮之贼,再用布袋盛土于后,填其蓄水之沟。若濠中无水,则糠袋亦可填濠而过。某谓排枪恐未能及贼,而贼炮已先及我,亦非善策。但其言尚非虚饰,故以上闻。某自入幕,愧无长策以助高深,惟闻一可行之言、可用之士,急采以献。而麾下军书旁午,戎务机密,违教时多,晤教时少,纵陪末座,亦有非言语所能尽者。爰藉楮墨,用达悃忱,惟谅不宣。”(文存《星烈日记汇要》卷八《兵策二》)

初九日,李鹤人廉访招饮,与诸将会议攻策,不决。

初十日,李鹤人廉访札委雪岑查验兵伤。

十一日,入幕议战。

十二日,与袁怀忠贰尹论战。

十三日,入幕议事,鹤人廉访出示计苇村所拟《平贼十策》。

十五日,上所拟选将条规于鹤人廉访。

十六日,阅李愍肃公《登陴遗牍》。

愍肃公,即李鹤人父亲李卿谷。道光二年(1822)举人,曾任湖北督粮道,代理按察使。咸丰四年(1854)守武昌城殉难。《鸿濛室诗钞》卷七《江汉从军集》有《读李愍肃公登陴遗牍书后有序》,序云:“愍肃公为鹤人廉访尊人,甲寅秉皋武昌,城陷殉难,妾亦投水,以救复苏,惟一仆从死于旁。廉访随曾涤生侍郎收复武汉，始寻获遗骸于民居楼上，须眉宛然，尚未腐化，咸以为忠贞之气所感云。公遗稿甚多，此册付刊先成，余拜而读之，故纪以诗。"

十七日，补《金口捷》诗。

《鸿濛室诗钞》卷七《江汉从军集》有《金口捷》。

十八日，再攻汉城不下。

十九日，上鹤帅《论取汉阳书》。

文云："日前叨陪末座，得聆伟论，欲仿李诉雪夜入蔡州故事，激烈慷慨，闻者心壮。盖不如是，则不能以建奇勋耳。乃于昨日倏闻业经出队，未识兵勇曾选练乎？一切攻器皆精锐乎？主将方略早谋定乎？未可知也。迨晚收队，仍无成功。询其所以无效之故，则莫不曰纪律不齐，前者伤而后者逃，何以望其克城耶？夫用兵如作文，文有奇正虚实，兵亦有奇正虚实，从未闻舍奇正虚实之法，而文能获佳构者，亦未闻舍奇正虚实之计，而兵能操胜算者。盖作文必沉思邈虑，通局布置既定，然后振笔直书，自有得心应手之乐。用兵亦熟计深谋，通盘合算已周，然后一鼓作气，自有得间而入之机。若率尔操觚，浪战无术，徒伤士卒，无益于事，甚非所以为万全策矣。某自承教，每有建言，然皆随时计耳，非合其全局而论之也。今试详言之。贼以大城为正兵，以土城为奇兵；以近大城之土城为正兵，而以五显庙之石垒为奇兵；复以平地之营卡为正兵，而以龟山上之营卡为奇兵。棋布星罗，犄角成势，颇有奇正相生，虚实兼备之法。而我兵乃一往直前，四面齐攻，有正无奇，有实无虚，乌能取胜？若欲胜也，则莫如返其道而用之，自无不克之理。我欲攻大城，必先攻五显庙；欲攻南城，必先攻西门桥，此地之虚实也。将欲夜袭，必先昼攻；将欲得间，必先数扰，此时之虚实也。又有奇中之奇，虚中之虚者。如攻五显庙一路，宜分三队，以百人直扑正墙，是为奇中之正；暗以百人由襄河用大铁绳偷渡彼岸，军士各执木板，铺绳为桥，攻其后面，是为奇中之奇。更以百人运大炮于北岸正当贼营处，以软牌蔽前横击之，则又无奇之非正，亦无虚之非实矣。攻大城者亦然。惟须以布袋盛土，伏河堤下，俟南城守贼撤过西城时，乘隙填堑斩关而入，是为虚实兼到之策。至于水面，亦有道焉。先将民船数百只缚草人于上，红灯挂其桅，黑夜顺流放下，任贼施炮至懈，炮船乃杂入其中，潜舣岸边，乘机直上龟山，是为法外之奇，抑亦意中之正者耳。若更不然，则多方行间，秘计招降，或使人混入城中，施毒放火，亦无不可，又何莫非实者虚之，虚者实之之意？倘不务出此，而旷日持久，将兵心玩，则贼志骄，其外援复得驶至，恐难制之形更有甚于今日者矣。未审钧意以为何如？愿勿见责而采纳之，幸甚望甚！"（文存《星烈日记汇要》卷八《兵策四》）

廿日，鹤帅诛盗棺勇川兵，门营外飞炮直犯中军。

廿一日，书慰鹤帅，兼评其《蓼东诗集》。

李鹤人殉难后，有南海李长荣子黼者，辑其残卷曰《蓼东剩草》，编入《柳堂师友诗录》。又有就义前所作绝命词四首并生平事迹残墨，经同科进士李鸿章序前、何璟跋后，名之曰《从容吟草》，刊行于世。

廿二日，阅《贼情汇纂》，曾涤生侍郎命甘泉张德坚著，书虽成，未刊也。

张德坚著《贼情汇纂》共十二卷，约二十余万字，始纂于咸丰三年（1853），咸丰五年七月告成。

廿三日，太平军将领范潮兰来营投诚。

范潮兰，又名万象汾，曾任冬官副丞相。咸丰五年在黄岗降清。

廿四日，卢又雄自告奋勇，夜袭太平军营，乃以接应不暇，无功而返。

卢又雄，清军守汉中将领。

廿五日，雪。阅冯展云学使诗草。

冯展云，即冯誉骥（1822—？），字仲良，号展云。广东高要（今肇庆）人。官至陕西巡抚，著《绿伽楠馆诗存》。

廿六日，上鹤帅书，论夜袭须有勇士，如医药之用引。

上书云："窃用兵如用药，治贼如治疴，缓则治本，急则治标，大概然也。今之攻城，宜用霸药，畴弗知之。然治病先审病源虚实寒热，然后药有重轻，而下药又必察药性甘苦温凉，而后方分佐使。前夜卢将自请夜袭，某之所以力赞其行者，非不知其药性不能直达病源也，盖将以觇将士勇怯，与贼情虚实耳。兹既据其回称贼实有可乘之机，特药性过弱，不能直攻患处，故无功也。夫药力既微，虽卢扁名医，亦无如何。然药力纵微，有引焉以达其窍，则不达者达，微者亦不微矣。此又卢扁不传之秘者也。治病之虚实寒热，有先补元阳，后治外感者，亦有先除邪热，后扶正气者，要皆分其强弱，别其重轻，然后偏师直捣，立奏奇功，必然之势。特引导神药，颇不易得，必须重价乃可购求，故难乎其人耳。容再细访，始图报焉。"（文存《星烈日记汇要》卷八《兵策六》）

廿七日，登蔡甸高阜。

　　蔡甸即今湖北武汉市蔡甸区，位于武汉市西郊。《鸿濛室诗钞》卷七《江汉从军集》有《春晚舟至蔡甸》。

廿八日，移榻入幕，段锦谷适来营，鹤帅因留共饮。

廿九日，偕段锦谷蹑骑回沌口王营。

卅日，删节张德坚《贼情汇纂》成《贼酋事实》一册，以便观览。

　　收录洪秀全、杨秀清、萧朝贵、冯云山、韦昌辉、石达开、洪大全、秦日纲、胡以晃、陈承瑢、黄玉崑、林凤祥、李开芳、卢贤拔、朱锡锟、黄益芸、洪仁发、韦元玠、韦俊、石祥祯、石镇仑、韦滨、石凤魁、曾水源、曾钊扬、黄再兴、罗苾芬、黄启芳、蒙得恩、何震川、周胜坤、曾锦谦、曾天养、罗大纲、钟芳礼、罗琼树、李寿晖、魏超成、陈玉成、李寿春、侯谦芳、唐正财、古隆贤、陈桂堂、张子朋、吉志元、赖汉英等太平军将领履历事迹。

清咸丰六年　丙辰（1856）　四十六岁

正月

初一日，王锦堂镇军设筵共饮，南岸勇斗，主将不能制，反为所逼。

初二日，自沌口回三堰行营。

初四日，春日晴明，偶至精锐营，与营官卢惠亭论教阵法。

初五日，鹤帅命拟招贤文，成而不用，盖相试耳。

初八日，鹤帅命编《行军必与录》。

初九日，卢又雄再袭汉城，不及而返。

初十日，鹤帅命续所拟《百字箴》。

十二日，鹤帅自新沟大营迁，出示魁荫庭太守新上条陈，颇切事机，录其要者。

十三日，随鹤帅出队观战，选取营址。

十四日，太平军募悍党千余，欲夜袭，军中戒严。

十五日，王镇军、颜协戎互易营地，太平军突出邀截，袁怀忠、范潮兰奋击力御，太平军始退入城。

十六日，计苻村过访。阅鹤帅军书，选录其要。

十七日，随鹤帅至三山景相地立营。

十八日，偕赵雪堂参戎赴新营，因过王锦堂镇军营，见案有蔡某著《兵法辑要》，携归呈鹤帅。

廿一日，雪。官文饬李光荣分防沙口。

官文（？—1871），字秀峰，王佳氏。满洲正白旗人。时任湖广总督。

廿二日，雪。鹤帅命注其《百字箴》。

廿五日，奉和鹤帅《军中玩雪诗》。

《鸿濛室诗钞》卷七《江汉从军集》有《奉和鹤人臬使军中玩雪原韵》。

廿六日，王晓东自沌口来访。

廿七日，偕陈汉槎送计苻村回均州。

均州，今湖北丹江口市。

廿九日，袁怀忠等与太平军战，太平军战败入城。

卅日，太平军出黑山，为清兵击退。官文秘函饬各营严防汉口，太平军造火兽，拟从此冲出也。

二月

初一日，书雷纬堂及卢占春父子。

卢占春，四川简州人。其家世传枪法，名驰西蜀。卢廷元，占春义子，原名曾学渊。湖北黄州人。

初二日，拟移营，不果行。

初三日，移营三山景。

《鸿濛室诗钞》卷七《江汉从军集》有《移营三山景，呈廉帅一首》。

初四日，偕杨昌泗镇军周视营垒。

初五日，登高庙山顶观战。

初六日，陪鹤帅及巴扬阿访女将李奉贞于仙姑山麓。

李奉贞，河南唐县（今唐河）人。年幼而晓天文，殉难战场，忠勇并著。

巴扬阿，字玉农，达斡尔族。齐齐哈尔达虎里人。咸丰六年，晋副都统。

初七日，访李奉贞兄李中纯。

初八日，登高庙观战，太平军败，入城不出。俞雪岑不辞而去，盖不欲受札委也。

初九日，再登高庙观焚民舍，偶与村童论攻策甚妙，归亟志之。

初十日，勇丁胡正川献火攻策。

十一日，记李愍肃公乩语。

十二日，鹤帅以李奉贞所诹吉日自将攻城，不克。登梅子山，窥觇战势。

十三日，女将李奉贞自请夜袭汉城，鹤帅许之。

十四日，李奉贞与太平军战于西门桥，不克，死之。

十五日，访李奉贞遗学于其兄，仅闻崖略。

十六日，作《奇女李奉贞传》。

文云："女李姓，字奉贞，豫之唐县人。其先世自江西迁南阳，家于李村，代有显宦。五世祖雍，国初仕至刑部郎中。六世祖梁，官凤阳知府，有惠政。迨其后嗣，世勤耕读，能不坠厥家声。女之父清源，生子二女四，奉贞其仲也。初，母樊夫人怀娩时，常有奇香满室，及女生，堕地不哭，咸以为异。稍长，聪慧异常。年十二，不教而晓天文。每晨起，周视风云，静夜独宴眠，谛观星象。母数责之，终不改。问何所得，曰：'儿觉此中大有至理，独不可以言喻。'然终自恨不读书，求其伯叔昆季中通易理者，为诵其文。女入耳即会于心，原始已要其终，不啻如夙所熟习，曰：'吾知三才之道，尽于是矣。'由是因云之五色分属八卦，复由卦之方位以察五云，而天地之休征、人事之得失辨焉。更以河图洛书分先后天，起天运，创八阵图，得武侯不传之秘。然皆获诸天授，非人力所能寻绎也。玩索既久，更悟性命双修之学，不出伏羲圆图之象。以为天运有四序，人气亦分四时，随时运气，真气乃全，真气既得，无用不神。是故所用八阵及避炮法，皆以祖气为主，故能收奇效，非徒恃术与数而已。粤寇起，再陷武昌，女以数推之，示家人曰：'鄂当陷。'已而果然。迨贼退，女又先知，由是人共服其神。自以身虽女子，睹生灵涂炭，慨然有救世念。然犹以时未可行，伏而待。当道大帅如杨慰农制军及绵将军亦泉，均先后征聘，冀襄戎务。女曰：'志虽吾志，时非吾时。'仍却币不受。

乙卯冬，今湖北廉访李公奉特旨统中路各军进攻汉阳。以远族故知其名，复卑辞厚币，脩征聘礼。女亦知廉访贤，毅然请行。其妹七姑亦善天文，劝之曰：'姊学虽成，可救世，奈天时未至。'曰：'吾何时乎？吾即以召吾之时为时也。'遂慷慨辞母与妹，偕兄恒本以行。母送之曰：'儿志虽不凡，究一弱女子，其善自珍护，勿徒勇也。'丙辰二月五日至营，居于仙姑山麓。翌午，廉帅偕巴都护扬阿往见之，询其学，知有根柢，然未深信其饶将略也。姑就所择时日攻城，不克，愈疑之。女曰：'今日之役，妾罪也，然亦有屈焉。妾令旗色尚元，勿用红黄混。顷战时，各营旗帜杂见不一，马色亦多赤，犯术忌，故无功。且妾之至此，天命也。始以遂母嘱，弗即于戎，然违天命矣，故不胜，自取罪戾。今以国家大事，重荷主帅推任之殷，敢惜此身，其将违母命而遂天命矣乎？请再亲试一战，以赎吾过。'旋令兄请剑益兵，夜袭汉城，廉帅许之。十三日，夜将半，月色昏黄，风云惨淡。女戎装乘马，率亲丁数十人，先众兵而驰，直抵西门挢下。候大队久之不至，遣伍长催督数次，始稍稍集，亦终不肯前。女曰：'命也，吾何尤乎？'励其卒急攻。卒劝之退，女叱曰：'贼当前，军法有前无却，敢言退者斩。且吾退而贼进，将逼大营，奈何？前罪未赎，堪二罪耶？'乃令牵战马返，示无生还意。徒步近贼壕，欲越墙过。贼惊觉，乱施铳炮。女以双剑左右挥，炮子纷纷焉坠地若雨，士卒无一伤者。候见大星如碗，陨于城头，女指谓卒曰：'此贼星也。贼星既落，城当破。'既而曰：'吾泄天机，劫将焉逃？'复招后队随之进，终不至。贼见女势孤且弱，遂由旁窦突出数百人袭其后，众惊而却顾。栅中贼亦开门出战，女挺身仗剑，直前迎敌，杀数贼立毙。贼围之数重，女身亦被数剑。回顾亲丁，则已鸟兽散，惟其表侄牛呈祥随之。女知不免，遂挥剑自刎。呈祥欲夺尸，不可得，乃冲围出。贼恨女甚，曳其尸于墙内。附城百姓怜而求得之，瘗义冢中。逃卒回报，廉帅伤感不已，设灵哭奠，为文以祭之。列营将士，闻者无不泣下，咸以为奇女子，而惜其殁于王事也。督宪尤加矜悯，吊之以诗，且将为请于朝，并立祠焉。表其忠，彰其孝，阐其贞，著其勇，可谓至矣。女年三十一，不肯字人，将守贞奉母以终焉，故字曰奉贞。兹乃忠勇并著，其亦善全令名也欤？又女初死时，军士中见有女子骑白马立山头，望大营遥拜者，即之，忽不见。询诸村妪，所见亦同，殆女之灵耶？遂有疑其尸解去，如古所传仙道者，未尝死云。"（文存《星烈日记》卷十）

十七日，段锦谷自长沙以书来上鹤帅。

十八日，访褚鼎臣，听话乃兄一帆观察死节岳州状。鼎臣，继良叔也。

十九日，鹤帅命往精锐、忠勇二营挑奋勇归，阅李宪之投效禀。

宪之，即李嘉乐（1833—？），字德申，号宪之。河南光州（今潢川）人。同治二年（1863）进士，改庶吉士，授编修，历官江西布政使。著《齐鲁游草》《仿潜斋诗钞》。下文皆以号称之。

廿日，赴忠义营观诸勇技艺，晤打虎士谢常胜。回营后，李宪之亦来见。

谢常胜，本名得胜。四川涪州人。

廿一日，与李宪之论诗。

廿二日，夜听鹤帅话汴梁旧游。

廿三日，官文以诗吊奇女李奉贞。复至忠义营观诸徒演习技艺。

诗云："无端贞女出闺中，仗剑从戎助战功。姑且莫将成败论，纵然儿女亦英雄。筹画攻坚计未成，贼人拒险议劫营。千军万马浑无事，娘子孤军夜袭城。节烈佳人系宝刀，指挥兵勇渡深濠。红颜力尽全贞义，视死身轻一羽毛。征云惨淡五更风，汉水呜咽雨泪中。缥缈芳魂依阿母，全忠全孝一般同。忠可求于孝子门，谁知忠孝有钗群。未伸壮志身先殉，留得兰心作怨魂。泌水洋洋可乐饥，养亲矢志女中师。只因误读书千卷，应悔从容赴义时。夜深匹马踏青沙，息鼓衔枚去路斜。岂料逆营知有备，珠沉玉碎不胜嗟。天工若不嫉奇材，一战成功实快哉。或恐须眉无地步，故教神女返瑶台。身披铁甲锁寒烟，手刃敌人力破坚。血染湘裙归去也，未如心志奈何天。劫后合为汉上神，楚江明月是前身。贞姑勇烈祠堂建，卜日鸠工护万民。"（诗存《星烈日记》卷十）

廿四日，卢又雄献攻城火车。

廿五日，柯连升自请解说，求代达中军，鹤帅许之。

柯连升，原为太平军将领，后降清军。

廿六日，袁怀忠与太平军力战西门桥，杀伤相当。

廿七日，赴义勇营阅技艺。王营勇斗，锦堂镇军不能制。

廿八日，刘步瀛献筹粮、截粮二策。

廿九日，颜协戎遣人入汉阳内应，不果。李宪之以诗吊李奉贞。

诗云："南阳武侯之故里，尽瘁疆场死后已。遗法所传得者谁，二千余年归烈女。女之学兮未易知，女之志兮先自矢。垂髫便已识天文，年长更复通易理。藉此行军日讲求，运用妙在寸心里。使竟奉母闲幽居，谁信巾帼能若此。楚北妖氛正用师，女也闻之投袂起。有妹识时欲留行，乃云时兮能有几。木兰代父女从兄，孝友皆忠之根柢。静可不字三十年，动可从军二千里。所闻请缨慷慨情，早将儿女态一洗。况施智勇励奇兵，杀贼擒王易易耳。只恨汉水绕方城，据之更复沟与垒。匆匆接战不成功，夜袭坚城走如驶。桃花马上请前驱，健儿观焉尽愧耻。拔剑当先掷电光，火攻下策贼何恃。孰料功犹未建困重围，一缕芳魂随逝水。风凄日惨阵云愁，天亦似惜斯人矣。此役倘能入蔡州，长江便作衽席履。迎刃直下趋金陵，露布定能书千纸。凌烟阁先画美人，背水军应呼娘子。奈何谋在人兮成在天，顿令全忠全孝之人倏忽死。始也为女悲，继也为女喜，闺中命薄亦多多，泰山之重谁能比？官建祠，士作诔，持戟军尚哭红颜，载笔人还书青史。我知其千秋万世永相传，名曰奉贞姓则李。"（诗存《星烈日记》卷十）

三月

初一日，再至精锐营阅技艺。

初二日，袁怀忠设伏诱太平军，不获。

初三日，至精锐营访阅勇士。

初四日，张玉锦与俞雪岑自请率勇攻汉城，未及而溃，为武人所劫，因上书鹤帅辩诬。

初五日，拟选奋勇章程。

该章程颇可说明方玉润选将才能。文云："一奋勇挑选既定，每册长格内大书姓名于上，名下细书，注明年岁、籍贯、身材、相貌、娴习何技艺、性情何如，以凭按名核考。

一姓名后上下二方格，填记功过。上记功，下记过。如某日打仗，奋勇向前，记功一次。倘能割取首级及左耳，或夺旗帜器械者，记大功一次。若某日打仗，退缩不前，记过一次。倘因退缩以致偾事者，记大过一次。其余酗酒、恣悍、奸淫、赌博，分别重轻载明。视其有功无过者为上等，功过相抵者为中等，有过无功者为下等。一过不改视二过，二过不改视三过，三过不改，除名革退。其革退之勇，务要注明因何错误，不可含混，以见人材难得之意。倘罪犯重大，登时查办，案法治罪，不在小过之例，然亦须从实注明。

一书名次序，以哨官为首，次大旗，次勇丁。而勇丁又分别其奋勇、技艺、相品兼优者居前，仅有技艺而不奋勇，或奋勇而无技艺者为中等，又或仅称奋勇而技艺、相品均无足取者，皆附于后。俟其哨官有缺，乃以大旗补之；大旗有缺，以勇丁补之。按定章程，循叙升进，不可躐等，庶无凌乱之弊。

一列名已定，不得擅自告假。倘有告假，必须禀明中军，酌其可否，乃听之去。若有不遵守章程，私自逃走者，拿获时必以逃亡论罪耳，游营以示重罚。其已给有功牌及翎照者，追回注销。纵不访获，亦必行文该县地方官严拿究办，不准擅戴翎顶。庶选一勇收一勇之用，保一官得一官之力，即日后升至协镇大将，仍不得背离本营，乃为不负此日拔擢之心。

一每册均分二分，一送中军查验，一存本营，逐事登记功过，按朔望日送呈中军，以凭稽查。记功者以朱圈于上格，记过者用墨圈于下格，以省烦劳。

一兵勇以堪登册籍者为优，不登册者为劣。其有未登者，许以自奋自新。查有打仗向前之人，随时补入，不使有一遗漏之才，庶将材从此可得，而兵勇亦不至于废弛。"（文存《星烈日记》卷十一）

初六日，李光荣请命官制军，愿攻五显庙太平军营，不克。

初七日，至忠义营阅众勇技艺。

初八日，徐稚梅及祝兰侪来访。代鹤帅拟祭兵勇文。

初九日，众营齐攻汉城，不克。晚闻罗罗山方伯中炮身亡。

罗罗山，即罗泽南（1808—1856），字仲岳，号罗山。湖南双峰县人。晚清湘军将领，文学家。《清史稿》有传。下文皆以号称之。

初十日，诸将仍齐攻汉阳。玉润赴哆啰口，观水勇试浮江法。

十一日，鹤帅攻城不克，自请议参。拟《祭李奉贞文》。

文云："呜呼！奉贞生耶？死耶？抑或仙而去也？何忠贞激发，报国捐躯如是之速耶？始本司以围城不下，闻尔才名，幼习天文，长娴易理，兼通术数，旁及剑法，是以札调来营，冀襄军务。尔亦深明大义，慨然从征，虽母与妹婉言劝阻，亦不之顾，可谓勇于赴义者矣。旋于仲春五日偕尔兄恒本至营，本司往视，见尔贞静自持，断非邪教者比，其一种坚刚正直之气又复凛然于面，盖巾帼中男子也。私心窃喜，以为国家有道，女子咸思赴义，本司亦得从容就问，共扫妖氛，誓清寰宇，为天下望，为吾族光。殊不料尔忠贞激发，报国捐躯如是之速也，呜呼痛哉！尔之死也，本以后援不继、致捐躯命；实则本司筹策多疏，既未偕攻，又难挽救，愧悔何及！虽然，死有重于泰山，有轻于鸿毛，使尔深闺闭置，虽有学术，谁其知之？其死也，黄土一抔，埋没于荒烟蔓草之中。今则名著沙场，芳流史册，上达天听，即可荣邀旌典，千载馨香，死且不朽，孰得孰失，必有能辨之者矣。独是本司统率万众，未复坚城，日夜焦思，忧劳成疾，尚冀尔冥中默护，匡所不逮。是尔生虽不能杀贼以白刃，殁尚可显灵于苍生。本司又闻尔之死时，有人见云鬟雾鬓，银鞍白马，隐约于惊砂乱帜间者。呜呼！其汝也耶，亦何灵而且幻耶？生耶死耶，或仙而去也？何忠贞激发，报国捐躯如是之速耶？呜呼痛哉！虽有万男，不如一女，女能尽忠，男尚愧死。哀哉！尚飨。"（文存《星烈日记》卷十一）

十二日，拟《祭阵亡兵勇文》。

　　文存《星烈日记》卷十一。

十三日，鹤帅亲祭阵亡忠魂。

十四日，陈问曾以太平军情来告。

十五日，李宪之以诗题鸿濛室稿。

　　题辞云："元龙豪气谪仙身，戎马相逢亦凤因。著述才高推快事，英雄命蹇作词人。娴嬛熟读三千卷，湖海狂游四十春。老骥休教常伏枥，侬思附尾亦精神。岂真浩劫尚难休，天困奇才一例愁。大抵公卿皆晚达，偏多草泽抱时忧。刘蕡下第名终盛，杜牧谈兵志未酬。我亦青衫沦落者，几番梦里话封侯。鸿濛一卷假之鸣，中有光芒万丈横。文蓄经纶堪救弊，诗明怀抱自成声。陶情偶作真真唤，悟道才称幻幻名。独有壮心消不尽，大江南北祖鞭征。寄居帷幄运雄图，吟啸依然可自娱。身后名应传盖世，眼前事未算穷途。恰同杜老成诗史，敢笑郦生学酒徒。忧乐肯将天下任，

今人莫道秀才无。"（题辞存《鸿濛室诗钞》卷首）

十六日，段锦谷还自长沙，并邀赵松圃同入幕。遣陈问曾入太平军城，相机行间。

　　松圃，即赵廷焕，号松圃。下文皆以号称之。

十七日，偕段锦谷赴龙王湖选水军。

十八日，精锐营勇丁搴旗向中军索饷。午偕赵松圃过王锦堂镇军小饮。

十九日，祝王锦堂镇军寿，宴中得悉江南军情。

廿日，陈问曾自汉阳回。

廿一日，陈问曾再入汉城行间。阅陈秀芸女史绝命题壁六诗。

廿二日，王锦堂镇军招饮。

廿三日，鹤帅阅诸勇技艺，邀玉润同观。晚过李少轩小饮。

廿四日，午陪鹤帅阅各营技艺，晚赴卢营饮。卢又雄令其弟子皆拜门，得十五人。

廿五日，鹤帅亲攻伯牙台太平军卡，不下。陈问曾遣周凤鸣来白军情，鹤帅赐金，再遣行间。

廿六日，黄霾蔽日。段锦谷入幕数日，而人言啧啧，玉润亦受谤。

廿七日，阅长沙女史刘元瑞《碪馀诗钞》。

　　刘元瑞，名伯琪。长沙刘文恪公云房先生从侄孙女，适善化熊君宝臣。熊承信之母。

廿八日，鹤帅祭旗，接陈问曾书。

廿九日，阅江岷桥中丞奏军务八条。

　　江岷桥，即江忠源（1812—1854），字常孺，号岷樵。湖南新宁（今属邵阳）人。曾任安徽巡抚。

四月

初一日，段锦谷欲自请率勇援李家集，不果。

初二日，与袁怀忠论取黄州，不合。

初三日，阅果勇侯杨芳所著《平平录》。

杨芳（1770—1846），字通逵，号诚村。贵州松桃人。清军名将，受封一等果勇侯。《平平录》是杨芳的文集，含道源、天地、辅教、心性、明善、博约、经权、审机、叙彝、保生十篇，是作者仕宦、征战、读书、生活的记录。

初四日，周凤鸣上四战策，曰野战、雨战、风战、马战。

初五日，段锦谷代鹤人廉访拟禀官制军稿。

初六日，陪鹤帅夜话。

初七日，水师移扎青山，截太平军粮道。

初八日，亥刻，太平军来惊营，为清军击退。

初九日，鹤帅轻骑出巡，几为太平军围，锦堂镇军率兵来救。

初十日，阅《浪迹丛谈》，中载接骨仙方，简单而有奇效。

《浪迹丛谈》为清代文学家梁章钜所著山水笔记。梁章钜（1775—1849），字闳中，晚号退庵。福建福州人。历官广西巡抚、江苏巡抚等。

十一日，太平军首领杨秀清以书劝诸帅降，锦堂镇军欲覆之，玉润劝止，以原书封呈鹤帅。

十二日，段锦谷上书请回滇召募弩手，并邀偕行。

十三日，阅鹤帅《鹤唳篇》。

十四日，陈问曾归自兴国。

十五日，草《毒弩论》上鹤帅。

文云："窃运筹当握全算，制胜必用偏师。善选器者，必其能偏师制胜者也。自黄帝征蚩尤，五兵之用凡数变矣。易徒搏而刀矛，兵之器一变；易刀矛而弓矢，兵之器又一变；易弓矢而铳炮，兵之器又再变。而能济铳炮所不及，独出乎弓矢刀矛上者，其惟劲弩乎！弩之用，在宋已最著，吴璘神臂弓是也。曰连弩，曰诸葛弩，用各不同，而矫健之功则一。乃至今又有所谓毒弩者，是愈变而愈奇矣。器愈变而愈奇，人亦愈练而愈精，而独无用之者何哉？夫五兵长短互用，不专以偏取胜也。惟欲避吾之所短，以制人之所长，则非以偏胜不为功。尝见今之战器矣，铳一队，炮一队，刀矛又一队。交锋则刀矛为利，击远则铳炮最优，而贼犹有幸逃以生者，则非铳炮之不利，而刀矛有或钝也。盖刀矛非重伤不毙命，铳炮亦非重伤不毙命，不毙命则仍能杀我，能杀我则仍能困我，又况我未必即能杀而毙之也耶？若夫毒弩则无虑此。其发也，若攒蜂，铳一发而弩已十数放，炮再发而弩又十数放，则捷甚。及其中人也，若猛虎，血见而喉闭，喉闭而气绝，则毒尤甚。夫非所谓发无不中、中无不毙之技也哉？而人独遗此不用者，岂不甚可怪而可惜耶？五德本代兴，当王者贵；五兵互相制，善用者神。天或留此以为灭贼用也，亦未可知。某生长边隅，习见习闻，未足为奇，乃今观之，则信一神技也。何则？滇西鄙有野人焉，精是技，以捕猎为生，惟虎狼是噬，盖无人不与弩相习也。诚能精选数百人，练以纪律，用为奇兵，前以冲，后以伏，既无施之不可；进以战，退以守，尤措置之咸宜，则何敌不摧，何攻不克耶？昔者岳飞破拐子马，则用麻札刀；吴玠破金人，则用撒星阵，是皆能以弱制强，以寡胜众之明验。今贼既勇且猾，而仍守故技，不思变计以胜之，则何异守株以待兔，而终无获兔时乎？明公剿贼，义不俱生，外输忠悃，内全孝德，千载一时会也。以千载一时之会，立千载一时之勋，而不筹千载一时之计，则可惜；然以千载一时之志，成千载一时之名，而不遇千载一时之人，则更可忧。何也？誓不与贼俱生也。某谬承国士之知，自当酬国士之报，有披肝，无昧良，庶不负所学耳。从戎半载，尚无寸功，不思杀贼，胡以自立？倘有借手得回滇云，召募弩手，再来投效，亦当义切同仇也。夫天下大患，当与天下共平之，不得以远迩分，亦不必以岁月计。贼一日不灭，祸一日不消；祸一日不消，是公之责，未可以一日谢也。岂得以迁缓难行，失千载一时计哉？且水师立而长江无险地，马队集而陆战有劲兵，倘并毒弩合而为三，诚可以制贼命而无余孽矣。顾有以迁地弗良为疑者，是更可以无虑。夫兵随将转，计由人用，亦视乎指麾者之将略为何如耳，地足限人乎哉？"（文存《星烈日记汇要》卷八《兵策十》）

十六日，陈问曾请回籍募勇取兴国，不许。

十七日，粤西龙启文过访，旋拜门。

十八日，阅《经筵玉音问答》。

《经筵玉音问答》，宋儒胡安国著。

十九日，夜阅《扬州十日记》，为江都王秀楚记。

廿日，接奉官文批札，不令回滇募弩。

廿一日，拟《蓼东诗集序》。

序云："自古诗人从征者有之，登坛则未之见也。有之，自鹤翁廉帅始。公年少登第，以名进士出宰粤西，适值会匪倡乱，募勇随征，禁暴安良，以即戎为抚字，固无日不在军旅间也。乃王浚楼船东下之秋，正臬卿擐甲登陴之际，太翁愍肃公以鄂臬殉节武昌，公复以鄂臬围攻汉城，父子先后同为一官，忠孝相循，并萃一门，亦奇矣哉！夫古之说诗者曰：'原本忠孝，发为咏歌。'乃今益信然矣。虽然，亦有说焉。彼所谓忠者，不过明良喜起，飏拜赓歌，为圣朝鼓吹休明之奥。否则穷愁半生，困钝千里，生逢乱离，寄怀明圣，一饮一饭，不忘君父，一草一木，时兴慨叹。如杜甫、陆游之辈，篇章以寄，歌哭吟咏，写其牢骚。后之学者，遂以为得性情之正，可以继响三百，为诗教极则也。而究之空言未有实效，寄恨总属幽思。欲求其经纬天地、拨乱世反之正者，不惟不能揽其权，恐有权亦不能，如《良父吟》始不愧管乐材耳。又其所谓孝者，或钟鼎承欢，或菽水养志，皆供子职者所应为，非有国难家仇之责萃于一身也，亦非有吊民伐罪之心望诸后起也。若我鹤翁廉帅，则以一身兼数任矣。故其发而为诗也，磊落雄豪，气韵幽深。时而洞庭仙乐，缥缈之音遥传空际；时而铁马金戈，激烈之气驰骤行间。而归之以缠绵悱恻，忠厚温柔，有非寻常谈忠孝者所能及。盖其所处者难，故所造者至耳。某以诸生曳杖从军，深荷垂青，待以宾礼。严鼓悲笳之夜，毳幕时亲；羽书烽火之余，戎行备论。暇则分韵擘笺，互相唱酬，不可谓非知遇也。乃陈琳只堪草檄，王粲常此依人，未免与绝裾之意背矣。而又自愧无奇策异才襄公以成大勋，则纸上空谈，不几为人所窃笑耶？虽然，公之事传，公之诗亦传；公之诗传，某亦得附骥以传。后之读是集者，不惟兴感于忠孝之奇行，为风诗所必重，且将神往于某之遇公，

而独惜其志之无成也，则某与是集为不朽矣。是为序。"（文存《星烈日记》卷十二）

廿二日，段锦谷代锦堂镇军草檄讨太平军首领杨秀清。

廿三日，拟《平贼廿四策》，首策先成，曰广幕府以重兵权。

《平贼廿四策》系方玉润最为看重之作，曾多次托友人上呈曾国藩。文存《鸿濛室文钞二集》。

廿四日，太平军出队，马军击退之。

廿五日，拟平贼第二策，曰扼险要以争地利。

廿六日，袁怀忠与太平军战于杨家岭。

廿七日，张补诗司马招饮。

张补诗，名由庚。四川巴州人。

廿八日，水师焚太平军船殆尽，龙启文拟袭太平军，不就。

廿九日，何金献火攻木人。

卅日，鹤帅宴诸将于锦堂镇军营，会议攻策，不决。

五月

初一日，拟平贼第三策，曰破资格以收才士。

初二日，作家书。

初三日，闻汉口诸营与太平军战败。

初四日，偕赵松圃、李宪之、褚继良登五里墩观战。

初五日，水师攻五显庙太平军营，不及而返。

初六日，拟平贼第四策，曰慎招募以选精兵。

初七日，投诚军功柯连升请办内应，鹤帅许之。

初八日，拟平贼第五策，曰习战阵以精纪律。

初九日，鹤帅亲率大队夜袭，未及而军惊，天明遂返。

初十日，李纶田上策，请分军进扎五里墩。

十一日，鹤帅与锦堂镇军议分军轮出扰太平军。

十二日，陈余田守戎招饮，谒水湖防所。

陈余田，名庆有。重庆人。带川水勇驻墨水湖边。

十三日，鹤帅亲赴蔡甸，谒见官制军。

十四日，张得胜与太平军战于邓家岭，负伤归。

十五日，拟平贼第六策，曰明赏罚以示无私。

十六日，水师营官李承谟独攻五显庙，勇丁伤亡甚众，承谟亦受重伤。

十七日，梁茹山过访，询知旧好洪亦珊投水死。

十八日，赵松圃闻讣返长沙，段锦谷亦偕往。

十九日，阅邸抄，和春奏已革道员何桂珍为捻酋李兆受所戕。

何桂珍（1817—1855），字丹畦。云南师宗（今罗平）人。历官翰林院编修、福建兴泉永道道员、安徽徽宁池太广道道员。

廿日，阅邸抄，御史宗稷辰奏变革钱法。

廿一日，与梁茹山共话，得悉滇中太平军情形，州县多乱民为患。

廿二日，拟平贼第七策，曰和将士以期共济。

廿三日，视鹤帅疾。

廿四日，再作家书。

廿五日，彭雪琴观察由江西函寄鹤帅，言彼处军情尤难于武汉。鹤帅写成七古一章，诗存《星烈日记》卷十三。

彭玉麟（1816—1890），字雪琴，号退省庵主人、吟香外史。安徽安庆人。湘军水师创建者。著《彭刚直公奏稿》《彭刚直诗集》。

廿六日，拟平贼第八策，曰练技艺以充胆量。

《星烈日记》卷十三中，方玉润旁注"此条宜移置第六策"。

廿七日，军功张得禄献龙须濠图。

廿八日，萧子佩孝廉过访，以诗稿相示。

萧瑞琛，字子佩。湖北沔阳人。年少能诗。下文皆以号称之。

廿九日，倪联辉献平贼四策。

六月

初一日，李鹤人以诗吊李奉贞。

初二日，祭李愍肃公灵。

初三日，拟平贼第九策，曰增水军以遏贼势。

初四日，作书寄周亨衢。

初六日，萧子佩孝廉以诗题鸿濛室稿。

题辞云："先生之才高八斗，先生之学富二酉。汉魏文章天宝诗，等身著作垂不朽。我来汉上识方干，幕府披吟诗百首。咳唾九天珠玉飞，奇思异采谁抗手。有时兴酣五岳摇，风雨奔驰龙蛇走。宝相庄严塔玲珑，五色云霞拥户牖。有时思古发幽情，天地寄傲风月友。山水吐纳有清音，一字吟成珍琼玖。河山万里壮诗情，侠士千金亦屠狗。拔剑斫地慷慨歌，奇才抑塞悲献亩。嗟胡不使先生达，达则能使苍生碑在口；嗟胡不使先生富，富则必不硁硁为房守。子美广厦香山裘，此愿蓄之固已久。从戎岂尽为封侯，未忍生民惨蹢躅。帷幄从容借箸筹，直捣坚城清贼薮。四海升平献铙歌，我亦执鞭从其后。"（题辞存《鸿濛室诗钞》卷首）

初七日，南岸军克武昌县，进攻黄州。

初八日，邹国梁献《八法阵图》。

初九日，大雨，鹤帅作诗志喜。

初十日，拟平贼第十策，曰调滇弩以助兵威。

十一日，与李宪之论诗。

十二日，门人龙启文之任廉州，呈诗话别，因用其韵送之。

《鸿濛室诗钞》卷七《江汉从军集》有《门人龙雅堂参军启文将之廉州任，呈诗话别，因次其韵》。

十三日，鹤帅送义子孙福年从学于玉润。

十五日，饬诸营助李光荣夜袭五显庙，未及而返。

十六日，李光荣自制水炮台，拟攻五显庙太平军营，不及而罢。

十七日，与鹤帅夜谈，语及粤西花会之俗，实兆乱机。

十八日，拟平贼第十一策，曰定征期以收勇效。

十九日，与萧子佩论诗。

廿日，与张得禄论练兵法。

廿一日，太平军攻李光荣营甚急。

廿二日，官文制军飞札中路分军助防汉口。

廿三日，黄镇山献《水雷图》。

《水雷图》为广东候补道潘仕成著。潘仕成（1804—1874），字德畬、德舆。祖籍漳州，世居广州。是晚清享誉朝野的官商巨富。

廿四日，拟平贼第十二策，曰治贸易以绝奸细。

廿五日，官文制军札各营共掘长壕。

廿七日，闻捻军张乐行焚掠固始三河尖。

卅日，咸丰县报地震，山崩二十余里。

七月

初一日，拟平贼第十三策，曰广屯粮以济军饷。

初三日，拟平贼第十四策，曰重五金以纾国用。

初六日，阅邸抄，悉回民马三新倡乱，旋被官兵歼毙。

初八日，拟平贼第十五策，曰办游勇以除残害。

初九日，袁怀忠夜袭太平军营，亦不克。

初十日，拟平贼第十六策，曰严关隘以禁横行。

十一日，王锦堂镇军招饮。

十三日，拟平贼第十七策，曰悬重赏以求行间。

十五日，拟平贼第十八策，曰宽胁从以分贼势。

十七日，拟平贼第十九策，曰修备御以守城池。

十八日，舒洪元及张得胜与太平军战于凤凰台，得胜带伤归。

凤凰台遗址，位于今湖北荆门古城西成门内。

十九日，拟平贼第二十策，曰筑村堡以防土寇。

廿日，拟平贼第二十一策，曰联保甲以清户口。

廿一日，拟平贼第廿二策，曰练乡兵以保民命。

廿二日，梁心山来自滇南，偕其兄茹山过访，询悉滇境匪乱，祸及省垣，情形甚确。

廿三日，作家书。

廿四日，拟平贼第二十三策，曰选守令以重司牧。

廿五日，拟平贼第二十四策，曰砭人心以复元气。并系以诗。

《鸿濛室诗钞》卷七《江汉从军集》有《拟平贼廿四策成，戏题一绝》。

廿六日，宪之遭祖丧兼丧室，将奔回里，诗以送之。

《鸿濛室诗钞》卷七《江汉从军集》有《门人李宪之嘉乐将奔祖丧回光州，并遭鼓盆之变，诗以送之》。

廿七日，周赞臣过访，出其尊人《戍温日记》见示。

周赞臣，名日襄。下文皆以号称之。

八月

初二日，和廉帅《军中夜坐诗》。阅《国朝六家诗》，因论诸家得失。

《鸿濛室诗钞》卷七《江汉从军集》有《和廉帅军中夜坐韵》。

初三日，鹤帅命黄培基来营督队攻城，不克。

初六日，鹤帅为序鸿濛室稿。

初七日，作诗谢鹤帅赐序诗稿。

《鸿濛室诗钞》卷七《江汉从军集》有《廉帅赐序鸿濛室诗稿，呈诗鸣谢》。

十一日，卢又雄自请移营。

十二日，袁怀忠与太平军战于西门。

十三日，官文制军牌示本日五鼓来营督队，不果。

十四日，官文制军来营犒师。

十五日，萧子佩邀偕李梅卿赏月。

十六日，段锦谷来营，以王振淑女史《月香楼诗》相示。周赞臣亦出示华琪生《巢云阁诗》。

十七日，鹤帅招饮。

十八日，复录廿四策减河工一条。

文云："一曰减河工以节国用。国用之不足久矣，而揆其大要则有三，军需之说不与焉。盖新疆开辟太广，则兵饷难继，一也；外洋通商日久，则财宝外泄，二也；黄河泛滥无归，则岁修繁浩，三也。今新疆与外洋急不暇理，黄河亦急不暇理也，而孰知治河之妙，即在此急不暇理之中乎？大凡为民害者，总以急理为上，未有以不理为幸者也。而独于河流之害，人情狃于堤防，不敢稍松，其势必尽力而与之争。人愈争则河愈决，河愈决而人愈争，甚至河高于地，而争仍不已。其争也，其拙也。拙而河受其争也，则拙亦何害其为拙？拙而河不受其争也，则拙岂不徒自拙乎？又况奸民猾吏，藉此必争之河，以为图饱溪壑之计。河虽不必与人争，而彼亦尝引河以必争之势，而后可以饱其私。不知者方以为河真与人争矣，复于是群起而争之，则其拙真不可解耳。自古善治河者莫如禹，而善赞禹之治水者莫如孟子。《孟子》曰：'禹之治水也，行其所无事也。'呜乎至矣！一语已中其的矣。近代侯生方域亦善策河，曰：'太上顺之，其次利导之，最下者与之争。顺之不能，于是乎始导。导之而惧其溢而不循乎流也，于是乎始分；惧其冲而不安乎澜也，于是乎始凿。分之凿之，皆以导之也，从未有与之争者。'程含章亦云：'欲求黄河数百年之安，必参古今之变，酌地利之宜，顺水之性，舍故道而别行新道，然后可。其舍故道而别行新道奈何？河决之后，如得其道，不必堵塞，因而成之，则水得其就下之性，自安靖矣。'凡此皆言河势也。而虑之者又曰：'顺水性则必徙民居。尝闻治河以安民矣，未闻徙民以避河也。即欲徙民，吾不知将徙此数千百万之民于何地？且河流不常，倏忽东西，倏忽南北，其能长徙苍黎以避阳侯乎？'曰：'是大不然。河流既定，永无泛决，吾所徙者在一时，所安者在百年，且使民方安处，而必徙之以让河，其势诚有所不便。今则天假之会矣，人逢其厄，不徙于河，必徙于贼，不徙于贼，亦必徙于兵，非有盘庚誓诰之劳也。国用空虚，岁修莫及，虽欲治之，亦无可为治，委而弃之，亦非有九载弗成之消也。倘于此善乘其会，因其废而废之，不犹愈于不可争而必争之道乎？'近阅邸抄，见河臣奏，每年工需拨银一百五十万两。近两年因黄河无水，仅奉部发票银四十余万，是犹有未废之工也。何不并此四十余万两而亦废之，则河有顺流之势，国无縻帑之忧。迨祸乱稍平，河流亦定，然后疏而导之，势欲北则北之，势欲南则南之，无论纳淮济，吞洪泽，而总顺其流以归于海，将见千秋大患，一朝顿除，岂不快哉！然独不曰惊俗以动众乎？夫定大计成大业者，不因俗以自阻，不随众而自安。又况今之河势，乃天意，非人力哉。"（文存《星烈日记汇要》卷七《河渠一》）

十九日，选随园诗。

廿日，锦堂镇军招饮，为同乡吴梦九饯行也。

廿一日，阅陈文恭公手札。

廿二日，萧子佩夜谈沔阳被难始末。

廿三日，鹤帅以诗吊阵亡军功范潮兰。

廿四日，作《哭武昌》诗，得八律。

廿五日，续武昌诗，再成六律。

《鸿濛室诗钞》卷七《江汉从军集》有《哭武昌十四首　有序》，序云："大兵围攻武汉，将及一载，尚未能下，而军饷匮乏，时呼庚癸。望鹤楼而不见，赋鹦鹉以谁听？乃作《哭武昌》诗以自遣。非敢效贾长沙流痛汉廷，亦聊当楚三闾行吟泽畔云尔。"

廿六日，鹤帅以诗题鸿濛室稿。

题诗云："绿鸭浮沉天水立俗传绿鸭道人曾三见开辟，遗下羽毛作诗笔。方君友石拾入鸿濛室，鬼哭啾啾天雨粟。催诗击铜钵，咒起鱼龙波浪恶；吟诗贮锦囊，啸傲壶中日月长。丹书绿字那复辨，但觉十指拂拂生毫光。我闻诗仙诗圣各有其时代，翻疑希心太古之荒唐。岂知此论非创作，不然大块何以有文章。孔子删书自尧舜，我以颜陶沈谢为羲皇。其后作者千百家，各随运会争短长。有如呦呦之鹿雍雍雁，中天揖让赓纠缦。又如长枪森大戟，须臾变作征诛局。传子传贤各不同，诗中宗派有家风。咀嚼菁华弃糟粕，不妨异曲还同工。帝王礼乐不相袭，损之益之求尽美。作诗此诗非诗人，亦在转移之间而已矣。厥后春秋战国兵戈起，又如诗家聚讼无时已。分门别户各争雄，侯伯附庸判都鄙。剽窃毋乃篡，剿袭敢于僭。撷拾陈腐夸新奇，草间号召徒称乱。此皆后来愈出而愈奇，那及先生得未曾有诗一卷。想当作诗时，不知几番经营，几回锤炼，乃能下笔开生面。及其成诗后，使人目昏头眩精神颤。五灵百怪齐惊窜，不觉别开诗世界，古今俯首归陶范。一题到手意先立，依稀女娲炼就补天石。谐以声韵高下宜，仿佛地柱撑四维。驱遣风月入吟讽，引经据典流丹汞。亦如衣冠文物一时新，踵事增华味弥永。三才纳入锦绣肠，谈天雕龙谁能量。怪余只眼独识破，恍如一声霹雳开天荒。吁嗟乎！独抱古心世莫知，况乃才大不逢时。试将杯酒对天读，奇字问天天亦痴。"（诗存《鸿濛室诗钞》卷首）

廿七日，太平军攻卢营，众军击退之。

廿八日，卢占春自请攻黄州。

廿九日，偶染食疾。

卅日，疾渐重。

九月

初一日，养疴。

初五日，疴渐沉，始服药，唐医士方也。

初七日，未服药。

初九日，移榻琴滩口，舟中就医士夏俊卿。

　　琴滩口，即今琴断口，在汉阳城区西北的米粮山下，相传为伯牙断琴处。

初十日，服夏俊卿药。

十一日，李光荣用地雷轰太平军营，未及而发。

十二日，服夏俊卿方，饮食不进者已半月。

十三日，周赞臣来舟话别，留《六家诗》为赠，意颇依依。

十五日，服夏俊卿方大有效，因成七古诗赠之。

　　《鸿濛室诗钞》卷七《江汉从军集》有《养疴琴滩口舟中，药铛茶臼，皆医士夏俊卿代为经理。暇中复令嗣君御臣来见，且拜余门。兹更出帐檐一端属题，头晕眼花，率尔应命，都不成句，可笑人也》。

十六日，夏御臣来视疾，为言九江戈船被焚状。

十七日，仍服旧方。

十八日，夜不寐，因用赠夏俊卿韵呈鹤帅一什。

《鸿濛室诗钞》卷七《江汉从军集》有《舟夜不寐，孤枕无聊，戏用前韵呈廉帅一首，亦病中解围法也》。

十九日，作诗送李梅卿归里。

《鸿濛室诗钞》卷七《江汉从军集》有《门人李梅卿嘉鼐将归里门，以余病为留旬余，且求赠言，书此送之》。

廿日，夏俊卿复为立方，亦有效。

廿一日，与夏俊卿另酌一方，始与病投，服之大效。

廿二日，仍服前方。鹤帅、锦堂镇军酒后失和，有归咎段锦谷者，辞连及玉润，上书辩之。

廿三日，李梅卿、褚继良同来视疾，闻金陵太平军内乱，杨秀清为石达开所杀。

咸丰六年（1856）七月，杨秀清死于太平天国内讧。

廿四日，服养心丸。锦堂镇军遣使问疾。

廿五日，接鹤帅函，剖前疑也。后附五七律各一首，亦相慰意。近闻襄樊太平军甚炽，成诗志感。

《鸿濛室诗钞》卷七《江汉从军集》有《闻樊城失陷，感成一律》。

廿六日，服养心丸，夜梦吞星斗，并游桂宫。

廿七日，锦堂镇军来视疾，吴梦九亦至。得悉樊城兵溃，卢占春父子阵亡。

廿八日，萧子佩将还里，以诗留别。

《鸿濛室诗钞》卷七《江汉从军集》有《送萧子佩孝廉瑞琛辞馆回沔阳》。

卅日，接王公亮滇中书，感成一律。

王公亮为方玉润滇中好友，二人时常通信来往。《鸿濛室诗钞》卷七《江汉从军集》有《得王公亮滇中寄书》。

十月

初一日，服寿脾丸。

初二日，梁茹山过谈。

初三日至初七日，服寿脾丸。阅《春秋》。

初八日，阅《春秋》。为门人李梅卿书扇。

初九日，阅《春秋》。

初十日，送李梅卿及萧子佩旋里。

十一日至十五日，阅《春秋》。

十六日，阅《春秋》，鹤帅枉过视疾。

十七日，作诗柬鹤帅。李宪之再来营，登舟视疾，并示其友万乃斋寄赠
四律。

　　《鸿濛室诗钞》卷七《江汉从军集》有《鹤师枉过视疾，舟中呈诗
代柬》。

　　万乃斋，即万邦化。黄冈人。方玉润门生。

十八日，李宪之偕其叔鹤仙、族兄翰臣过访，拟投效，劝止之。

十九日，观夏俊卿练乾坤丹。

廿日，心气复病，重甚。

廿九日，心气疾始愈。

卅日，疾火愈，仍自酌方也。

十一月

初一日，邀夏俊卿及其子御臣同酌。

初二日，服五福饮。

初三日，再服五福饮。夜梦与龙交。

初四日，补呈鹤帅诗。

初六日，万乃斋茂才过访，因留宿，作竟夕谈。

初七日，万乃斋亦拜门，遂赴通城馆。

通城，今湖北咸宁市通城县。

初八日，鹤帅招饮，未赴。改服天王补心丹。

初九日，补旧诗。

初十日，作诗题李愍肃公《登阵遗牍》后。

十一日，李慎三来舟视疾，诗以赠之。

《鸿濛室诗钞》卷七《江汉从军集》有《门人李慎三关来舟视疾，题诗勖之生本姓孙，名福年，山东历城人，署扬州镇孙方国之子。父殉难金陵，生辗转游离至此。廉帅爱之，养为义子，更今名，俾从余学。生固多病，故相怜云》。

十二日，补仙姑山废祠及移营、《遣兴》诸诗。

《鸿濛室诗钞》卷七《江汉从军集》有《登仙姑山，见废祠感作》《遣兴》。

十三日，作龙陂桥歌赠锦堂镇军。

《鸿濛室诗钞》卷七《江汉从军集》有《龙陂桥歌赠王锦堂镇军有序》，序云："甲寅夏，公率滇卒七十四人奉调入楚，应援德安。乃行抵天门县，即闻郡陷，遂回寓荆州。适贼上犯，驻防将军官公檄备龙陂桥，佐以满军二百人。公四顾形势，无险可扼，爰就桥筑墙安炮，为固守计。次晨，闻贼远去，不为备。须臾，小校飞报贼骑已近濠桥。公急挥军应敌，身后仅三四十人，骁将毕金科提枪跃濠，刺黄巾贼马下，如兔起鹘落，贼不及还手。公恐众寡不敌，急招金科回，开炮轰击，人马崩倒成槽。贼势不支，乃退据村舍，用木棹门板填砌街衢，撄以自守。我兵复抛火蛋烧其屋宇，烟焰连天，贼势大溃，星奔四散。时满兵亦至，分两路夹击，追杀数十余里，遗屐堆积如山。报至，荆居民已有挈眷欲逃者，至是始相庆如再生年。贼既遁，上窜荆门，由当阳破宜昌、宜都诸郡县，下掠松滋，复窥江陵。遥望见江岸红旗蔽空，知公复备此，不敢犯。绕道澧州，遂陷常德，归踞岳州。凡贼踪所至，无不残毁，惟荆南一郡得以保全，谁之力欤？余由夷陵东下数百里，江乡无不颂公功德弗衰，爰为长歌，以纪其事。"

十四日，作《感怀》诗。

《鸿濛室诗钞》卷七《江汉从军集》有《感怀》。

十五日，万乃斋回自通城，复过访，诗以赠之。晚服乾坤丹。

《鸿濛室诗钞》卷七《江汉从军集》有《门人万乃斋邦化拟赴通城馆不果，仍归里门，来舟话别，赋此以赠》。

十六日，送万乃斋。

十七日，乘舟访卢义山，知其袭杀太平军获胜。

十八日，作《老将行》赠杨濂泉镇军，即昌泗也。

杨昌泗，字濂泉。湖南乾州（今吉首）人。道光间以武生擢至总兵。咸丰间从攻太平军于湖北。后赴豫镇压捻军，卒于途中。谥刚介。《鸿濛室诗钞》卷七《江汉从军集》有《老将行赠杨濂泉镇军昌泗》。

十九日，作诗题鹤帅《蓼东集》。

《鸿濛室诗钞》卷七《江汉从军集》有《题鹤帅蓼东诗集》。

廿日，阅《梅庄诗钞》二卷。

何焕，字星田。湖南宁乡人。著《梅庄诗钞集》二卷。

廿一日，温梅舫游戎过访，询悉援襄致败之由。

廿二日，武汉太平军同时东遁，众营齐出追击，颇有斩获。

廿三日，作武汉同日克复诗呈鹤帅。

《鸿濛室诗钞》卷七《江汉从军集》有《喜武汉同日克复，呈廉帅一章》。

廿四日，冬至。入营贺捷，得悉安陆失守。

廿五日，独登龟山顶，巡视太平军垒。

龟山，位于武汉市汉阳城北。

廿六日，再至汉城，周巡太平军垒。

廿七日，舟至蔡甸，访吴梦九，止宿。

廿八日，偕吴梦九游梅园品茶。

十二月

初一日，舟回琴断口。

初二日，入营谒鹤帅，为言李奉贞尸已获。

初三日，阅湘潭张兼山《谦庵诗钞》。

张礼，字兼山，号谦庵。湖南湘潭人。著《谦庵诗钞》。

其《喜晴》一律云："宿雨初晴喜不支，一声啼鸟上高枝。名花似酒朝酣后，新柳如人病起时。南浦绿添春水色，画楼青入远山眉。东风十里寻芳路，游骑争投卖酒旗。"

《登祝融绝顶》七古云："三更梦登祝融顶，手揖赤灵扪翼轸。羲和簸弄骊龙珠，天帝醉眠夜深警。鲸波鲨浪东海东，欲出未出扶桑红。渴虹下饮尾闾水，呼吸一气回长空。蜷蟠阊阖捉不得，浮阳烧破冯夷宫。霍然惊起叫奇绝，眼底高山青濛濛。朝来发兴赤藤杖，心随飞鸟九千丈。怪石横穿虎豹蹲，飞桥倒挂蛟螭状。罡风迅扫烟岚开，直视万仞横八垓。泰华恒嵩等兄弟，洞庭潇湘拗堂杯。谁把青莲之花七十有二朵，九天掷下浮云堆，使我立脚心徘徊。鸥鹭贴波鸿垂翼，高寒不禁天风逼。此游此境苦思归，白发青山难再得。夜宿南天门，日台观朝墩。金鸡蹦旦金乌蹲，真景不如梦景真。挥手下山山灵嗔，人生离合何足论。细旬懒残岩，远探神禹碣。花宫火冷芋已残，翠石苔深字不灭。半百年光五岳游，神仙宰相两悠悠。九歌空吊屈正则，万轴难寻李邺侯。无缘更献人间曝，有客同披泽畔裘。南极老人亦招手，圣灯岩畔长生酒。餐汝三秀如玉之灵芝，坐汝千岁如船之碧藕，使汝身如寿岳长不朽。老我闻之笑掩口，西望桑榆红日无人守。"（诗存《星烈日记汇要》卷十二《韵语四十八》）

初四日，锦堂镇军率勇追太平军东下，船至江心阻风，回泊南岸嘴。玉润饯送来迟，幸相晤。

初五日，锦堂镇军东去剿太平军，玉润与段锦谷、赵松圃回舟琴断口。

初六日，听郭春荃话粤西情形。粤太平军据郡县已几大半，现围柳州，久亦当破。惟省城孤立无饷，势颇可危。

初七日，送段锦谷返长沙。闻李梅卿病故。

初八日，偕李少轩舟行过武昌，访黄鹤楼废址。

初九日，偕李少轩访杨昌泗镇军于河泊所。

初十日，闻湖南全州失守。

十一日，闻扬州、合肥皆不守。

十二日，闻锦堂镇军前进至曹家河，未敢深入。

十三日，因克复武汉，旨授鹤帅藩司职。

十四日，晨谒鹤帅，贺晋秩喜。

十五日，闻清军克复蕲水、广济（今湖北武穴）。

十六日，闻房县不守。

十七日，从周芸生处借得抄本，录奏折规式。

十八日，官文制军拜折保奏克复武汉出力人员。

    鹤帅所列举文员共九十六人，方玉润列其中。迨官制军保奏，则止二十七人，玉润被除。经此变故，心生离意。

十九日，续录奏折规式。

廿日，闻锦堂镇军进抵广济，兵多逃散，遂止不行。

廿一日，闻孔军门兵溃。

    军门名广顺，号鸿城。四川成都人。由行伍起家，官至固原提督。

廿二日，再偕李少轩入武昌城，周览形势。

廿三日，舟回琴断口，李少轩荐玉润于江宁副都统魁玉。

    魁玉（1797—1877），字时若，富察氏。满洲镶红旗人，祖辈驻防荆州。少时习读诗书，操练武功。稍长，以二品荫生入军。咸丰五年五月，调任江宁副都统。

廿四日，阅张宝树诗集。

    《星烈日记》卷二十存诗数首。

廿五日，辞鹤帅买舟东下，公以函来相送。

廿六日，由琴断口移泊汉镇，舟中喜晤汤苬泉，见赠五古一章。

    汤苬泉，名焕芬，年二十余。能诗，议论颇风雅。

廿七日，晓起致书鹤帅，晚泊阳逻。

    阳逻，位于湖北武汉市东部。方玉润本拟即时南回，归奉双亲，再图后举。乃舟出汉口，与锦谷之使相遇，邀偕东下，俟明岁春暖风和，再买舟旋里。

廿八日，泊叶家洲。

　　叶家洲，距阳逻三十里。

廿九日，守风，成诗一律。

　　《鸿濛室诗钞》卷七《江汉从军集》有《叶家洲守风》。

卅日，泊兰溪口，途中有作。

　　《鸿濛室诗钞》卷七《江汉从军集》有《黄州除夕》。

清咸丰七年　丁巳（1857）　四十七岁

正月

初一日，抵蕲州。锦堂镇军粮船泊此。

　　蕲州，今湖北黄冈蕲春县。

初二日，登狮子山，观州城形势。

初三日，宿广济，登文庙废址，察地脉。

初四日，抵双城驿，谒锦堂镇军。

　　双城驿，即今湖北武穴市东北六十二里双城乡。明清之际，是黄梅
县城至广济县城传递官方文书和来往官员途中食宿、换马的中途驿站。

初五日，作双城营图。

初六日，探报小池口清军获胜。

初七日，陪锦堂镇军出营，周览形势。

初八日，黄梅县幕友姚椒园来营，约攻宿松。

初九日，锦堂镇军命拟告示，晓谕宿邑孔军门移营来双。

　　文存《星烈日记》卷二十一。

初十日，方映川都司率营至。听孔军门话狐女事。

十一日，刘元勋、杨朝林等带勇前进，会攻宿松。

十二日，锦堂镇军自拟露布报捷。

十三日，诸将攻宿松，以太湖援勇不至，未敢深入。

十四日，锦堂镇军令调刘元勋等诸将回营。

十五日，刘元勋禀宿松情形。

十六日，锦堂镇军命拟示谕驱逐游勇。

十七日，登双城高山察形势。

十八日，移馆。

十九日，官文制军行知保举各员到营。锦堂镇军原保四十余人，仅录

十二员，其余未知可能续保否。

廿日，致书太湖令蔡君阆仙。

　　蔡阆仙，即蔡锷，又号朗轩。贵州人。与方玉润有乡谊。

廿一日，锦堂镇军命拟示驱逐广济游勇。

廿二日，侦探徐辉霞报宿松太平军情，因令往办内应。

廿三日，记杨芳逸事。

廿四日，孔军门招饮，未赴。

廿五日，探报游勇与太平军战于凉亭河。

廿六日，接赵松圃武昌来函。

廿七日，出队至五里亭修营。晚接安徽李元华观察来函。

廿八日，杨国栋自英山来营，请札添勇，拟同攻太湖。

廿九日，黄梅令覃石仙报获胜仗。

　　覃石仙，即覃瀚元。广西梧州藤县人。咸丰间任黄梅知县。

二月

初一日，大雨，拟移营不果。

　　拟从双城移驻五里亭。

初二日，太平军争踞梅城，覃瀚元击退之。

初三日，移营五里亭，与太平军战，大捷。

初四日，登破额山，访大觉寺，即释家四祖道场也。

初五日，黄梅城内之太平军遁归宿松。

初六日，作黄梅捷及大觉寺二诗。

《鸿濛室诗钞》卷七《江汉从军集》有《黄梅捷诗》《偕王谪仙都阃才秀登破额山，题四祖寺壁殿宇俱为贼炽》。

初七日，由双城移幕入五里亭营，阅《黄梅县志》。

初八日，偕刘都阃廷选入黄梅城巡视守陴。

初九日，接赵松圃函，代锦堂镇军覆函。

初十日，以廿四策托刘佐臣转恳李瀚章求曾国藩赐序。

十一日，雨。读李渔《蜃楼记》。

十二日，雨。代锦堂镇军作函致鹤人方伯，报连日捷音。

十三日，始晴，获张仁熙先生《周易本义》于营。

张仁熙，号长人，又别号藕湾居士。湖北广济人。工诗文，尤善书法。

十四日，游东山寺。

十五日，覃瀚元再请会攻宿邑，锦堂镇军不许。

十六日，接乡勇杨国栋来函。

十七日，军功汪永清禀宿松太平军情。

十八日，得获毕都阃金科饶州阵亡确信。

毕金科，云南临安人。偕锦堂镇军带七十余人来楚。年少英勇，战辄有功。

十九日，王明山协戎由龙坪来营。

廿日，杨国栋禀皖省情形。

廿一日，补东山寺诗。

《鸿濛室诗钞》卷七《江汉从军集》有《游东山寺即释家五祖僧灯成佛处，今肉身尚存。上有讲经台、棋盘石、斗法洞诸胜。峰顶有池，产千瓣白莲，今无矣。寺亦焚毁殆尽》。

廿二日，锦堂镇军建屋营内，因移住。是夜大风，屋瓦皆震。

廿三日，黄梅绅耆联名禀事，锦堂镇军怒，玉润代慰之。

廿四日，探报二郎河太平军为黄梅勇余翰等击败。

廿五日，覃瀚元请进军攻宿松，不允。午闻游勇自结队攻独山。

廿六日，游勇与太平军战于二郎河，败归东山寺。

廿七日，自作诗寄东山僧龙山。

廿八日，补《黄鹤楼废址诗》。

《鸿濛室诗钞》卷七《江汉从军集》有《登黄鹤楼废址作歌》。

廿九日，太湖令蔡阆仙来谒锦堂镇军。

卅日，赵松圃函致锦堂镇军，略言各地战情。

三月

初一日，作诗吊李奉贞。

《鸿濛室诗钞》卷七《江汉从军集》有《吊奇女李奉贞事载本传，存文集中》。

初二日，补祢衡墓诗。

《鸿濛室诗钞》卷七《江汉从军集》有《鹦鹉洲吊祢衡墓》。

初三日，补鲁肃墓诗。

《鸿濛室诗钞》卷七《江汉从军集》有《鲁肃墓》。

初四日，补伯牙台诗。

《鸿濛室诗钞》卷七《江汉从军集》有《题伯牙台》。

初五日，补晴川阁诗。

《鸿濛室诗钞》卷七《江汉从军集》有《登晴川阁废址书怀》。

初六日，补罗罗山挽词及黄州赤壁诗。

《鸿濛室诗钞》卷七《江汉从军集》有《闻罗罗山方伯泽南攻武昌城，中炮阵亡，诗以吊之》《题苏子赤壁》。

初七日，接赵松圃函，并寄送段锦谷《南行叙》一篇。

初八日，为东山寺僧书佛额"唯我独尊"。

初九日，接李瀚章来函。

函曰曾国藩现在丁忧，业经请假，奔丧回籍，正在哀毁之际，无便可寄，特将原本奉还。可知此次未能送达曾国藩。查现存《鸿濛室文钞二集》，卷首有曾国藩庚申（1860）三月廿五日所作序言，序后方玉润题曰："先以《文钞二集》《诗钞初集》及《运筹神机四略》呈公，故评论此数种，其余著述未及阅也。"推知数年后才得呈送曾国藩。

初十日，多隆阿攻段窑太平军垒，拔之。

多隆阿（1817—1864），字礼堂，呼尔拉特氏。满洲正白旗。清代名将，擅长指挥马队。《鸿濛室文钞》卷三《当今名将传》有《多忠勇公传》。

十一日，杨耀亭守戎招饮。

十二日，多隆阿来营，商进攻宿松策。

十三日，马步队会攻分水坳上，获胜。

十四日，东山寺二僧海西、省源来访。

十五日，马步队再会攻独山镇，大捷。

十六日，访蔡馥亭共话。

蔡馥亭，名始芳。湖南长沙人。习申韩，学于松圃，为雷纬堂游戎掌书记。

十七日，探报二郎河太平军拔营归太湖。

十八日，探报宿松太平军大修守备。

十九日，陪锦堂镇军游四祖寺，醉后令代题寺壁一律，玉润亦自书于右。

诗云："英雄何处问沧洲，战罢飞樽醉佛楼。塔赌黄金输宝相，山藏碧玉剩清流。皈依万里留旧梦，杀伐千秋纪壮游。多少顽云挥不去，征衫犹带酒痕浮。"

并跋尾云："丁巳春，进剿黄梅，四战皆捷，而独山一役，斩杀尤众，为军兴以来所未有，殆天将厌乱时矣。今日营务稍暇，偶偕友石茂才、谪仙都阃小饮于此，因题长句，以纪游踪所至云。"（诗文存《星烈日记》卷二十三）

廿日，补辞鹤帅及谒锦堂镇军诗。

《鸿濛室诗钞》卷七《江汉从军集》有《辞廉帅东下》《抵双城驿大营，谒王锦堂镇军》。

廿一日，探差报宿松太平军情。

廿二日，保举出力员弁。

廿三日，偕刘佐臣游戎访王可升都阃共话。

廿四日，闻江西临江清军败绩，豫章大乱。

廿五日，王可升招饮。

廿六日，宿邑诸生张渐逵以太平军军情告。

廿七日，再游东山寺，登白莲峰绝顶。

廿八日，接伍慎庵武昌来函。

　　伍慎庵，名成功。广西全州人。老成谙练，善于持筹。

廿九日，黄梅城诸勇互斗。

四月

初一日，自序《江汉从军集》。

　　《江汉从军集》自序云："乙卯冬初，余既偕锦谷、雪岑两君舟至新堤，闻吾乡王锦堂镇军驻师黄蓬，胡泳之中丞驻师六溪口，李鹤人廉访则由水师过沙洋，奉特旨统属中路各军协攻武汉。时钦差大臣为湖广总督官秀峰先生。因与雪岑访锦堂镇军于黄蓬山。锦谷过沙洋谒李廉帅，旋又荐余于廉帅，而自过镇军营。嗣复同攻汉阳，驻营三山景，历岁一周，汉城始复。锦谷得膺保荐去。余复追谒镇军于黄梅戎次，四战皆大捷。今不幸遭镇军之变，鹤人方伯函邀赴皖，将驶就之。往来奔走，关说群帅，虽不能言皆有中，而军营情伪，阅历既久，灼见周知，有当局所不能及，吾辈无不知之者。知之而不敢言之，则形诸歌咏，藉笔墨以抒怀抱，又得诗若干首。中夜起舞，朗吟一过，觉激烈感慨之音多，温厚和平之意少，使人闻之黯然不乐，所谓北鄙杀伐之声是也，爰名之曰《江汉从军集》，盖纪实云。丁巳重九日投笔书生友石氏病疮新愈，书于龙坪寓馆。"（《文存《鸿濛室诗钞》卷七》）

初二日，探丁报闻庐州失守。

初三日，滇督奏调锦堂镇军回援昆明，楚督复奏留之。

初四日，梅邑乡团亮队。

初五日，张渐逵献攻宿邑策。

初六日，周福泉都阃招饮。

　　周福泉，即周占标。湖北阳逻人，寓居夔州。锦堂镇军见其办公勤慎，由把总保升都司，列为营官。

初七日，赴龙坪。

初八日，林松岩守戎招饮。

　　荆州驻防旗员，名春。长身耸立而性情圆和，善于言语。

初九日，舟至武穴镇。

初十日，闻段锦谷三月初旬回滇领凭，将赴新会县丞任。

十一日，偕林松岩再赴武穴。

十二日，闻卢又雄罗田失利，其徒谢得胜战殁。

十三日，由龙坪回至郑公塔，大雨不止，遂止宿。

十四日，回营，闻太平军窜入蕲州界。

十五日，太平军焚卓壁、张林一带民舍。

十六日，闻皖军已复英山。

十七日，闻滇回势甚炽。

十八日，太平军分二路入黄梅，焚烧民舍。

十九日，太平军大至，沿途烧房至黄梅北城外一里许，锦堂镇军不令出营。

廿日，马步各队与太平军战于渡河桥畔，步军小挫，马队击退之。

廿一日，多隆阿拟袭小池口太平军营，戒令清军勿动。

廿二日，桂家畈（今属湖北鄂州）太平军无故自退。

廿三日，探报太平军由多灵山下进至山谷中无数，未见其出。

廿四日，马步援军齐出击太平军，锦堂镇军遇伏先溃，多隆阿大焚太平军营归。

廿五日，闻鹤人廉访开藩皖省。

廿六日，闻张家塝民团战败。

廿七日，马步各队会攻太平军营，不克。

廿八日，闻鹤人方伯进扎狮子口。为赵松圃幕府题诗。

诗云："补天之说甚荒唐，石不能言亦可伤。化作青云飞去也，颠翁收拾入诗囊。嵚崎磊落一星沉，苔藓斑斓岁月深。不是神仙频指点，岂能身价重黄金。君自玲珑我自顽，此中交谊古人难。灵山会上重逢处，好把苔岑仔细看。"（诗存《星烈日记汇要》卷十三《韵语五十一》）

廿九日，得永昌太守函，略悉滇回情形。

五月

初一日，闻张家塝太平军败退三十里。

初二日，以纨扇属玉姗女史作画。

初三日，被掳潘忠实来营投诚。

初四日，闻水师巡江被截。

初五日，买卖街不戒于火，焚毁殆尽。

初六日，亢旱已久，今忽大雨。

初七日，连日大雨不止，风如雷吼。

初八日，太平军渐逼近。

初九日，闻李迪庵方伯分军救张家塝。

李续宾（1818—1859），字九一，号迪庵。湖南湘乡（今涟源）人。湘军名将。下文皆以号称之。

初十日，赴龙坪，闻太平军将抵大河铺。

十一日，刘青臣守戎邀饮。

刘青臣，名廷选。云南广西州人。是日为君诞辰。

十二日，舟至武穴，访张鸣轩秀才。

十三日，闻太平军来扑营，多隆阿率勇击退之。

十四日，回龙坪。适赵松圃由营来，称郑公塔粮道已断。

十五日，舟至陆家嘴，访王著堂协戎。

十六日，王著堂招饮。旋回龙坪。

十七日，纤道濯港回营。

十八日，陈开榜与太平军战于营外。

十九日，太平军出大队围营。

廿日，马步诸军齐出击太平军，大战营外，互有损伤。

廿一日，雨。夜梦神击著述于田陇间。

廿二日，劝锦堂镇军函商多都护，乞援九江。

廿三日，闻广济失守，李安斋大令败走武穴。

廿四日，接鹤人方伯函，欲移军北去，以就皖饷。

廿五日，太平军悉众攻营，清军准备以待，太平军不敢近，遂焚民舍，亥刻始退。

廿六日，十里铺新垒成。

廿七日，闻巴扬阿进至崇阳桥。

廿八日，闻太平军上窜，多隆阿诱其出营，以觇虚实，遂大战，日暮退。

廿九日，太平军围稍弛。

卅日，鲍超来营。

　　鲍超（1828—1886），初字春亭，后改春霆。夔州安坪藕塘（今重庆奉节）人。湘军名将。

闰五月

初一日，贵州童大椿来营投诚。

初二日，鲍超定营意生寺，明太祖旧垒也。

初三日，雨。锦堂镇军密保奋勇诸将。

初四日，雨。投诚兵勇以太平军分股上窜告。

初五日，投诚杨锦波以诗呈阅。

初六日，锦堂镇军保举将士。

初七日，闻巴扬阿都护进屯广济。

初八日，遣刘景云赴武昌请炮。

初九日，多隆阿击郑公塔太平军获胜。

初十日，赴龙坪，见居民移家避贼。

十一日，偕林松岩、陈昆珊诸友赴武穴。

陈昆珊，名光先。湖北江夏人。已保把总。

十二日，回龙坪。

十三日，偕熊载卿步至五里庙访玉姗女史，不晤。

熊载卿，名飞。贵州龙坪人，年少能诗。下文皆以号称之。

十四日，再偕熊载卿过江访张玉姗，晤于赤湖之廖家湾，泛月而归。

十五日，闻洪国宗就擒伏诛。

十六日，闻张家塝官军失利。

十七日，熊载卿招饮。

十八日，访夏韵香、张玉姗于陈子镇，各出诗相质证，玉姗面成一绝。

十九日，辞张玉姗，回龙坪。

廿日，舟至陆家嘴，江水大涨，水师环攻小池口太平军营甚急。

廿一日，以所著日记及诗文送夏韵香代阅。

廿二日，陈昆珊招饮。

廿三日，偕陈昆珊再赴武穴。

廿四日，偕夏韵香同回龙坪。

廿五日，由蔡三镇回营，锦堂镇军问各隘情形，悉举以对。

廿六日，多隆阿来营。

廿七日，多隆阿饬方游戎移扎官桥。

廿八日，阅张玉姗《绮梅窗诗草》。

仅择其尤者录之，诗存《星烈日记》卷二十六。

廿九日，太平军悉众来攻营，更后忽大雨，太平军始退。

六月

初一日，太平军复悉众来攻营。

初二日，闻上游清军失利，胡林翼中丞退驻黄州。

初三日，太平军夜惊营，又欲连营断十里铺粮道。

初五日，多隆阿布营武穴，防后路。

初六日，诸帅拟退军，命玉润与赵松圃黑夜走龙坪。

《鸿濛室诗钞》卷七《江汉行军集》有《将移营，镇军促余与赵松圃夜赴龙坪，马上口占》。

初七日，过江访夏韵香及张玉姗话别有诗，二君亦各有赠。

《鸿濛室诗钞》卷七《江汉行军集》有《行将去龙，玉姗以诗稿求叙，迫不及题，聊书一律卷首，即以志别》。

初九日，夏韵香邀赴武穴饯饮。

十一日，舟回龙坪，大风雨。

十五日，周福泉邀饮。

十六日，太平军至李家桥，龙坪戒严。

十七日，移住小舟。

十八日，午驾小舟过陈子镇，与林松岩诸君畅饮。

廿日，回泊龙坪。

廿一日，探报太平军欲渡湖袭龙坪。

廿二日，九江分军防北岸。

廿五日，闻昨夜中营灾火，死者甚众，锦堂镇军不知下落，诸军遂止。

廿六日，偕赵松圃、周福泉过孔军门视疾。

廿七日，诸军连日出队，觅锦堂镇军不得。

廿八日，过江访吴梦九，闻皖军无粮自散。

廿九日，湘军分队过江，合攻童司牌，大获胜仗。

是年夏，太平军将领陈玉成进军鄂东，图解九江之围。七月中旬，太平军主力进扎广济童司牌，水陆设防。湘军悍将李续宾自九江渡江，大举进犯童司牌。陈玉成力御败溃，要塞沦陷，鄂东战局从此逆转。

卅日，拟挽联吊锦堂镇军。

七月

初二日，黄梅太平军退过半，余二垒官军攻击不动。

初三日，致书鹤人方伯。

初四日，锦堂镇军家信至，知大理一郡已属贼有。

初五日，代刘廷选拟祭锦堂镇军文。

初六日，偕赵松圃奠锦堂镇军灵。

初七日，作家书。

初九日，偕吴梦九舟至武穴。

初十日，送吴梦九还武昌。

十一日，偕赵松圃舟至黄泥港。

十二日，与赵松圃赴濯港。

十五日，回黄泥港舟中。

十八日，回泊龙坪。

廿日，致书陈亦渔司马姻丈。

廿一日，闻上游太平军退尽。

廿七日，送赵松圃返长沙。

廿八日，赵松圃阻风，复回泊武穴，作诗送别。

《鸿濛室诗钞》卷七《江汉行军集》有《送赵松圃幕府廷焕还长沙》。

八月

初一日，晓回龙坪，晚仍赴武穴。闻上游太平军大败，由张家塝退归安庆。

初三日，回龙坪。

初四日，接鹤人方伯六安来函。

初五日，覆鹤人方伯书。

初六日，闻黄梅太平军退尽。

初七日，闻诸将寻获锦堂镇军遗骸营壕内。

初八日，赴濯港，与东山寺僧晤。

初九日，重至五里亭旧营，凭吊锦堂镇军灵。

初十日，偕汪蓉林重游东山寺，各题一诗于壁。

十一日，回宿濯港。

十二日，回龙坪。

十七日，闻小池口太平军遁归安庆。

十九日，疟疾大发，不能起。

廿日，王谪仙都阃馈药。

廿一日，至武穴。

廿二日，舟被勇夺，回寓龙坪。

廿三日，马仲良来访，欲拜门，却之。

廿四日，胡林翼中丞由龙坪拔营回武昌。

廿五日，闻滇督恒春自尽。

恒春，字宜亭，萨达拉氏。嘉庆进士。咸丰四年（1854），升任云贵总督，镇压当地苗、回民起义。七年，回民起义进逼省城，恒春自尽。

廿七日，李天培来自武昌。

廿八日，疮愈甚。

廿九日，雨。成诗一绝。

《鸿濛室诗钞》卷七《江汉行军集》有《病卧龙坪时患疟疾，且闻滇中大乱》。

卅日，多隆阿进扎宿松。

九月

初一日，作诗吊王锦堂镇军。

《鸿濛室诗钞》卷七《江汉行军集》有《挽王锦堂镇军四首有序》。诗序云："六月廿五日既暮，营弁吴长会由大营奔赴龙坪，狼狈惊惶，涕痕满面，具道昨夜移营失火状。镇军及亲兵营弁杳无着落，不胜惊骇，末由寻觅。今幸贼退，寻获遗骸于深濠中，然已毁坏扯残，不可复识。捐躯报国，何至此极！谨设灵奠，哭以诗云。"

初二日，鹤人方伯函邀赴皖，先寄一诗。

《鸿濛室诗钞》卷七《江汉行军集》有《李鹤人方伯函邀赴皖，病未能行，先寄以诗》。

初三日，刘佐臣出示江西诸将函，知曾涤生侍郎回籍。

初四日，补军中杂诗三绝。

初五日，作怀人诗四绝。

初六日，补黄梅道中诗。

《鸿濛室诗钞》卷七《江汉行军集》有《贼退后偕汪蓉林游东山寺，归自渡河桥至黄梅道中书所见》。

初七日，补泛赤湖访张玉姗女史诗。

《鸿濛室诗钞》卷七《江汉行军集》有《偕熊载卿、吴亦九二君泛舟赤湖，访张玉姗女史，载月而归》。

初八日，补独山捷诗。

《鸿濛室诗钞》卷七《江汉行军集》有《独山大捷》。

初九日，病稍愈，作诗自遣。

《鸿濛室诗钞》卷七《江汉从军集》有《重九日病稍愈，偶成》。

初十日，自编《江汉从军集》。

十一日，代游仙槎作《类腋骈语序》。

十二日，题玉姗女史《绮梅窗诗稿》七古一章。

《鸿濛室诗钞》卷七《江汉从军集》有《题玉姗女史绮梅窗诗稿有序》，序云："玉姗张姓，名韫，广济人。能诗善书，且通琴理。以避乱寄居赤湖之廖家湾，与龙坪相隔一水。余耳其名，买舟过访，并求画扇，因出诗稿索序，已题一律卷首，嫌有未尽处，乃复成长古寄之，兼以话别。"

十三日，自题《从军集》后一绝。

《鸿濛室诗钞》卷七《江汉从军集》有《是集编成，自题一绝》云："岂为功名易别离，无边怀抱系深思。那知万里从戎志，赢得三年两卷诗_{自出滇至今三年，仅成《峤裾》《从军》二卷。}"

十四日，闻舟师已复湖口县，并破小姑山太平军卡。

十五日，闻襄阳太平军复炽。

十六日，闻舟师克彭泽。

十八日，诸军进扎宿松界。

廿二日，闻石达开为清兵击败，退走饶州。

廿三日，重叙《廿四策》。

廿五日，作诗寄怀夏韵香。

《鸿濛室诗钞》卷七《江汉从军集》有《寄怀夏韵香芝茂才》。

廿六日，扶锦堂镇军灵赴武昌，未果。

廿七日，作诗留别龙坪，移榻舟中。

《鸿濛室诗钞》卷七《江汉从军集》有《别龙坪》。

廿八日，偕同人扶镇军枢上泊武穴。

廿九日，舟过富池口，访甘兴霸墓，作诗吊之。晚泊野岸。

《鸿濛室诗钞》卷七《江汉从军集》有《甘兴霸墓》。

十月

初二日，晓过道士洑，有诗。

《鸿濛室诗钞》卷七《江汉从军集》有《晓过道士洑》。

初三日，泊巴河。

初四日，泊黄州，与杨子亭登武昌县城，返游赤壁，有诗。

《鸿濛室诗钞》卷七《江汉从军集》有《偕杨子亭少尉肇龙登武昌县城作》《重泊黄州，再题赤壁一律》。

初五日，泊七矶泓，有诗。

《鸿濛室诗钞》卷七《江汉从军集》有《泊七矶泓》。

初六日，泊青山，有诗。

《鸿濛室诗钞》卷七《江汉从军集》有《二江口初值顺风》。

初七日，抵武昌，登黄鹄矶，作诗一律。归遇向如山，悉皖军情。

《鸿濛室诗钞》卷七《江汉从军集》有《黄鹄矶》。

初八日，再登黄鹄矶，纤道访刘氏废园。

初十日，吴梦九来舟相晤。

十一日，与吴稚云相晤，听话皖事。

十二日，将诣六安大营，先作书致鹤人方伯。

十四日，舟过汉镇。

十六日，再游汉镇。

十七日，代李天培作文祭锦堂镇军灵于武昌舟中。

十八日，文郁山协戎过访。

廿日，自书黄鹤楼近作，赠道人王元龄。

廿二日，移寓汉口，为李天培作书。

廿三日，送李天培等扶镇军柩还滇。

廿四日，足疮又发。

廿五日，作感遇诗五古八章。

　　《鸿濛室诗钞》卷八《皖豫从军集》有《感遇八首》。

廿六日，夜梦谒南京圣庙。

廿八日，登搁笔亭，题诗四绝。

　　《鸿濛室诗钞》卷七《江汉从军集》有《登搁笔亭，题四绝句》。

卅日，晓发汉口，成诗一律。

十一月

初二日，宿歧亭。

　　歧亭，今属湖北黄冈麻城市。

初三日，次麻城县。

　　麻城县，位于湖北黄冈市。

初四日，宿周家冲。

初五日，宿祠堂埠。

初六日，宿石桥湾，梦五蝠集身。

　　《鸿濛室诗钞》卷八《皖豫从军集》有《宿石桥湾》。

初七日，宿琉璃坪，途中有诗。

　　《鸿濛室诗钞》卷八《皖豫从军集》有《琉璃坪》。

初八日，宿太平冲，途中见难民，有作。

　　《鸿濛室诗钞》卷八《皖豫从军集》有《途中见流民感作》。

初九日，诣流波礃大营，谒鹤人方伯。

　　流波礃，隶属于安徽六安市金寨县。《鸿濛室诗钞》卷八《皖豫从军集》有《流波礃大营重谒鹤人方伯》。

初十日，雪。成诗一律。

《鸿濛室诗钞》卷八《皖豫从军集》有《野馆值雪》。

十一日，周芑生过访，成诗一律赠之。

周芑生，名寿嵩。《鸿濛室诗钞》卷八《皖豫从军集》有《周芑生寿嵩少尉过访衡州人，善画能饮》。

十二日，雪霁，成五、七言各一律。褚继良来晤，再成一绝勖之。

《鸿濛室诗钞》卷八《皖豫从军集》有《晓霁，登高远眺，偶成一律》《勖门人褚继良镕少尉书法端楷，时膺保荐》。

十三日，偕谢仁贵巡视将军岭诸卡。

十四日，鹤人方伯招饮。

十五日，杨恩绶过访。

十六日，听谢矩堂话滇回变故。

谢矩堂，名衡。云南建水人。先方玉润数月来皖，相晤甚欢。下文皆以号称之。《鸿濛室诗钞》卷八《皖豫从军集》有《喜晤谢矩堂衡》。

十七日，抵流波礁大营。

十九日，霍山太平军退，袁怀忠进扎其城。

廿日，王晓东拟请设局。

廿一日，太平军西窜固始。

廿二日，张锡侯过访，共话堪舆学。

廿五日，偕郭竹隐、谢矩堂联骑登山，观流波礁。

《鸿濛室诗钞》卷八《皖豫从军集》有《偕郭竹隐诸君联骑登山，观流波礁眼》。

廿六日，与周赞臣论诗。

廿九日，观练兵。

十二月

初一日，闻胜帅前锋抵三河尖。

胜帅，即胜保（？—1863），字克斋，苏完瓜尔佳氏。满洲镶白旗。

晚清重要将领。时任副都统，帮办河南军务。三河尖，今属河南信阳市固始县。

初二日，偕褚继良登高察地。

初五日，阅《偷生百识》。

《偷生百识》，朱晓山著。

初六日，与周赞臣论兵。

初七日，闻太平军复踞霍山。

初九日，雪。与周赞臣论诗。

初十日，霍山太平军退而复回。

十一日，太平军犯独山营，袁怀忠击退之。

十四日，闻捻军西进武庙集。

武庙集，今属河南信阳市固始县。

十五日，闻胜帅前锋已抵黎家集。

黎家集，今河南固始县东南五十四里黎集镇。

十六日，太平军犯麻埠营，清军击退之。

麻埠，今安徽六安市金寨县麻埠镇。

十七日，鹤人方伯奏请拨漕赈饥。

十八日，闻太平军复入霍境。

十九日，闻太平军抵固始。鹤人方伯招饮，未赴。

廿日，闻太平军围固始甚急，鹤人方伯饬周赞臣督催进援。

廿二日，阅《鹖冠子》。

廿三日，书《鹖冠子》后。

廿四日，周芸生纤道来营。

廿五日，与周芸生论军情。

廿七日，购马。

廿八日，固始、麻埠均来告警。

廿九日，兵勇劫市肆。

卅日，胜帅遣投诚刘尚义援固始，复叛。

清咸丰八年 戊午（1858） 四十八岁

正月

初一日，微雪。夜梦左臂折。

初二日，晋谒李鹤人方伯。

初三日，鹤人方伯枉过，共商屯政筑堡法。

初四日，覆赵松圃书，并致陈亦渔姻丈。

初五日，与王耀亭论解固始围。

初六日，固始围稍弛，胜帅击之失利，张得胜军入阵，太平军遂溃。

初七日，闻粤东省城不守。

初八日，与周芸生闲步唐家集。

初九日，固始贼北窜。

初十日，闻卢又雄遇贼战败。

十一日，闻袁午桥京堂援兵至三河尖，太平军攻固始甚急。

   袁甲三，字午桥。河南项城人。时和胜保一同剿办河南捻军。

十二日，袁怀忠请袭六安，鹤人方伯意未决。

十三日，移营进麻埠。

十四日，移寓，暂住梅氏宅。

十六日，上谕准拨豫漕赈饥。

十八日，与友人品骘当代人物。

廿日，晴。再论人物。

廿二日，移幕至麻埠大营。晋谒鹤人方伯，闻太平军围固始甚急。

廿三日，阅《枢言》。

   《枢言》，王柏心著。

廿四日，访袁小亭，视其营垒。

廿五日，偕周芸生、周芑生联骑，登高察地。

廿七日，鹤人方伯移军，亲援固始。

《鸿濛室诗钞》卷八《皖豫从军集》有《送鹤人方伯移军援固陵》。

廿八日，听周芸生话李愍肃公殉节状。

廿九日，闻鹤人方伯改道，由杨家滩进。

卅日，李宪之招饮，为诸友书屏。

二月

初一日，晓发流波碏，晚宿琉璃坪。

初二日，抵金钗镇。

《鸿濛室诗钞》卷八《皖豫从军集》有《抵金钗镇》。

初三日，伍慎庵招饮。

初四日，与赵甸之刺史论解固始围法。

初五日，听周芸生话会稽水灾息乱法。

初六日，偕周芸生入村访寺。

初八日，与周芸生、褚继良联骑至洪家集。闻刘尚义复投诚，为卢又雄
所杀。

《鸿濛室诗钞》卷八《皖豫从军集》有《偕周芸生英按参军、白岱麓
楚善广文、许望之俨茂才、熊熙之寿昌少尉诸同志暨及门褚继良，联骑同
赴金钗镇俟应援信，奉方伯命也》。

初十日，闻太平军犯商城界。

十一日，闻太平军至王家集。

十二日，冒雨赴李家集。

十三日，登山，阅商城周氏祖茔。

十四日，闻太平军犯金钗镇，偕诸友夜走斑竹园。

十五日，走祠堂埠。

十六日，走滕家堡。

十七日，闻英山不守。

十八日，闻太平军至合山坳，将窜罗田。

十九日，与周芸生发滕家堡，宿月形塘。

廿日，抵麻城，成诗一绝。

廿一日，访鹤人方伯弟子，避乱在此。

廿三日，发麻城，宿十乡楼。

廿四日，宿婆树店。

廿五日，宿双轮河。

廿六日，抵光州。

廿七日，访门人李宪之，闻固始围解。

　　《鸿濛室诗钞》卷八《皖豫从军集》有《抵光州喜晤李宪之、翰臣诸及门，口占二十八字》。

廿八日，宪之尊人松岩贰尹招饮，晤郑秋浦孝廉，见赠四诗。

　　《鸿濛室诗钞》卷八《皖豫从军集》有《宪之尊人松岩贰尹招偕芸生共饮，时在座者则其业师郑秋浦孝廉葵也。诸君皆有赠诗，作此奉酬》。

廿九日，李宪之赠诗。

卅日，李宪之又邀至其宅，为诸友作书，并出钱东平《感怀诗》三纸相示。

三月

初一日，袁定九率其门徒过访，均各求书，并得读陈泖农伉俪诗词。

初二日，闻固邑围弛，与周芸生同回大营。

　　《鸿濛室诗钞》卷八《皖豫从军集》有《闻固始围解，偕周芸生驰赴大营，呈鹤帅一律》。

初三日，抵固始，晋谒鹤人方伯，因留饮。

初四日，吴益寿招饮。

初六日，谒许忠节公祠堂。

初七日，闻袁怀忠退扎抱云山。

初八日，闻太平军踞琉璃坪。

初九日，周俊臣偕梁润山过访。

初十日，闻胜帅与太平军遇于洪集，战败，仍退三河尖。

十一日，与袁松亭论截金钗镇太平军后。

十三日，接万乃斋函，并和玉润前送别诗韵。

十四日，闻麻城不守。

十七日，袁松亭再过访，与论袁怀忠一军战守机。

十八日，李宪之寄《题奇女传》八绝。

十九日，鹤人方伯移营两河口。

廿一日，闻胜帅逼近六安。

廿二日，奉札帮办中军事务。

廿三日，乞假养疴。

廿五日，代友人跋米芾书。

廿六日，阅祝小香诗句。

廿七日，邑人索书甚多，日不暇给。

廿八日，书固始令张曜阵斩捻将凤林事。

四月

初一日，何春农贰尹以所画兰竹索题，因书付之。

初二日，晋谒鹤人方伯，因悉六安太平军势已分为二。

初三日，邑人何乃卿好书画，每来纵谈，兹更出画兰属题。

　　拟数言，书其上云："骚人佩之而寄忧思，诗人采之而咏风怀。兰也何心，人自移情于物耳。岂贞者见之谓之贞，淫者见之谓之淫耶？吾不知世之人何以指国香为俗艳，而一再咏之不已也。"（文存《星烈日记汇要》卷二十六《绘事五》）

初四日，鹤人方伯祭其父愍肃公，玉润亦与焉。

初五日，读文文山、王阳明两先生文，录其要者。

初六日，再读文山《殿试策》。

初七日，鹤人方伯招饮，座间得报胜帅失利，卢又雄催请大军继后。

初八日，读《徐文长集》。

初九日，再读《徐文长集》。

十二日，闻鸦作人言。

十三日，鹤人方伯拔营，进扎叶集。

十四日，卢又雄计袭六安，克之。

十五日，保荐各营将士有差。

十六日，与谢矩堂策守六郡。

十七日，接郑秋浦函及赠诗四。

十八日，郑秋浦、袁定九并寄诗题《奇女传》。

十九日，郑秋浦又寄示黎静庵《岁暮书怀》三十首，并和其韵。

　　黎静庵，即黎学渊，字仲潜，号静庵。河南罗山人。官内阁中书。
有《铁琴书室诗钞》。

廿日，李宪之寄示陈泖农室蘅君女士《和乩仙诗》十六绝。

廿一日，阅固始县幕李左之《中州草》。

廿二日，覆郑秋浦书。

廿四日，闻九江已复。

廿六日，夜梦谒成汤、文王、周公三圣。

廿七日，阅钱塘张裕之大令《了因集》。

廿八日，过谢矩堂小酌。

廿九日，张裕之过访。

卅日，作《哀六安诗》。

　　《鸿濛室诗钞》卷八《皖豫从军集》有《哀六安我军进剿六安已几一年，
卢又雄乘贼追逐胜宫保之隙，入据其城，贼遂退，然已残坏不堪矣，故哀之》。

五月

初一日，李左之以诗见赠，亦酬一律。

　　《鸿濛室诗钞》卷八《皖豫从军集》有《酬李左之钺广文见赠一律》。

　　左之阅毕玉润日记，赠序云："戊午从戎蓼国，得知有友石先生者，
抱不世才，遨游于湖湘江淮之间。数载以来，犹未行其所志，时世之感，
所不免焉。兹读其《星烈日记》中《平贼策》廿余篇，洒洒万余言，切

中痼疾。至于诗歌文词，靡不寄托遥深，真美人香草之遗也。鄙人倾倒甚至，爰书四十字于左云：'一读刘蕡策，苍然斫地哀。眼前天下士，谁信济时才。尘海都如梦，黄金何处台。浪浪此热血，未必老蒿莱。'"（文存《星烈日记汇要》卷十三《韵语七十三》）

初二日，补旧诗。

初三日，作诗吊朱晓山、钱东平二君。

《鸿濛室诗钞》卷八《皖豫从军集》有《吊朱晓山孝廉有序》，序云："君讳鸣凤，颍之奇士也。曾北走京师，两上封事，不报。旋回籍草檄讨发贼，亦不果。近因说捻首张乐行使投诚，乃为所害，惜哉！著有《偷生百议》及诗文集行世。余为书其轶事，复吊以诗云。"

同卷另有《吊钱东平有序》，序云："君名江，浙西人，游幕岭南，值英夷滋事，募练杀贼，夷甚惮之。大吏主和而君不从，乃中以他事，发配伊犁。放归后，豪气不减，复佐御史雷以诫募勇防皖，以酒后不戒于言，为其所杀。余从宪之处得读其《感怀》各诗，一往无前，不愧一代作手。爰惜其才而悲其遇，并哀以诗云。"

初四日，代邑人书挽额吊乌烈妇。

初五日，闻鹿邑失守，捻军悉踞淮河左右。

初六日，闻太平军复由麻城窜商界，固城戒严。

初七日，发固始，宿黎家集。

初八日，晓过叶集，晚宿开顺。

初九日，宿梁家庄。

初十日，抵六安，仍与周芑生同住南城二道巷胡家大宅。

十二日，捻军踞凤阳、怀远、临淮诸郡。

十三日，倩常朗斋作幕天席地小照，自题以诗。

《鸿濛室诗钞》卷八《皖豫从军集》有《自题幕天席地图小照》。

十四日，太平军由楚境败归，鹤人方伯命袁怀忠截剿。

十五日，陪鹤人方伯夜话。阅方伯新著《新斋语录》。

十六日，作万里从军小照并题刘容夫刺史照。

《鸿濛室诗钞》卷八《皖豫从军集》有《题刘容夫毅刺史黔山返辔图小照有序》，序云："君霍邱人，去岁捻匪屠城时，君尚远宦黔中，其一门百余口，俱遭惨祸。太夫人年近八旬，亦委沟壑，杳无着落。君闻信始由黔归，而城破家亡，仅存二弟及数子侄而已。愤极从军，欲图报复，乃为此图，悬以自警，亦卧薪尝胆之意云。"

十七日，题周芑生从戎照。

《鸿濛室诗钞》卷八《皖豫从军集》有《题周芑生参军书剑从戎图小照》。

十八日，题刘忱之明府沧桑易劫照。

《鸿濛室诗钞》卷八《皖豫从军集》有《题刘忱之辈大令沧桑易劫图小照有序》，序云："君为容夫第六弟，游宦中州，闻警回籍，守城数十日。城破，匿贼党家得免，然亦危矣。兹作此图，盖亲见沧桑之互易云。"

十九日，题马春樵少尉携琴观瀑照。

《鸿濛室诗钞》卷八《皖豫从军集》有《题马春樵牧堂贰尹携琴观瀑图小照有序》，序云："怀远人，为吴鸣谦掌记室。近闻城陷，欲归团练助剿，不果，乃为此图以自遣。"

廿日，接保案行知以州同归部尽先选用，并赏戴蓝翎。

廿一日，题胡荟斋琴心印月照。

《鸿濛室诗钞》卷八《皖豫从军集》有《题胡荟斋文萃参军琴心印月图小照》。

廿二日，代袁仲芬作助葬小引。

廿三日，作《复九江》诗。

《鸿濛室诗钞》卷八《皖豫从军集》有《闻楚军已复九江有序》，序云："李迪庵方伯掘长濠围贼数重，水师截其江路，贼计难脱，死守年余，至是始闻破城，歼戮净尽，不胜欣跃，作诗志喜。"

廿四日，阅《亦政堂诗集》。

作者刘珊（1779—1824），字介纯，号海树。湖北汉川人。集中《拟塞垣春草》四律云："春残三月雨如烟，才见青青便可怜。寒食记过盘马地，东风吹老牧羊天。榆关雪尽烧山后，葱岭人归落照边。一领征袍容换酒，沙场何惜醉年年。

妻妻真见到天涯，古道苍茫野色赊。射虎石边埋断镞，呼鹰台上罢哀笳。山荒无分依流水，春尽何曾识落花。至竟明妃青冢畔，伤心谁更拨琵琶。

玉帐雕戈处处营，东风初见烧痕平。几番烟雨都如梦，一望关河渐有情。红袖蛮姬愁市酒，白头老将计从征。戟门多少丁男健，尽向平郊雪后耕。

近郊长日屡徘徊，裙屐都无旧梦催。城曲乍逢争白打，天低不解坐黄梅。平芜影落雕旗卧，长坂声柔铁毂来。惯是春风知别恨，年年先上李陵台。"（诗存《星烈日记汇要》卷十四《韵语七十四》）

廿六日，鹤人方伯招饮，闻洋商犯天津。僧邸率师出都防堵。

廿八日，作诗怀杨春麓，并题《徐文长集》。

《鸿濛室诗钞》卷八《皖豫从军集》有《怀杨春麓寿昌茂才》《读徐文长集书后》。

六月

初一日，疟再发。闻卢又雄进攻舒城，颇获胜仗。

初三日，胜帅奏饬鹤人方伯移军定远，不赴。

初四日，作皋陶冢诗。

《鸿濛室诗钞》卷八《皖豫从军集》有《古皋陶冢在六城东郊十里》。

初五日，闻天津洋商退出外洋。

初六日，奉札总查抚恤局务。

初七日，鹤人方伯祷雨。

初八日，鹤人方伯札饬妥议抚恤章程。

初九日，代鹤人方伯评点饶少岳《古村山窗诗草》。

十一日，拟《六、霍、寿三州县救荒论》。

文存《星烈日记汇要》卷七《荒政一》。

十二日，拟抚恤条规。

十四日，难妇严瑞华呈诗乞食。

严氏《哭夫》云："薄命生成苦奈何，长将隐恨寄悲歌。娇儿未长夫先丧，地老天荒血泪多。堂前强笑为慈闱，暗里伤心魄自飞。小女不知亲意苦，问娘吾父几时归。思君何日赴泉台，忍把连枝永折开。割股无功心不死，回天乏术实堪哀。稚子刚才读孝经，黄昏随月到中庭。无知那管娘多恨，偏问牵牛织女星。"

《咏梅》云："无端风雪逼寒梅，历尽冰霜梦乍回。百折不挠香满院，痴心还想听春雷。"

又一绝云："冰条雪芷结成堆，一寸诗肠一寸灰。暂把愁怀抛撇下，间拈秃笔咏寒梅。"

《乱后偶成》云："稚子无知遇岁荒，牵衣含泪问亲娘。刚才一阵清风过，这是谁家午饭香。"（诗存《星烈日记汇要》卷十四《韵语七十八》）

十五日，送严瑞华赴颍上李氏馆，诗以送之。

《鸿濛室诗钞》卷八《皖豫从军集》有《听瑶光女史诵旧诗，感赠四绝有序》，序云："女史姓严氏，名瑞华，字祥云，瑶光其别号也。适六郡张生尊果为继室，生子女各一。夫早亡，矢志守节。去岁城破，携子女仓皇出遁，女以饿死，惟子尚存。今来寻旧宅，悉被折毁，无所依，行乞度日，盖欲抚孤以存夫后也。见余呈诗四绝，因询旧作，颇有性灵，知为儒家女，欲为议恤，而无妥置处。适颍上李延之明府闻之，慨然聘往其家，授女徒。余与祝君兰侪力赞其行，并赠以诗云。"

十六日，访谢矩堂于北关共话。

十八日，祝兰侪赠诗严瑞华。

赠诗云："逆焰随风去忽逢，惊心鼙鼓梦魂飘。流离剩有诗千首，乞食羞吹吴市箫。无穷血泪洒金波，已把渑江当汨罗。神鉴藐姑无弱水，冰心还自感天和。转瞬衣冠变古丘，荒城断瓦几时收。门庭白昼穿狐鼠，知是当年问字楼。劫烬余灰事事空，只身无复辨西东。逢人且噎三分泪，

恐把穷愁恼巨公。"（诗存《星烈日记汇要》卷十四《韵语八十》）

十九日，致李宪之书。

廿一日，发六安，晚宿金家桥。

廿二日，宿官亭，途中有诗。

　　《鸿濛室诗钞》卷八《皖豫从军集》有《自六安至官亭，途中感作》。

廿三日，宿四十里铺。

廿四日，阻雨。题旅店壁二律。

　　《鸿濛室诗钞》卷八《皖豫从军集》有《合肥野店阻雨，题壁一律》。

廿五日，抵合肥。

廿七日，阅《郑氏爻辰补》。

　　《郑氏爻辰补》六卷，戴棠撰。道光二十九年（1849）燕山书屋刊本。

廿八日，读《列子》书后。

廿九日，入市购书画。购获《梅氏丛书》《清虚八景》。

七月

初一日，入市购董思翁山水画册共八帧。

初二日，与李子佩晤。

初三日，赴店埠大营。

　　即今店埠镇，隶属于安徽合肥肥东县。

初四日，偕祝兰侪登高陇相地。

初五日，定远告警，卢又雄攻舒城失利。

初六日，代吴益寿作颂寿鹤人方伯。

初七日，作书寄雷纬堂，顺致夏韵香诸旧游。

初八日，读《荀子》书后。

初九日，读《扬子》书后。

十一日，鹤帅阅水军于巢湖。

十二日，清军围舒，为太平军击溃。

十三日，入市购获巨幅，长四尺余。

十四日，鹤帅拟进守庐城，不果。

十五日，庐州陷。

十八日，退板桥镇。

十九日，次定远县（今属安徽滁州）。

廿日，偕谢矩堂将南渡江，因发定远，宿鱼鳞集。

廿一日，宿张氏山庄。主人韵卿，风雅士。

　　《鸿濛室诗钞》卷九《渡江集》有《宿张氏山庄滁州界》

廿二日，晓起，张韵卿索书，挥毕即行。晚宿樟柏岭。

廿三日，宿顺山集。闻汪竹轩卸来安篆，闲寓福兴集，肃笺敬问起居。

廿四日，宿祝镇。

廿五日，次六合。

廿六日，次仪征。

廿七日，抵扬州，晤同乡孙衡之少尉。

　　《鸿濛室诗钞》卷九《渡江集》有《抵阳州》。

八月

初一日，独游平山堂，取道万松亭，并访双树庵而归。

初二日，登梅花岭，谒史阁部衣冠墓。

　　《鸿濛室诗钞》卷九《渡江集》有《梅花岭吊史阁部衣冠冢》。

初三日，入市购书画，获《板桥集》四卷。

初六日，孙衡之少尉招饮。

初八日，发维扬，泊瓜洲。

　　《鸿濛室诗钞》卷九《渡江集》有《瓜洲》。

初九日，晓过金山，因游焦山，皆有诗。晚泊京口。

　　《鸿濛室诗钞》卷九《渡江集》有《游兴未尽，更登焦山绝顶》。

初十日，泊新丰桥，成诗一律。

十一日，泊奔牛镇，作《吊维扬》八律。

　　《鸿濛室诗钞》卷九《渡江集》有《吊维扬有序》，序云："廿四桥敧，玉人何处？二分月冷，杜牧无家。今之芜城，独非古之萤苑乎？何乃玉钩斜畔，独留落照荒烟；金粉飘零，不见珠帘画舫。徒使卖赋人来，心伤杨柳；征歌客去，泪湿蒹葭。爰成八韵，聊寄寸衷云尔。"

十二日，抵常州府。

十四日，偕谢矩堂游天宁寺。

十五日，买舟北回，月夜与谢矩堂共成诗。

《鸿濛室诗钞》卷九《渡江集》有《兰陵返棹，适值中秋，与矩堂对酌，成此一律》。

十六日，泊丹阳遇雨，成诗一律。

《鸿濛室诗钞》卷九《渡江集》有《丹阳雨泊》。

十七日，阻雨，成诗一绝。

十八日，泊京口，成诗一绝。

《鸿濛室诗钞》卷九《渡江集》有《晚泊京口》。

十九日，晓登云台山，午游焦山，成长古一章。晚泊瓜洲。

廿日，重至维扬，补《游平山堂》诸胜诗，并题《吊维扬》于东园壁。

《鸿濛室诗钞》卷九《渡江集》有《独登平山堂废址，余兴未尽，绕道万松岭访诸遗迹，到双树庵而归》。

廿一日，泊邵伯驿，成诗一绝。

《鸿濛室诗钞》卷九《渡江集》有《邵伯驿》。

廿二日，晓过露筋祠，题诗一律。午次高邮，遂泊，再成一绝。

露筋祠，故址在今江苏高邮县城南三十里，附近有贞女墓。《鸿濛室诗钞》卷九《渡江集》有《露筋祠》《高邮晚泊》。

廿三日，泊氾水镇。

廿四日，泊山阳野岸，风雨骤至。

廿五日，泊淮安之南二十里，作《哀江南诗》。

《鸿濛室诗钞》卷九《渡江集》有《哀江南有序》，序云："余既渡江，拟谒时帅作依刘计，乃值大兵正围金陵，钦使络绎赴上海议防，军机紧秘，不遇而归。伤六朝于既往，事已成尘；恨多故于来今，劫都似梦。

抚今追昔，曷可胜悼！爰成十二什，仍名之曰《哀江南》，亦庾子山感时伤事意也。"

廿六日，抵清江浦。

廿七日，访李荷湘大令不遇。

卅日，访周赞臣。

九月

初一日，宿桃源县（今江苏泗阳县）。

初二日，宿洋河镇（今属江苏宿迁市）。

初三日，宿高州镇。

初五日，宿陈家集。续《哀江南诗》。

初六日，次徐州。闻李荷湘大令卸沛篆寓此，遣使入城，不遇。

初七日，阴雨，宿茶庵。

初八日，宿何家集。

初九日，宿王家集，途中成诗一律。

初十日，宿谢家集。

十一日，宿虞城县（今属河南商丘）。

十二日，宿王家桥。

十四日，宿柘城县（今属河南商丘），途中成诗一律。

    《鸿濛室诗钞》卷九《渡江集》有《柘城途中》。

十五日，宿何家店。

十六日，次陈州府。

    陈州府，大约为今河南周口市。

十七日，抵周口。

廿一日，发周口，宿南墩集。

廿三日，宿孙家店。

廿四日，宿包信集，途有子路问津碑。夜补《吊史阁部诗》。

廿五日，宿花店集，补淮上诸诗。

《鸿濛室诗钞》卷九《渡江集》有《韩侯钓台》《漂母祠》《刘伶台下戏作短歌》。

廿六日，抵光州，晤李仲纯，悉鹤人方伯驻军寿州之三觉寺。

寿州，今安徽淮南寿县。

廿七日，上鹤人方伯书，乞假一月。

廿八日，移寓李宪之仿潜斋（在弋阳）。

《鸿濛室诗钞》卷十《暂息集》有《移寓仿潜斋宪之斋名》。

廿九日，访陈泖农、袁定九诸君共话。

十月

初一日，偕周赞臣、常朗斋观市民厉祭迎神，因共邀入酒肆饮。

初二日，偕吴庆五游寸园，访马杏逸。

《鸿濛室诗钞》卷十《暂息集》有《题马杏逸医士绍武寸园四律有序》。

初三日，代友人书屏联。

初四日，游地藏庵，归访李小川，观所藏书画。

初五日，书屏六幅。

初六日，马杏逸、李子坦以诗来赠。

初七日，李子元赠诗。

初八日，偕郑秋浦访陈泖农。

陈泖农岳母吕夫人《咏白牡丹》云："花满天墀雪作堆，几番微雨殿春开。谁人参透繁华梦，富贵还从本色来。"

又一绝云："一朵仙云舞玉堂，风流虢国本无妆。始知淡极翻增媚，莫作琼瑶报汛章。"

《佛手柑》云："满树玲珑对玉堂，折来幽室带微香。漫言点石成金易，石到成金指亦黄。"（诗存《星烈日记汇要》卷十四《韵语八十六》）

初九日，陈泖农来赠诗，又携其尊人诗一卷见示。

泖农父陈鉴常宦燕藩参军，兼管河道。五言如《书怀》云："人贵知时务，尘缘不尽欢。心高输力怯，官冷得名难。担负将来重，豪情此日殚。道赊勤策马，莫作等闲看。"七言如《楚江雨后晚眺》云："目极长江势欲吞，疏钟隐隐动黄昏。渔歌风送来湘浦，雁过寒催过石门。云散远峰留雨脚，岸添新涨没潮痕。归心今日知多少，怕听巴山啸月猿。"（诗存《星烈日记汇要》卷十四《韵语八十九》）

初十日，李小川赠诗。

十一日，接黎静庵舍人函，并寄诗相示。

《重九感怀》一律云："大江东去尽蒿莱，尚有黄花此地开。落木山空秋色老，平芜天远暮愁来。惊风沙碛盘雕健，残照关河过雁哀。猛记今朝是重九，独携樽酒上高台。"

《秋柳四律兼忆亡姬》云："折尽长条更短条，树犹如此暗魂销。记从春殿披金缕，怕奏阳关咽玉箫。废苑寒林鸦点点，长堤风叶马萧萧。乌栖一曲歌肠断，去问秦淮旧板桥。非是章台怨所私，将归燕子尚差池。衣无汗染谁弹指，镜已尘封不画眉。一死可能成絮果，三生何处问杨枝？禅心参透闻枯木，难断柔情万万丝。愁黛低迷耐折磨，晓风残月怕闻歌。凋同旅鬓余丝缕，瘦尽宫腰怨绮罗。记曲无如红豆好，招魂其奈白杨何。江南江北依依久，二十年来涕泪多。红牙声里送青春，曳雪牵云已是尘。赠别曾停珠勒马，凝妆不见翠楼人。伤心落叶哀蝉曲，回首评花扑蝶晨。从此深深庭院冷，暮年凄怆独沾巾。"（诗存《星烈日记汇要》卷十四《韵语九十》）

《送黄竹樵调寄八声甘州》词云："记断肠，分手各风烟，辛苦命如斯。把功名换了，黄粱幻境，红豆新词。笛里关山无恙，归去月明知。应有飘零怨，不似年时。　我正因君消瘦，但愁怀似叶，衰鬓成丝。对家山樽酒，钟鼓夜深迟。怕明朝，沉沉风雨，莽天涯，征马去何之。多少年华如梦，春草相思。"（词存《星烈日记汇要》卷十四《韵语九十二》）

十二日，郑秋浦以诗题《鸿濛诗钞》，并以其尊人诗见示。

秋浦题诗云："滇水五百里，滇山一万重。山水高深不可测，高藏虎豹深蛟龙。郁哉佳气何葱葱，千年不与中原通。磅礴发泄产珍异，定知秀毓灵为钟。黄金丹砂何足贵，惟仲山甫生于嵩。我友方友石，矫矫人中雄。琳琅采尽群玉府，投笔一笑羞雕虫。十载兵燹连楚粤，金陵烽火光熊熊。天狼闪灼大于斗，曾无人敢弯孤弓。狐鼠凭城持旷日，鲸鲵跋浪惊长风。先生慷慨奋起舞，誓将一扫妖氛空。瞿塘雪翻浪，巫峡云连峰。山萦水复锁不住，片帆飞出长江东。弹铗归来依幕府，白虹光吐青钢锋。策陈廿四了指掌，甲藏十万森罗胸。鹰隼果展盘雕路，鼋鼍敢据潜螭宫。名垂竹帛勋铭钟，应知我语非昏瞢。请君试读《神机略》《神机三略》，大稿中一种，百灵风雨泣苍穹。不入雷焕目，宝气终埋丰。不入蔡邕耳，焦尼难为桐。筹运张良著谁借，数奇李广侯莫封。杖策从军一万里，可怜珠玉盈诗筒。杰士肯为时所厄，奇才欲与天争工。李杜难追韩苏死，一支健笔辟鸿濛。云胡为而变幻，日胡为而瞳眬？星月胡为丽天而灿烂，雷霆胡为出地而丰隆？泽洞澎湃兮波澜拥，崒岩崔崒兮峰峦崇。兽胡为而远逸，禽胡为而高翀？木胡为而挺拔兮，石胡为而玲珑？花胡为艳冶兮，草胡为而蒙茸？岂以混沌初分乾坤判，奇形怪状一一鼓铸洪炉中。因物付之质，悉数物难终，先生诗笔将毋同。有时擅博雅，经史归陶镕；有时矜宏富，今古全牢笼。思穷写哀怨，幽砌啼螿蛩。情深斗绮丽，芳坞游蝶蜂。空灵结蜃气，奇险辟蚕丛。曲巷短兵胜，长城偏师攻。有如览胜山阴道，平地突耸青芙蓉。有如神奸铸禹鼎，魑魅魍魉无藏纵。展卷神移心胆慑，五色斑驳迷双瞳。迩来风气趋卑弱，当头棒喝醒愚蒙。须眉不尽凌烟阁，即此已见回澜功。先生行矣勿太息，文章少达诗多穷。吁嗟乎！文何以不达？诗何以必穷？此格何以坚莫破？我欲翘首呼天公。"（诗存《鸿濛室诗钞》卷首）

秋浦尊人郑绣林，罗山岁贡，候选训导。常探亲桂林。其《登榕树楼望桂林诸山》云："闲上青梯纵目游，芙蓉万朵入高楼。山从绝域生开面，云拥灵根强出头。直划南天森剑戟，屈蟠大地卧龙虬。偏陂何日遵王道，蜃雨蛮烟次第收。"

《秋月》云："圆灵澄澈宝光浮，永夜苍茫似水流。爽气断无纤翳隔，长空时有大星留。红楼紫塞三更梦，碧海青天万里秋。仡想瑶京风露冷，人间蟾魄又当头。"（诗存《星烈日记汇要》卷十四《韵语九十三》）

宪之同日《和哀江南八律》云："石头秋色倚苍冥，羽檄关山势不停。龙虎岸摧芳殿冷，鲸鲵浪涌大江腥。秣陵落日磷初闪，琼树飞花梦未醒。正好勤王裙断绝，幽居谁伴草堂灵。

王气钟山事渺茫，吴宫花草更荒唐。一帆风送楼船远，隔渚沙沉铁锁凉。螭升何须夸锦座，羊车还自斗新妆。伤心天堑难成险，如此风涛枉自量。

浮江龙化气难侔，苻氏投鞭愿未酬。别墅棋残留半壁，新亭泪洒壮千秋。鸡声北埭凄金粉，驹影南朝话冕旒。岂止西州门外路，苍苍摇落万松楸。

王谢繁华转盼过，齐梁国势恨如何。佛灵可救台城厄，花散空传玉树歌。紫禁无愁莲步步，青山有恨石峨峨。军书不断堆床满，谁枕深宵帐里戈。

梦醒南唐兴不豪，香孩儿竟着黄袍。车如流水春游遍，榻肯容人夜卧高。月冷战场空照血，风凄词曲尚挥毫。窅娘芳躅何从觅，浩渺烟波首自搔。

燕子矶头燕子笺，江山翰墨总堪怜。调和藩镇他无策，选胜梨园自有权。将相从来多水火，君王毕竟爱婵娟。桃花扇底春风暖，了却风流梦里缘。

题诗谁上凤凰台，痛哭名城又劫灰。叠玉山容狐鼠窜，落星樽向虎狼开。空教拔剑忧怀甚，不见降幡拂面来。一自红羊归白下，八公草木有余哀。

击楫何人靖寇氛，江东烽火日纷纷。世无宏景山中相，人笑深源壁上军。歌舞欢场余水月，战争边塞起风云。伤今吊古愁何限，聊托哀吟对夕曛。"（诗存《星烈日记汇要》卷十四《韵语九十四》）

十四日，补扬州遗咏。

十五日，访王永固守戎。

十六日，偕李宪之诸友访曾子鹤。

曾子鹤，名国祺，方玉润门生。

十七日，曾子鹤赠诗，并携诗稿求点定。

十八日，曾子鹤招饮，成诗奉酬。

《鸿濛室诗钞》卷十《暂息集》有《酬曾子鹤国祺见赠之作》。

曾子鹤赠诗二律云："谈兵久识杜樊川，百拜春风怅绮筵。赌酒竟成狂世界，拈花空结笑因缘。爱才苦被天公忌，刻意方知我命悭。输与惺惺相印处，艳情不让古人先。

吟残春梦太匆匆，何幸天涯遇此公。人到情真难解脱，诗非穷极不能工。瞻韩车竟迟三日，访戴帆偏阻一风。我愧屠龙君吐凤，安排齐唱大江东。"（诗存《星烈日记汇要》卷十四《韵语九十五》）

十九日，阅洪稚存诗集。

廿日，子鹤族叔曾少华赠诗四律，录其三。

赠诗云："骚坛久拟访邹枚，盥读瑶章识俊才。春梦尚余金粉艳，江花不断石城哀。奇情信有山川助，好句都从风雨来。著就等身书万卷，少陵诗史例重开。

一笑欢然倒屣迎，欲从石畔问三生。门前字署凡禽少，座上谈霏玉屑轻。说剑全除湖海气，论诗不废管弦声。莲花社后谁牛耳，喜得吟坛有主盟。

廿四条陈独上时，风裁海内有人知。放情再见方山子，折节欣逢李贰师。帷幄运筹参秘策，林泉豪笔写相思。手挥诗句腰横剑，不愧谈兵杜牧之。"

曾少华又有《塞上曲》四律，录其二云："十年征戍觅封侯，梦里阴山少妇愁。朔漠远盘雕羽健，玉门高唳雁行秋。酒酣醉舞看金甲，血战余生认紫骝。不用营前歌敕勒，月明还唱大刀头。

单于台望塞云黄，任侠幽燕老战场。绝域悲风嘶骏马，满山衰草卧羸羊。旌旗帐下军威肃，鼓角灯前暮色凉。将得控弦三十万，驰书先报左贤王。"（诗存《星烈日记汇要》卷十四《韵语九十八》）

廿一日，曾子鹤归固陵，以诗留别，亦送之以诗。

《鸿濛室诗钞》卷十《暂息集》有《送门人曾子鹤归固陵》。

子鹤赠诗云："骊歌那忍按红牙，酒拨葡萄泪点麻。此别也知缘有限，纵来转恐遇多差。可能努力生传钵，恨不当筵睡捏沙。天已教人憔悴损，故园回首叹无家。

酒半醺腾月半明，未妨如此重离情。抽残蕉叶心还卷，瘦到梅花韵更清。物不当时人载鬼，士因知己死犹生。耽诗说剑频年事，大鸟何堪痛一鸣。

谋身计拙苦吟哦，廿七光阴付蝎磨。白发亲哀穷地下，苍生气莫卷岩阿。御车窃幸门通李，格刃惜无士倒戈。今古英雄同一慨，怜才人少忌才多。

绛帷三顾遇参差，即此抢才概可知。词赋也关天注定，升沉羞假命操持。祢衡善骂真狂士，贾谊空言亦可儿。底事壮怀成落寞，十年前已堕情痴。

学染丹青愧未成，共含别泪苦吞声。能抒怀抱真奇梦，徒有觉知亦醉生。半壁江山寒剑影，六朝烟月艳诗情。男儿意气分轻重，不向阳关唱渭城。

几多哀艳为公留，白草风枯怒紫骝。弹铗内多龙虎气，挈笼中有凤凰俦。天凭渔利张千网，我算因情失一筹。恨海茫茫何处也，琵琶声断古潇州。"（诗存《星烈日记汇要》卷十四《韵语九十九》）

廿二日， 作诗赠马杏逸、曾少华二君。

廿三日， 李子坦、李小川、周俊臣、李仪亭诸友赠诗。

廿四日， 马杏逸以诗谢作书。

诗云："长鲸奋鬣汍澜起，灵螭飞舞风雨驶。元云倒卷沧溟水，落入鸿濛墨池里。先生本是滇池龙，爪距攫拿筋骨充。书法勾勒蝌斗虫，雪泥留迹仰高鸿。时维戊子岁初冬，寒日烘窗光瞳瞳。读罢书法我心冲，眼底谁为命世雄。"（诗存《星烈日记汇要》卷十四《韵语一百》）

廿五日， 题吴西堂守戎、佘掬香贰尹小照。

《鸿濛室诗钞》卷十《暂息集》有《题吴西堂守戎钊皖豫从军图小照西堂蜀人》《题佘掬香贰尹泮林佳节倍思亲图小照》。

廿六日，作诗酬李子坦。

廿七日，作诗赠姚子藩参军。

《鸿濛室诗钞》卷十《暂息集》有《酬姚子藩参军清臣　辽东人，随宦至鄂，尊翁尽节，遂留楚未归》

廿八日，吴庆五赠诗。

廿九日，郑秋浦解馆北上，以诗留别。

十一月

初一日，代郑秋浦序其《晚香堂诗稿》。

初二日，送秋浦解馆回里，成诗四律。

《鸿濛室诗钞》卷十《暂息集》有《送郑秋浦孝廉焱解馆回乐山》。

初三日，李小川招饮。王永固购马回自周口，知南北两镇被太平军焚殆尽。

初四日，陈泖农招饮，李翰臣赠诗。

初五日，鹤人方伯函邀赴营，并示近作。

初六日，送郑秋浦还乐山，便道游云台山。晚访刘木君，知洋船至汉口。

初七日，访马杏逸，观其著作中有《捻逆述略》，录之。

初八日，阅马杏逸《纪闻述备》，编录其要。

初九日，作家书。

初十日，作书寄滇中诸友。

十一日，作诗酬周俊臣。

《鸿濛室诗钞》卷十《暂息集》有《酬周俊臣日暄茂才》。

十二日，作诗送周赞臣入皖营。

《鸿濛室诗钞》卷十《暂息集》有《送周赞臣日襄赴皖营》。

十三日，阅黄竹樵诗。

十四日，读温李诗集。

十五日，覆万乃斋书。

十八日，接鹤人方伯函，知李迪庵军覆，殉难三河。

十九日，书贺子芳事。

廿日，与李松岩论阻外洋通商弊。

廿二日，李宪之跋廿四策后，因再叙之，即寄郑秋浦。

《鸿濛室文钞二集》卷前有方玉润自序云："岁丙辰，大军围攻武汉，余受李鹤人方伯聘襄理营幕，知无不言，言无不尽，亦既馨所学矣，然公终未肯深信也。会廷寄前皖抚臣江公忠源所奏军务八条，饬诸疆吏议可覆奏。公以稿属余，意稿成未必能用，且无以抒所见也。乃即鄙见能及者，拟为平贼策廿四条，冀就正世之名公巨卿，以匡所不逮。公初见，许为代上朝廷，继不果。去冬至皖，复欲择其善者奏之，又不果。兹值合肥兵溃，绕道至弋，主及门李宪之宅，日以吟咏自遣，不复谈军旅事矣。乃诸君以余曾从事其间，弃之可惜，将传抄而互藏之，以俟诸后。爰再加斟酌，涂改过半，并叙其缘起如此。噫！实政难行，空言无补，乃并此空言，亦非易托，可胜叹哉！咸丰戊午长至日，鸿濛室主人自序于弋阳之仿潜斋。"

廿三日，作诗酬陈浉农。

《鸿濛室诗钞》卷十《暂息集》有《酬陈浉农麟，信阳人》

廿四日，作诗求蘅君女史题词，并书其集后。

《鸿濛室诗钞》卷十《暂息集》有《以诗乞蘅君女史题鸿濛集，即书其稿后》。

廿五日，雪。覆鹤人方伯书。

廿六日，读《梅村集》书后。

《梅村集》，吴伟业撰。

廿七日，晴。李小川招饮。

廿八日，李若翁过访，听话台湾风景。

廿九日，偕李宪之访邱冶山。

卅日，作书寿卢义山。

十二月

初一日，送朱一峰太守回皖营。

初二日，得谢矩堂六安来信，宿松、太湖复陷，太平军有西窜楚境之势。

初五日，周苣生奉檄购马来光相晤，因询悉三河溃形。

初六日，闻赵松圃抵营，书以致之。

初七日，补楚皖途中杂诗。

初八日，再补途中杂诗。

初九日，访马杏逸。

十一日，闻捻军复聚三河尖。

十二日，阅《归愚诗钞》。

《归愚诗钞》，沈德潜所作诗歌集。

十四日，光州戒严。

十五日，阅《说诗晬语》。

《说诗晬语》，沈德潜著。

十六日，登光州北城观练团。

十七日，作《历代诗学宗派图》。

图说云："余久欲纂《骚坛俎豆》一书，分别诗人宗派，创立祠堂规模，并斟酌祭品、祭器、祭仪，以为千古诗家定制，而未有暇。兹因阅《说诗》诸书，宗旨略具，乃先为立图，以便观览。其正传有远祖、始祖、近祖、大宗、少宗、正宗、开宗、续宗、小宗之异，而其别传则有别派、末派之殊。远祖如《卿云》《击壤》等歌，世代虽遥，实为声歌之始，故曰远祖。始祖为三百篇，五言祖为苏、李，七言祖为柏梁诸臣，古诗十九首则五言一大宗工也。降至魏武、陈思，实为诗学正轨，然同时有与陈思分道扬镳，各开宗派者，非阮公乎？故二人同为正宗，不可轩轾。又降则太冲之在西晋，胸次高迈，笔力秀爽，拔出于潘、张、二陆之上，不能不以之为一小宗矣。然而人品超卓，可以照耀千古，慑服群材，则非陶公也不可。故其诗虽别派，而学独纯正，岂得以异派视之乎？后此玄晖、明远，各擅胜场，同为太白所心折；子山悲感，风骨独峻，尤为少陵所取裁。诗家正脉，赖以不坠，故曰续宗也。若夫文通、隐侯、仲言，虽能雄视萧梁，而气体不大，故以分派目之。至于子坚、孝穆以及炀帝之流，则专尚词华，未窥宗旨，乃诗家之末派，为词客之余响。五古至此，微乎渺矣，亦气运为之，岂人力所能强哉！迨至李唐，诗学勃兴，曲江首倡复古，力扫俳优；王、杨、卢、骆，大振宗风，江河万古，两派合流，方成李、杜。诗圣诗仙，会于一时，风雅极则，无以复加，可谓盛矣。自是而后，韩得杜之分体，白变杜之面目，皆不失为诗家正轨。义山古体虽稍不逮，而近体则自杜后罕有其匹，故又为一小宗焉。虽然，唐代诗格，体凡四变：初唐风会初开，盛唐音节嘹亮，中唐才调开张，晚唐词华新丽，虽皆各极其盛，而语性情则真意或寡，盖专尚才华，未窥诗人意旨者也。至卢仝、任华、刘叉诸子，为七言变体；王、储、韦、柳、孟诸公，则又五言高调，均属别派，非正宗也。有宋诗人，亦颇不少，而欲求一全才以继李、杜、韩、白之后，舍东坡、剑南，更无可以为之嗣响。金、元之际，愈难其选，唯遗山差堪步武前人。明代诸公，虽曰复古，而优孟衣冠，讵有真气？唯高、刘、何、李，才情自优，未可尽以为非。卧子生当末运，而能自振拔，可谓豪杰士矣。梅村不幸，运际两朝，沧桑之感，尤易动人，诗之真面，于是始再露焉。国初诸公，坛坫各开，阮亭、初白，互执牛耳，然未能尽脱明人习气。必至袁、蒋、赵三家鼎立，始能大放厥词，为诗学中兴气象。自是船山、芷湾、默斋各辟洞天，无奇不有，可为当今后劲。余则未知何如也。"（文存《星烈日记汇要》卷十五《韵语一百五》）

廿日至廿一日，作《唐人五言摘句图》。

廿二日，作《书怀》诗，仿山谷体。

　　《鸿濛室诗钞》卷十《暂息集》有《书怀效山谷体》。

廿三日，作《岁暮》诗，亦仿山谷。

　　《鸿濛室诗钞》卷十《暂息集》有《岁晚即事，再效山谷一首》。

廿四日，谷瑞亭招饮，成诗一律，仍用涪翁体。

　　《鸿濛室诗钞》卷十《暂息集》有《谷子惠学博嗣君瑞亭邀偕松岩、居停及泲农、小川诸君小酌，仍用涪翁体简学博一律》。

廿五日，作诗寄怀赵松圃。

《鸿濛室诗钞》卷十《暂息集》有《仿东坡体寄怀赵心眉幕府》。

廿六日，潢溪晚步，成诗一律。

《鸿濛室诗钞》卷十《暂息集》有《潢溪晚步》。

廿七日，补包孝肃公废祠诗。

《鸿濛室诗钞》卷九《渡江集》有《过包孝肃公废祠有感》。

廿八日，补合肥陷诗。

《鸿濛室诗钞》卷九《渡江集》有《合肥陷七月十五日》。

廿九日，补定远途中诗。

《鸿濛室诗钞》卷九《渡江集》有《偕谢矩堂东走定远》。

卅日，作除夕诗。

《鸿濛室诗钞》卷十《暂息集》有《光州除夕》。

清咸丰九年　己未（1859）　四十九岁

正月

初一日，题镜面美人四绝。

《鸿濛室诗钞》卷十《暂息集》有《题镜面美人四绝》。

初二日，作诗怀曾子鹤。

《鸿濛室诗钞》卷十《暂息集》有《怀门人曾子鹤》。

初三日，补《渡淮》诗。

《鸿濛室诗钞》卷九《渡江集》有《渡淮感年》。

初四日，补《再至光州》诗。

《鸿濛室诗钞》卷九《渡江集》有《再至光州，感春申事，偶题一绝》。

初五日，作《宋诗摘句图》。

初六日，补戏马台及少昊陵诗。

《鸿濛室诗钞》卷九《渡江集》有《戏马台》《少昊陵》。

初七日，作《元诗摘句图》。

初八日，曾子鹤来光，赠诗二律。

初九日，作诗赠曾子鹤入赘商城。

《鸿濛室诗钞》卷十《暂息集》有《子鹤来光小住数日，旋欲入赘商城，作诗送之，即代催妆可也》。

初十日，与曾子鹤作竟夕谈，李宪之亦成《催妆》四绝赠之。

《催妆》云："雪立同门久订盟，诗坛旗鼓亦相迎。羡君秾李夭桃目，更向娜嬛福地行。

莫把心情恼别离，有人对镜数佳期。渔郎一棹随春去，笑看花开正满枝。

家传獭髓艳时妆，祀灶文成齿颊香。养得石麟须预贺，头衔应许署中郎。

识字仙人解语花，与君佐读更宜家。侬还有妇相邻近，许否同来拜绛纱。"（诗存《星烈日记汇要》卷十五《韵语一百六》）

十一日，曾子鹤以诗留别。

十二日，送曾子鹤归固陵。

十三日，接李子坦来函，知清军饥困可虑。

十四日，诸友作灯谜之集，玉润亦喜随其后。

十五日，灯谜再集。

十六日，雅谜三集。

十八日，作《明诗摘句图》。

廿日，作诗送李昂轩赴村馆。

《鸿濛室诗钞》卷十《暂息集》有《送李昂轩秀才僭赴村塾》。

廿一日，作《清诗摘句图》。

廿七日，阅《桃花扇传奇》书后。

廿八日，作《梅村摘句图》。

廿九日，作《宋四家摘句图》。

卅日，作《国朝六家摘句图》。

二月

初一日，雪霁。作诗吊门人李梅卿。

《鸿濛室诗钞》卷十《暂息集》有《吊门人李梅卿嘉鼐 有序》，序云："前在汉阳《送梅卿还里诗》有云：'子今渺何处，但见烟树林。'不料其竟弃尘世，岂诗谶真有其说与？余两度来光，皆未能一吊其墓。今其室与孤又将依外岳远宦他郡，抚今追昔，能不恻然！爰作诗二律以吊之云。"

初二日，作遣怀诗。

《鸿濛室诗钞》卷十《暂息集》有《雪初霁，作诗自遣》。

初三日，雪。闻捻军西窜。

初四日，梦中得句，醒足成之。

《鸿濛室诗钞》卷十《暂息集》有《续梦诗》。

初五日，雪霁。自作《七言摘句图》。

初七日，作春昼诗。

《鸿濛室诗钞》卷十《暂息集》有《仿潜斋春昼效剑南小品》。

初八日，小山招饮，闻黎静庵已归道山。

初九日，接李子坦军中来函，知太平军势甚炽。

初十日，闻六安、罗田俱失守。

十一日，作《随园摘句图》。

十二日，作《船山摘句图》。

十三日，与崔陶庵相晤，知六安西路空虚，可虞。

十四日，阅《百美图》。

十五日，作诗送吴庆五之清江。

《鸿濛室诗钞》卷十《暂息集》有《门人吴庆五艾生久病新愈，将之清河，诗以送之》。

十六日，朱一峰还自商城，知太平军将东窜，鹤人方伯饥军不能还顾。

十七日，偕朱一峰访祝亚山明经。

《鸿濛室诗钞》卷十《暂息集》有《祝亚山鸿仪明经过访，成诗一律，即以奉赠》。

廿日，祝亚山赠诗。

廿一日，临《争坐帖》一册。

廿二日，闻长城大营悉陷。

廿三日，访朱一峰诸友，听话失营状。

廿四日，偕祝亚山步至地藏庵，作诗遣怀。

《鸿濛室诗钞》卷十《暂息集》有《偕亚山游地藏庵》。

廿五日，偕祝亚山游远铎庵。

廿六日，临《争坐帖》二册。

廿八日，朱一峰招饮，听话失营状，说各不一。

廿九日，李宪之跋鸿濛室诗后。

三月

初一日，都司黄显让自太平军中遁回，与遇诸途，因悉覆营状。李宪之为《鸿濛室诗钞》作跋。

跋曰："天下有言大而非夸者，吾读《鸿濛集》，而不禁有感于其际焉。唐以来杜少陵称诗史，历数千百年无异辞。至国初《梅村集》出，而一变其格，然仍不失为诗史家法。盖以身经离乱，目睹播迁，凡长歌当哭者，皆足以感人意念也。吾师鸿濛先生，生长滇南，时方平治，即锐意著述，尤好谈兵家言。偶与朋侪相吟咏，亦隐然有范希文以天下自任之志。迨粤西盗起，蔓延数省，不辞万里，投袂从戎。诸疆吏率相引重，然仅以文士待，终无有识其胸富甲兵者。其游踪遂遍于湖湘江淮之间。先生既洞见军政得失，草野苍痍，而未能行其所志，乃一一形诸歌咏。人生自负经济才，岂欲假诗自鸣。而蛮烟瘴雨之所驰驱，爨井颓垣之所眺瞩，金戈铁马之所凭陵，固大有所不得已于中者。久之，纂诗成帙，读者多谓其善陈时事，抑郁哀怨，足称诗史，比以少陵、梅村而无愧。夫少陵官拾遗，困悴特甚，犹能奔走行在，依栖严武，以自致于君与相。

至梅村，则尤有难言焉者。先生不过一诸生，乃能出入锋镝间，不忘君父，不恝苍生，暇则以诗自遣，虽不知其诗之境界与少陵、梅村若何，而际遇益为穷困矣。殆天将老其材而后用乎？抑仅使以诗传乎？而侍先生之门者，固望其传于后，尤愿其用于时也。至诗品之佳，士大夫类能辨之，奚待言。咸丰己未季春朔日，弋阳受业李嘉乐谨跋。"（文存《鸿濛室诗钞》卷末）

初二日，朱一峰太守属题扇面。

《鸿濛室诗钞》卷十《暂息集》有《题朱一峰太守隽甲竹深荷静扇面小照》。

初三日，作家书。

初六日，闻李子坦已自太平军中脱出。

初七日，马杏逸作《奇女传传奇》甫脱稿，携来相示，即奉贞事也。

初九日，闻捻军陷宁陵，总兵邱某力战，中炮身亡。

初十日，陈浉农以诗谢书扇并赠词，一送行，一题鸿濛稿。

十一日，阅孙秋士《劫木诗草》。

十二日，衡君女史以诗谢，选其稿，并题《鸿濛室词》一阕。

十三日，作诗留别光州诸友六律。

《鸿濛室诗钞》卷十《暂息集》有《将赴楚南，留别光州诸友六首》。

十四日，李子坦来光相晤，听话营陷被掳，知赵松圃被害。

十五日，李松岩饯饮，宪之以诗送别。

宪之诗云："芳草连天春色明，先生又向湖湘行。雨丝风片春欲晚，肠断春波南浦情。忆昔从戎汉阳路，雪立程门遂景慕。戈马丛中翰墨缘，热血满腔泪如注。半载依依返里门，师方卧病襄水滨。策蹇冬宵再游楚，剪烛谈心舟泊渚。归来更入读书帏，负笈路从梦中阻。家山连岁走干戈，敢望高轩下里过。留得鸿濛诗草在，相思无计梦婆娑。固陵烽火逼孤垒，又看琴剑游皖水。程途来自南山南，问渡潢溪偶然耳。一笑停车数日留，还从诗酒话风流。东郊转瞬鸣鞭去，云接苍茫愁更愁。为料出山云意倦，南归万里难相见。纵教杖履再追随，怕又沧桑多改变。无端游兴助诗豪，梦里江南吊六朝。西风瑟瑟布帆稳，弋山重与解征袍。息辙从容六阅月，斗大书斋作诗窟。午夜论文兴未阑，过眼春光太飘忽。只今歧路唱将离，征骑流连步迟迟。年来屈指数离合，造化小儿徒尔为。萍踪后会随时有，秋色幽燕瞻马首。期订竹深莲净时，还把茅庐一杯酒。天涯聚散本无常，况复关山羽檄忙。绿梅成阴花成雨，骊歌三叠泪千行。"（诗存《星烈日记汇要》卷十五《韵语一百十四》）

十六日，朱一峰设筵饯别，祝亚山邀同访马杏逸。归，诸友赠别诗悉至。

亚山《送别》诗云："绛桃三月花如雪，君曾有归归未得。吴江枫冷入弋阳，诗卷常壮风云色。旧雨今雨多凤缘，桃李春风几流连。戎马翩翩行复行，去年曾上安山巅。安山贼去尘沙满，犹挥囊底生花管。有客到门我入山，停云落月情款款。今年我到戈山来，拍肩一笑亦奇哉。廿年著作五千卷，慷慨悲歌襟抱开。才子神通英雄志，狂歌共忆少年事。邯郸功名等浮云，吟风弄月聊游戏。骊驹一咏赴衡湘，依然剑气兼珠光。君不见潢水分流楚山远，芳草青青云茫茫。"（诗存《星烈日记汇要》卷十五《韵语一百十六》）

祝亚山亦为《鸿濛室诗钞》作跋曰："古来名公巨手，非得江山之助者，其著作皆不足以拓胸襟而壮大观。仆识字以来，留心翰墨，着意人才，所见流辈，多片长薄技，人皆尔尔，我亦云云，垂五十年，如是如是。去年固陵围解，滇南友石君从军到邑，曾访及仆，时已寄迹南山，未得一晤，然神交者久之，胸怀间未尝不有一方友石在也。今春作客弋山，知友石亦在郡，一再访之，欢若平生。爰出所著《鸿濛室诗稿》全集见示，挑灯朗诵，击节低吟。知友石抱负不凡，吐属名隽。其古体气骨遒劲，如龙蟠蛇走；其近体如古梅着花，格韵皆雅，而又善陈时事，恍如游少陵之室。至小诗中，亦多青莲飘逸，右丞雅淡，披诵十日，觊我良多。因友石又将远行，奉还其集，聊书数言卷尾，以志景慕。至诗之精微及生平出处，表而彰之，当必有燕许手笔也，兹不多赘。时咸丰己未清明后一日，固始祝鸿仪亚山氏识于光潢寓园。"（文存《鸿濛室诗钞》卷末）

十七日，曾子鹤寄示近诗，因书留别六律答之。

子鹤《春感》三律云："绿肥红瘦惜年华，梦里桃源路半赊。故剑已归银海阔，新衣初试璧窗斜。问心我自伤金线，博议人怜拥绛纱。输与营巢春燕子，衔泥犹傍旧儿家。

春风春雨总魂销，唱彻红烛咽玉箫。琥珀酒酣千种味，梅花香带二分娇。唾痕依旧思难染，眉样翻新未忍描。恰喜吟窗碑有字，一觞一咏一珠跳。

何须天壤笑王郎，心字烧余一瓣香。揭破云烟原梦幻，捣来铁石见心肠。几回花底伤秦赘，遮莫人间说楚狂。毛羽不丰时不济，一腔热血唤苍苍。"（诗存《星烈日记汇要》卷十五《韵语一百十七》）

十八日，李宪之以诗稿求序，因书付之。

序云："曩在滇得一知己，曰王公亮，凡余一言一行，靡不服膺拳拳，若凛师命于勿懈，人咸笑其为痴且昧，而公亮不顾也。兹来中州，得与君晤，其于余亦与公亮同，人又笑其为痴且昧，而君仍弗顾也。是何情殷若是哉！公亮貌雄伟，君亦体甚魁梧；公亮性豪放，君亦倜傥不群；公亮诗多倜诡奇异，君作亦奇倔排奡；公亮好谈兵，君亦亲涉戎马。两人貌同性亦同，而遇又同，固宜其所嗜之无不同矣。虽然，二君皆一时杰出士，岂真痴且昧哉？盖其中实有所契，故能心心相印，而不可以浮言夺者。忆自丙辰春，余参鹤人方伯戎幕，驻师汉阳城西，君适至营，呈诗投效，鹤帅未及见而先以示余，因甚异之，急邀入幕，遂留营，朝夕说诗论剑，煮酒谈兵，极军中乐趣。嗣因君有祖丧，并遭鼓盆叹，旋预回籍，而汉阳遽复。自是闭户潜修，不复出。去年春，余随大军援固陵，道出弋潢，复得把臂。迨合肥再陷，绕道至光，更主君家。尊翁松岩贰尹亦爱客不衰，久而弥敬，可谓两世交好矣。兹将有楚北行，君乃裒近所为诗成集，丐序于余。余维诗本性情，性之真者诗必挚，故不必问其造诣浅深，但观其性情诚伪，而抱负寄托已可得其大凡焉。矧君年正少而学又勤，一时一变，一变一新，乌能测其所止？但愿阔乃心胸，厚厥根柢，充夫识量，展其才思，而又加以阅历世变，游览山川，藉飞仙以逸志，学古圣而传心，则先天一种郁蟠奇气，自发而为两大不朽文章，虽以之问津浣花，追步昌黎，亦无不可，又何菖蒲蓲之足嗜，而江瑶柱之是珍，徒与公亮同致人嘲讪也哉！是为序。"（文存《星烈日记汇要》卷十五《韵语一百十八》）

十九日，偕李子坦发光州。

廿日，宿沙窝。

廿一日，宿十乡楼。

廿二日，宿伍家河。是日途中李子坦得家信，遂先往武昌去。

《鸿濛室诗钞》卷十《暂息集》有《子坦新从贼中遁回，与余联骑赴楚，途中有赠》。

廿三日，抵麻城。

廿五日，马毙，作诗悼之。

悼诗云："骨卖千金事已难，那堪拊髀痛金鞍。壮心已自成灰烬，老骥空烦泪不干。"（诗存《星烈日记汇要》卷十五《韵语一百廿一》）

廿六日，发麻城，宿走马冈，成诗一律。

《鸿濛室诗钞》卷十《暂息集》有《麻城道中访谢矩堂不晤，知已先赴武昌，作诗寄怀》。

廿七日，宿新洲，补李子坦诗。

廿八日，仍住新洲，补仿潜斋诗。

廿九日，发新洲，夜泊七矶泓，成诗一绝。

卅日，泊潍源口，成诗一绝。

《鸿濛室诗钞》卷十《暂息集》有《晚泊潍源口，感成一绝》。

四月

初一日，泊富池口。

初二日，抵龙坪。

初三日，舟赴武穴，作感旧诗一绝。

《鸿濛室诗钞》卷十《暂息集》有《邬穴感旧》。

初四日，发龙坪，晚宿孔垅。

初五日，泊独山镇。

初六日，宿王家畈。

初七日，抵精选中营。

初八日，书扇分赠各营官。

初九日，出营访友。

初十日，听李淳夫话上年楚师同破太湖状。

十一日，偕雷纬堂访刘佐臣。

十二日，王峰臣属题小照，遂留饮。

十三日，代白莲峰作《潇湘八景》诗。

《鸿濛室诗钞》卷十《暂息集》有《代画士白莲峰题潇湘八景》，包括《烟寺晚钟》《潇湘夜雨》《洞庭秋月》《渔村夕照》《远浦归帆》《平沙落雁》《江天暮雪》《山市晴岚》。

十四日，石祥瑞协戎招饮，共论天下大势，北防空虚可虑。

十五日，观多隆阿设伏攻太湖，不克。雷纬堂率队深入，受伤归。

十六日，作诗赠雷纬堂。

十七日，昨晚急患疔疮，适杨子亭至，一治即愈，诗以谢之。

《鸿濛室诗钞》卷十《暂息集》有《余左拇指忽患疔疮，赖杨君子亭治以神针，须臾即愈，真神术也。作诗酬谢》。

十八日，听李淳夫话汉阳古冢生火。

十九日，别雷纬堂南行，晚抵宿松。

廿日，听陈凤巢话安庆军退保宿邑获胜状。

廿一日，发宿松，住濯港。

廿二日，抵龙坪，大雨。

廿七日，林松岩返自汉口，闻建德太平军炽。

廿九日，访熊载卿，知吴梦九现寓普镇营。

五月

初二日，发龙坪，晚泊陆家嘴。

初三日，九江舟中成诗一章，旋入城，与段积堂相晤。

《鸿濛室诗钞》卷十《暂息集》有《浔阳舟晓即事书怀，得二十八韵》。

初四日，返棹过琵琶亭，有诗，仍回龙坪。

初五日，观龙舟竞渡。

初七日，傅济川招饮。

十一日，为傅济川书屏幅。

十六日，晓发龙坪，晚宿广济。

十七日，偕夏韵香及彭苌舟茂才小酌。

十八日，游海门招饮。

廿二日，彭苌舟属题玉姗画扇。

廿三日，彭苌舟以诗题鸿濛室稿。

廿四日，阅彭苌舟《环翠楼诗稿》。

诗稿中《巫山高》云："巫山高，高莫极。淮水深，深莫测。我欲东归无羽翼，鹏搏九万，风击三千。冥冥之鸿站站鸢，奋厉鹳鹄摩苍天。天荡荡，云凭凭，虚无征路何凌竞。肠中辘辘转车轮，吁嗟乎远人！"（诗存《星烈日记汇要》卷十五《韵语一百廿四》）

廿五日，彭苌舟出笺索书。

廿六日，与姚子藩相晤，知蒋芝纯观察遣使相招。

廿七日，张玉姗赠诗四绝。

赠诗云："自怜才最拙，胡乃动君怜。想见前身果，多情白乐天。

万里事游历，翩翩意态雄。自饶匡济略，一室启鸿濛。

聚散博沙似，何妨十日留。征帆回首处，莽莽大江流。

身世不胜悲，孤怀诉向谁。他时如见访，记取比丘尼。"（诗存《星烈日记汇要》卷十五《韵语一百廿五》）

廿九日，将上武昌，走别诸友。

六月

初一日，晓发广济，晚抵蕲州。

初三日，听三河败兵话迪庵方伯覆军殉难状。

初四日，发蕲州，晚泊漳源口。

初五日，泊巴河。

初六日，舟至黄州，蒋芝纯观察邀入营，因留饮，拟嘱襄军务，未之许。

初七日，扬帆上驶，晚泊叶家洲。

初八日，泊塘角，大风雨。

初九日，抵武昌，致姚子藩书，再登搁笔亭。

十一日，出游汉镇。

十二日，再游汉镇。

十三日，三游汉镇。

十四日，访李子泳并晤胡麦村，知周芑生被害。

十五日，作挽联吊鹤人方伯。

十六日，致祝亚山书。

十八日，移榻汉镇舟中。

十九日，致李子坦书。

廿二日，移泊钞关小港。

廿三日，泊沌口。

廿四日，泊大军山。

廿五日，泊东江潦。

廿六日，泊簰洲。

　　簰洲，今属湖北嘉鱼。

廿七日，泊上嘉口。

　　《鸿濛室诗钞》卷十一《浮湘集》有《嘉鱼夜泛》。

廿八日，泊六溪口。

廿九日，晓发过祭风台，风利不得泊，遂抵城陵矶。

　　《鸿濛室诗钞》卷十一《浮湘集》有《祭风台》。

卅日，舟次岳州，游君山阻风，遂宿崇胜寺，成诗二律。

　　《鸿濛室诗钞》卷十一《浮湘集》有《独游君山阻风，宿崇胜寺》。

七月

初一日，风未息，偕寺僧登君山，归寻诸胜，得诗十绝涂于壁。

《鸿濛室诗钞》卷十一《浮湘集》有《君山杂咏有序》，序曰："连日大风不止，恶浪排空，不能归舟。日与寺僧寻访古迹，率皆倾圮颓废，没于蒿莱，不可尽识。兹择其有基可辨者咏之，得五绝十首，并前诗共涂于壁，以待采风者有所择录焉。"

初二日，再作阻风一绝。

《鸿濛室诗钞》卷十一《浮湘集》有《大风三日，夜间尤甚，复成一绝》。

初三日，风息，由君山归舟。

初四日，重登岳阳楼，再成一律。

《鸿濛室诗钞》卷十一《浮湘集》有《重登岳阳楼，再题一律》。

初五日，拟岳阳楼楹联。

初六日，补楚江杂诗。

初七日，作诗吊二乔墓。

《鸿濛室诗钞》卷十一《浮湘集》有《二乔墓》。

初八日，大风，作《洞庭大风歌》。

《鸿濛室诗钞》卷十一《浮湘集》有《洞庭大风歌》。

初九日，晓发岳阳，晚泊临资口。

初十日，仍泊临资口，补《君山晚步》及赠德真和尚诗。

《鸿濛室诗钞》卷十一《浮湘集》有《君山晚步》。

十一日，补《沌口阻风》诗。

《鸿濛室诗钞》卷十一《浮湘集》有《沌口阻风在鹦鹉洲上》。

十三日，泊戴家河，作《吊屈原》诗。

《鸿濛室诗钞》卷十一《浮湘集》有《吊屈原》。

十四日，抵长沙，寓赵松圃宅。

十五日，偕赵厚庵游马氏花园，并访古荷花池，不得入，遂归。

十六日，访陈亦渔姻丈，不晤。汪藕生招饮酒肆，同游玉泉山。

十七日，补《焦山杂咏》十六首。

《鸿濛室诗钞》卷九《渡江集》有《焦山杂咏十六首》。

十九日，过陈亦渔丈馆，始闻双亲讣音，并悉乡关大乱。

廿日，接蒋芝纯及姚子藩函，邀入湘军幕。

廿一日，再接姚子藩函，促东下。

廿二日，谒贾太傅祠。

廿三日，探闻滇黔道梗，不能即归，因覆蒋芝纯书，许暂入营。

廿四日，夜梦甚噩。

廿五日，表甥陈韫山邀膳。

廿七日，阅上湘陈道韫女史《宜楼诗草》。

廿八日，阅长沙高秀兰女史《余香阁吟草》。

《渔》云："江村沽酒是生涯，寻得桃园旧有家。一个扁舟一丝网，满湖烟水捕鱼虾。"《樵》云："深山深处路迢遥，每共邻翁日采樵。刚向白云挑果返，一枰棋子又相邀。"《耕》云："十亩间间风景清，水云村里老农行。一生消受田家乐，除却完租不入城。"《读》云："砚盛小匣笔横床，日坐红窗课读忙。一卷国风诗读罢，灵飞经写两三行。"（诗存《星烈日记汇要》卷十六《韵语一百廿六》）

八月

初一日，自校《渡江集》发刊。

卷前自序云："戊午之秋，七月既望，合肥城陷，大营散失。余偕谢矩堂州司马东走维扬，拟渡江过钱塘观潮，以壮胸怀。乃舟至兰陵，兴尽而返。遂登焦山绝顶，东望海门，西顾金陵，作《哀江南》《吊芜城》诸诗。更北绕彭城，南渡长淮，抵光州，始暂息辙。途中获诗若干首，统名之曰《渡江》，原初志也。夫祖生渡江击楫，慨然有澄清天下之志，余则往还大江，毫无建白，何古今人之不相及耶？是集之成，适足以滋余愧，而又不可无存焉耳。己未仲春，友石氏书于弋阳之仿潜斋。"（文

存《鸿濛室诗钞》卷九）

初二日，自校《息辙集》。

自序云："抵光州后，主及门李宪之宅，即下榻仿潜斋，日与诸友唱和者六阅月，几自忘为军旅士矣。中间虽屡蒙鹤帅召，而时事日非，言不见用，行亦无益，乃上书自达，不觉其言之繁且戆。夫亦幸其一误，庶有以拯弊将来，不致大失挫耳。而孰意病入膏肓，已无可为针砭地，虽曰天命，岂非人事哉。西台遗憾，痛哭何终，虽欲不息辙而不能矣。今复游楚，追忆前辙，愈难自宽，乃集数月酬赠之作，强名之曰《暂息集》，亦止乎不得不止意耳。己未夏六月，江燕似火，舟爇如焚，友石挥汗书于鄂渚舟中。"（文存《鸿濛室诗钞》卷十）

初三日，自校《皖豫从军集》。

自序云："锦堂镇军既殁，复承鹤人方伯之招，乃与诸同人扶镇军枢至武昌，遂赴皖营。旋移军解固陵围，连克六安，进驻合肥之店埠，未及一月而城陷。中间奔走逃窜，艰苦备尝，目值流离景况，尤难笔绘。而六安一郡，遭劫独惨，故见诸歌咏，不忍卒读。聊综近作，别为一卷，俾后之视今，亦将有感于斯集云。戊午中秋，友石自记于兰陵舟中。"（文存《鸿濛室诗钞》卷八）

初四日，自校《问天集》。

自序云："太白诗云：'明月几时有，把酒问青天。'又《楚辞》有《天问》篇，是皆以旷达之气，写忧愤之心。余无忧愤，更非旷达，何天之可问耶？然而士各有心，不平则鸣，茫茫世宙，悠悠曷穷，恨不搔首苍穹而一问之耳。甲寅秋，寓我园之问天楼，成此一编，对月长吟，觉我心怀惟银蟾可以共喻。因浮一大白，翩翩欲举。想青莲、灵均辈乘鹤归来，亦当把臂入林，许为同调，不致屏诸门外也。友石氏自识。"（文存《鸿濛室诗钞》卷五）

初五日，自校《俯仰集》。

自序云："自庚寅至癸丑，凡二十四年，删存旧稿，得诗三百二十四首，厘为四卷，仅十之二三耳。时足迹所履，未越滇境，日惟俯仰一室，以观造物之变。王逸少云：'仰观宇宙之大，俯察品类之盛，足以极视听之娱，信可乐也。'是虽静处一室之中，未尝不游神天地以外，亦达矣哉！集曰《俯仰》，不过随时变迁，与世低昂而已。若云不愧不怍，则吾岂敢，抑岂吾所愿托哉？咸丰癸丑小阳月，友石氏自叙于五华山麓。"（文存《鸿濛室诗钞》卷一）

初六日，致书陈亦渔姻丈。

初七日，自编《浮湘集》。

收入《鸿濛室诗钞》卷十一。

初八日，阅歙县郑桂森夫妇合集《山水清音》。

《春兴四律》，录后二首云："香雾冥冥兴未阑，隔墙蝴蝶影团团。和风似扇摇樊圃，细雨如烟篆药阑。家在梦中嫌夜短，病余花下怯春寒。于今夫妇身犹寄，重感当年梁伯鸾。

东皇明媚透疏棂，莺挽流光唤不停。细草有心加意绿，远山如黛为谁青。花沿曲径迷人路，柳拂长堤送客亭。摆脱艳情无个事，盥薇磨麝写黄庭。"

《秋闺怨》七古一章云："漏将阑，烛欲灭，恰剩一窗残月缺。盼到归期肠欲断，关山迢递人难越。帘外西风吹叶落，寒虫唧唧无休歇。万缕游丝牵别恨，砧声未已钟声接。轻烟无际笼归鸦，鸿飞倒影逐流霞。此夕有情夜怅望，玉郎何处泛灵槎。独下瑶阶闲住步，浮云时蔽长安路。咫尺银河飞难过，倩谁更借游仙履。芙蓉塘外水茫茫，离容憔悴花容故。我欲随君度香去，梦魂绕遍晴川树。"（诗存《星烈日记汇要》卷十六《韵语一百廿七》）

初九日，偕赵稚仙访洪益之明府，闻曾涤生侍郎奏拟合兵楚北东下。

初十日，阅宁乡女史文先谧诗。

文先谧，字无非。湖南宁乡人。文宪吉之女，濂溪书院山长王开琸之妻。贤孝而慧，能诗。著有《熙朝雅化录》《兰闺画录初编》。

《农家妇》古诗一首云："农家妇，何嫌丑？青带缠腰，蓝布裹首。肩荷松柴，脚舂米臼。阳坡摘茶，小圃锄韭。冏冏呼鸡，啊啊喂狗。馌彼田间，汲水山口。夜纺棉花，昼缝衣纽。拨火煨薯，压笅取酒。稚子卧怀，幼女携手。课雨占晴，量升算斗。土榻安眠，天长地久。农家妇，何嫌丑？"

《庄家》一绝云："两间屋子便成家，炊有泥鑪纺有车。辛苦妇姑薯作饭，瓦灯一炷趁棉纱。"

《儿夜啼》云："小儿底事呱呱啼，夜夜夜深啼不息。偶检方书觅纸条，画驴倒贴床头壁。"

《七夕》二首云："郎心如皦日，女意如银河。恩爱两不改，莫怨离别多。

郎在河之东，女在河之西。耕织两不辍，羞学燕双栖。"（诗存《星烈日记汇要》卷十六《韵语一百廿八》）

十一日，阅计少泉夫人宋静仪诗。

《和其兄圆圆妆楼歌》云："楼前好山色，晓起修双蛾。攘袖露纤手，云盘鬒发鬈。妙年博爱宠，明镜朝朝磨。忆昔选歌舞，将军戚里过。英豪映四座，儿女情偏多。仓卒戎机急，美人奈若何。君诚重倾国，妾亦矢无他。妙计脱罗网，扫眉胜提戈。烽烟一朝息，万里开祥呵。夫婿侯王贵，气凌南越佗。红颜犯风雪，细马轻装驼。六诏盛花柳，行宫陵陂陀。妆楼抗疏殿，太华点青螺。对月约金钿，临风抛玉梭。城中学新样，立髻高峨峨。繁华顿消歇，好花随逝波。青菱与红粉，各已归山阿。零落旧棂槛，网尘埋绮罗。馆娃觅何处，词客空吟哦。俯仰楼头月，听君一曲歌。"（诗存《星烈日记汇要》卷十六《韵语一百廿九》）

十三日，洪益之将转运永州，因过谈，知太平军围桂林。

十四日，赵稚仙以诗见赠。

十六日，刊《渡江集》成。

十七日，郭春泉偕褚继良过访，听话英夷攻陷广州事。

十八日，谒真西山先生祠，读《论屈诗碣》。

真西山先生，即真德秀，南宋后期理学家、名臣。

十九日，周公采过访，并出示近诗。

廿日，周公采又袖《惜春诗草》见示。

廿一日，作家书。

廿二日，崔笙陔招饮。

廿三日，书扇赠刘镜壶。

廿四日，偕赵稚仙访周公采。

廿五日，沈怀冰夫人赐题鸿濛室稿。

《鸿濛室诗钞》卷十一《浮湘集》有《沈怀冰夫人赐题拙稿，诗以鸣谢，即书其集后崔笙陔令慈》。

沈夫人赠诗二绝云："天赋英贤气不同，安危济困缅前风。丹书有待云霞绕，莲幕休谈色相空。

痴儿何幸近英才，自应虚心倾素怀。樗栎不堪频负笈，也思培植到蓬莱。"（诗存《星烈日记汇要》卷十六《韵语一百三十一》）

廿六日，诗谢沈怀冰夫人，即题其稿后。

廿七日，作诗吊贾太傅四律。

《鸿濛室诗钞》卷十一《浮湘集》有《谒贾太傅祠，感成四律》。

廿八日，拟赴湘军幕，因与赵厚庵同发长沙，晚泊三汊矶。

廿九日，泊靖港。

九月

初一日，靖港守风。

初二日，守风。

初三日，泊湘阴野岸。

初四日至初六日，守风。

初七日，作诗寄题计少泉《抱影居诗草》。

《鸿濛室诗钞》卷十一《浮湘集》有《题计少泉叟洵抱影居诗草》。

初八日，守风。作《游子恨》诗。

《鸿濛室诗钞》卷十一《浮湘集》有《游子恨》。

初九日，守风。作诗自遣。

初十日，守风。补《作家书》诗。

《鸿濛室诗钞》卷十一《浮湘集》有《作家书》。

十一日，作诗吊黎静庵。

《鸿濛室诗钞》卷十一《浮湘集》有《去冬黎静庵舍人学渊寄示重九感怀诗，未及酬和，而君旋下世。今洞庭阻风，更值令节，偶展旧笺，曷胜怆怀。追步原韵，用代挽章》。

十二日，守风。作诗寄题岳麓山。

《鸿濛室诗钞》卷十一《浮湘集》有《拟游岳麓山不果，作诗寄怀》。

十三日，泊南津港，作诗怀周公采。

十四日，晓发岳阳，成诗一绝。晚泊断口。

十五日，泊簾洲，作诗补赠表甥陈璠。

《鸿濛室诗钞》卷十一《浮湘集》有《舟中补赠表甥陈韫山璠二律有序》，序云："初离乡时，甥年尚幼。近抵长沙，访谒令叔祖亦渔姻丈，公出未归，甥出拜见，几莫识认。及询堂上，始知其同悲圮岵，不胜怆然，未及成诗。兹更远别，补题为赠。"

十六日，雨中泊汉口，作诗赠赵厚庵。

《鸿濛室诗钞》卷十一《浮湘集》有《余闻亲讣，以道梗未获即归。兹复有湘军之行，松圃长君厚庵德培偕往，仲君稚仙德城送至江干，情绪依依，成此共勖》。

十七日，致书李宪之。李子泳送示鹤人方伯《绝命词四章并序》。

十八日，致书李子泳。

十九日，偕赵厚庵访李子泳，感成一绝。

廿日，发汉镇，夜泊龙口，作《浮湘集叙》。

叙云："自乙卯出滇，于今五载，未闻乡信，投笔之志已灰，望云之心愈切。乃亟归舟，纤棹洞庭，访陈亦渔司马姻丈于星沙，冀有助以南旋也。乃事会相左，圮岵兼悲，已难铸错。而故乡烽火，鲸吞獭噬，流毒未已。重以天灾并至，祸患尤深，进退行止，莫能自定。不得已更作湘军游，亦歧途中之歧途耳，岂尚有功名念存乎其间哉。片帆来往，动复经秋，获诗若干首，命名《浮湘》，亦足见浮生靡涯，不徒作湘江泛泛已也。己未重九后十日，负笈游子方玉润自识于汉江舟次。"（文存《鸿濛室诗钞》卷十一）

廿一日，泊樊口。

樊口，今属湖北鄂州市。

廿二日，泊武穴。

廿三日，守风。

廿四日，抵龙坪，与林松岩晤。

廿五日，宿孔垅。

廿六日，宿黄梅。

录故人周赞臣诗云："碧海狂鲸掣亦难，征尘何日庆弹冠。边城策马筋声壮，旅夜闻鸡剑影寒。烽火剧怜三月警，乱情权借一枝安。满腔热血无人识，把酒临风泪不干。"（诗存《星烈日记汇要》卷十六《韵语一百三十三》）

廿七日，游龙门寺，访蔡阆仙大令。

廿八日，偕赵厚庵访易星阶。

廿九日，宿亭前驿。

卅日，宿凉亭河。

十月

初一日，抵太湖，蒋芝纯观察邀入营幕。

初二日，与龚智轩论取太湖策。

龚智轩，名黼休。桐城派文人。

初三日，各军进扎东北营垒，以断太平军粮。

初五日，拟上曾涤帅《论南北进皖情形书》。

文存《星烈日记汇要》卷九《兵策二十六》。

初六日，拟《论太湖守贼出降文》。

初七日，拟《禁游勇示》。

初八日，偕蒋芝纯、万荫庭至龙山脑相营基。

初九日，代芝纯观察拟祭迪庵方伯文。

初十日，出营访诸将弁。

十二日，致书陈亦渔姻丈。与龚智轩论近日军形。

十四日，诸帅会商攻策不决。芝纯来询，因筹进扎小池之策。

十五日，送赵厚庵、崔笙陔过飞虎右营。

十六日，致万乃斋书。太平军来攻营，击退之。

十七日，闻曾、胡两帅将统师东来。

十八日，多隆阿出攻潜山，不克。

十九日，雨。移新左诸营进扎龙山脑。

廿日，夜梦读《中庸图说》。

廿一日，胡林翼宫保札知各营援战。

廿二日，访刘佐臣游戎小酌，归阅芝纯攻城议。

廿三日，蒋芝纯观察过霆营，商攻策不决。

廿四日，蒋芝纯观察再过开化营议攻策，仍不决。

廿五日，闻黄州诸军已入英山界。

廿六日，万荫庭邀陪姚翰卿小酌。

廿七日，刘佐臣过访。芝纯观察出示涤帅奏稿，拟四路进皖。

廿八日，杨厚庵军门来函，知韦志俊投诚，池州已复。

廿九日，拟上曾涤帅楚军北援书。

十一月

初一日，阅皖抚翁同书中丞奏陈补救三策。

初三日，湘军夜出扰太平军。

初四日，众军齐出扰太平军。撰祭唐都司文。

初六日，闻胡林翼中丞进驻陈德园。

初七日，汤苾泉过营相访。

初八日，接万乃斋函，即覆。盘获太平军使，当即正法。

初九日，万荫庭乞假南还，以诗留别，因酬一律。

初十日，芝纯观察亲诣黄梅，谒涤帅。

十一日，与芝纯论当今乱形。

十二日，涤帅拟调湘左上援。

十三日，欧阳崇如司马招饮。

　　欧阳崇如，湖南湘乡人。光绪六年（1880）正月迁湖北臬司，未及拜命，卒于扬州。

十四日，芝纯观察回自宿松，得涤帅不肯深入状。

十五日，多隆阿来营，知太平军已上犯，芝纯观察往谒胡林翼宫保。

十六日，胡宫保来函论太平军救皖，因与芝纯畅论之。

十七日，芝纯观察回营。

十八日，胡林翼札各营归多隆阿调遣。

十九日，多隆阿邀诸帅会议战守。太平军出队，击却之。

廿日，涤帅不肯分兵围太湖。

廿一日，唐、鲍二营来营会商击援，不决。

廿二日，太平军出队，清军击却之。

廿三日，多隆阿托病辞总统事。

廿四日，将辞幕，先致书蔡阆仙、赵厚庵、雷纬堂。

廿六日，辞幕将返长沙，芝纯观察托姚子藩恳留。

廿七日，游龙门寺，访蔡阆仙大令，因留宿。

廿八日，暂返湘营。闻胜帅回京，袁午桥奏请以曾国藩为钦差大臣，朝廷不允。

廿九日，雪。唐、鲍二帅过营议夜袭。

卅日，诸军夜袭太平军城，不克。

十二月

初一日，蒋芝纯观察挽留，因暂许之。

初二日，诸帅议围太湖，不合。

初三日，作诗赠龚智轩。

《鸿濛室诗钞》卷十一《浮湘集》有《湘军营幕赠龚智轩翩休选拔，时将南旋》。

初四日，偕杨蔗园协戎赴石牌察地势，因入城投雷纬堂宿，时守北城。

初五日，回至新仓，谒多隆阿，商攻潜山策。

初六日，由新仓至黄泥铺，周览地势，归宿黄泥港。

初七日，回营。

初八日，作《潜太合形图》。

初九日，再作《潜太图》，呈胡林翼中丞。

初十日，接万乃斋函，知李宪之是岁领乡荐。

十一日，致万乃斋及李宪之书。

十二日，太平军援大至，芝纯亲赴新仓，先问及余，因告以策。

十三日，芝纯回自新仓，再赴鲍营议战守，未决。

十四日，多隆阿函邀鲍、蒋进扎前敌，以备击援。

十五日，芝纯观察命偕杨蔗园、成月梯两协戎往小池驿相营基。

十六日，鲍军进扎小池，多隆阿合湘旅分四营进龙家凉亭，四营留守城。

十七日，五鼓移营，分驻鲍垒一半前进。

十八日，晴。太平军出突围，清军击退之。

十九日，训字营移太城西北。

廿日，多隆阿来营，商击太平军。

廿一日，涤帅始分军围太湖。作《风雪从军歌》。

廿二日，诸军会击太平军。

廿三日，芝纯观察命调四营前进，玉润以病未赴，遂至黄泥港，宿飞虎营。

廿四日，移寓精选右营。致书芝纯辞幕。

廿五日，太平军攻鲍营，不克。

廿六日，致书姚子藩及同事诸君。

廿七日，接姚子藩缄。

廿八日，拟赴石牌，不果。

廿九日，太平军围攻鲍营甚急，将军出救不支，复调精选营。

卅日，过精选中营，访雷纬堂协戎。

清咸丰十年　庚申（1860）　五十岁

正月

初一日，观诸军祭旗，偕姚六吉联骑访友。

初二日，雪。拟上曾涤帅《论剿皖现在机宜书》。

初四日，太平军攻霆营急，王峰臣奉令往援，因移寓中营。

初五日，都统调训字营，移扎蒋、鲍之间。

初六日，王峰臣进扎鲍左营后，训营垒未成，旋为太平军毁，死者无数。

初八日，云异如昨，李雨苍率健威营抵新仓。

初九日，雷纬堂拔营进扎小池，玉润偕杨子亭走石牌。

初十日，回宿老林头，晤桐城吴梅塘，悉鹤人方伯绝命词真迹存其友处，因记之。

十一日，投龙门寺访蔡阆仙大令。阆仙询前敌情形，因备论之。

十二日，致书姚子藩。

十三日，吴梅塘来访，商盗鹤人方伯遗骸，因致书子坦，令速来皖举事。

十四日，作《仙凫歌》赠蔡阆仙大令。

《鸿濛室诗钞》卷十一《浮湘集》有《仙凫歌赠蔡阆仙锷大令有序》，序云："君黔之石扦人，令皖十余年，廉干有善政，尝率练复望江。嗣君某固善壬遁术，占之不利，劝勿往，弗听，至则内应作，而贼果遁，遂入城。贼觇知势弱，复合围，君恐不支，急驰出，子亦随后，遇贼于途，大战而败，坠马下。子曰：'事急矣，儿无生理，大人或可以幸逃。'乃以身蔽父体，伤重竟亡。贼退，君始苏，而夜已深，带伤匍匐行数十里，远见灯光，有叟坐茅屋内，乃暂憩止，问市镇远近，叟曰：'不远矣。'

117

爰出药，令敷患处，即促行，恐贼复至，则难逭矣。天明至镇，问叟何如人，金曰亡是公。始知所遇殆非常人，疮由此亦不再药而自愈。初去城时，子知不免，裂腰带为二，与父分系，冀他日有以寻其尸也，乃至今竟未能获，可谓惨矣。余初闻万生乃斋言，遂识诸心，兹得晤君，询之果然，爰成是诗，即以为赠。"

十五日，雨。再致姚子藩书。

十六日，过刘氏支祠，访太湖绅董。归听董聘臣话定远被陷始末。

十七日，辞蔡阆仙南行，晚宿凉亭河。

十八日，抵宿松。与姚翰卿及方素吾同寓齐氏祠堂。

十九日，送姚翰卿入营。

廿一日，与汤子镇晤。

子镇以诗题玉润《渡江》《红豆》二集云："展卷风花兴未阑，忽惊痛哭满江干。分明庚信哀时赋，谱入冰弦听更难。

江南烟月影迷离，巫峡空余神女思。我亦多情倍惆怅，不堪人诵玉台诗。

旅夜挑灯共黯然，危时那更逼烽烟。送君远望潇湘去，一夜乡心水拍天。"（诗存《星烈日记汇要》卷十六《韵语一百三十五》）

廿三日，杨子亭邀饮，归与汤子镇论诗。

廿四日，万云台来寓，因与论战。

廿五日，沈仿彭代呈《神机四略》于涤帅，方素吾意也。

廿六日，偕方素吾访胡一凫画师。

廿七日，闻小池驿官军大捷太湖太平军。

廿八日，晋谒涤帅，并访程尚斋幕府。

廿九日，闻潜山亦复。

二月

初一日，方素吾代呈诗稿质涤帅，晚晤夏韵香于途。

初三日，送夏韵香至黄石矶。

初五日，门人赵明先偕马客王某来见，听话长城营陷状。

初六日，何镜海过寓访汤子镇，因相晤。

　　镜海，名应祺。

初七日，偕汤子镇访镜海，因留饮，陈对山亦来畅谈。

初八日，与赵明先论枪法。

初十日，作《潜太图说》。

十一日，作《庐州府图并说》。

十三日，作《武汉合图》。

十四日，作《围攻汉阳图说》。

十五日，作《防黄梅图并说》。

十六日，听精选营卒话小池驿获胜状。

十七日，作《镇江图并说》。

十八日，作《扬州图并说》。

十九日，作《徐州图并说》。

廿日，作《六安图并说》。

廿一日，作《固始县图并说》。

廿二日，与汤子镇论诗。

廿三日，方素吾赠诗。

廿四日，浙抚罗澹村告急于涤帅。

　　罗遵殿（1798—1860），字有光，号澹村。安徽宿松人。

廿五日，作《清江浦图并说》。

廿六日，作《麻城县图并说》。

廿七日，方毓之赠诗。

廿八日，作《云南省图并说》。

廿九日，自序《江淮筹备要编》。

三月

初一日，《江淮筹备要编》成，因呈涤帅。闻清江失守。

初二日，湘阴江绍华携诗稿见示。

佳句颇多，五言如"松阴随月堕，落叶带虫飞。残月生遥岭，春星浴乱流"。七言如"江上白波孤棹远，眼中黄叶故人稀。悬崖压树枝斜出，积雨逢晴花怒开。岩树倒生黏地叶，石藤穿放过墙花。草光送别青随岸，山色依人绿过江。杨柳怯风憎力弱，芭蕉卷雨觉心多。千重云树苍茫里，一笑湖天风雨来"。（诗存《星烈日记汇要》卷十六《韵语一百四十二》）

初三日，作《重庆图说》。

初四日，方橓轩赠诗。

初五日，作《夔州府图说》。

初六日，方毓之邀偕史贤希、方素吾共饮。

史贤希，名怿悠。曾任祁门县知县。

初七日，作《成都形势图说》。

十一日，雨。作诗呈涤帅。

《鸿濛室诗钞》卷十二《桃花潭集》有《谒曾涤生枢师，呈诗六首》。

十三日，方橓轩邀出东城谒远祖闾丘公墓，更入城瞻拜本宗祠。

十四日，闻浙省垣于二月廿七日失陷。

十五日，李右青过访并赠诗，汪醉六亦以诗来赠。

十六日，录何镜海诗作六首。

诗云："野泽居然类塞鸿，苦心真是胆尝熊。百年岁月干戈里，万里家国涕泪中。斗舰未愁江水黑，丽谯犹警夕烽红。正逢斧钺宣天讨，不用忧危咏大风。

魂磊胸中借酒消，朝来还喜颂成椒。诗逢子建休矜捷，琴遇中郎不献焦。长夜欲将天日照，黄尘直挽海波浇。艰难别有伤心泪，为语旁人漫见嘲。

望望东南路几千，高冠短褐并堪怜。黄巾抗伐多无赖，白面谈兵半少年。斫地深劳三尺剑，富民谁复五铢钱。愁肠不是诗能遣，欲学长鲸吸百川。

扬子江头水拍天，雨花台下马难前。麒麟自是空侪辈，豺虎如闻有百千。幽谷仰攻原不易，长围重困究非便。□文已定勤王略，旌旆争看采石边。

寄居犹得一身安，勋业频频镜里看。绝少音书来北地，萧条冰雪尚南冠。誓心只有君亲重，多难方知出处难。已恨绤袍春未暖，生憎山雨送朝寒。

火色曾闻识马周，男儿何必觅封侯。楚狂好自持清议，圣世应无弃浊流。屈子祠边吟翠羽，严光台畔衣羊裘。中兴便睹汾阳业，早晚关山雪涕收。"（诗存《星烈日记汇要》卷十六《韵语一百四十三》）

十七日，涤帅招饮。

十八日，李右青邀饮，出其《耐沟山房诗草》相示。

十九日，闻浙省陷而旋复。

《鸿濛室诗钞》卷十二《桃花潭集》有《闻杭城陷旋复》。

廿日，闻江右告警。

廿一日，访黄仙樵，原名望云，后更宝善。

廿三日，晋辞涤帅，许赐序言，因暂候之。

廿四日，访李梅坪。

廿五日，涤帅赐题各稿并馈赆。

曾国藩序云："宝宁方君友石，示余以近所纂曰《鸿濛室文钞二集》者二册，曰《鸿濛室诗钞初集》者四册，曰《运筹神机》者十有九册。余以军中少暇，不及卒读，粗涉崖略。大抵《文集》《二十四策》多方君在滇时所为。其时西南静谧，而所论各端，已为今日吴楚弭乱之规。所谓闭门造车，出户合辙者欤？诗以才藻达，其劲气迥殊俗径，微嫌于杜、韩门径，尚少专精。《运筹神机》一书，精力毕萃。《战略》《守略》《艺略》三编，虽多辑古人之说，而自具经纬，别立条目，即一器一技，亦必绘画分明。至《智略》一篇，则窥天地之奥，识鬼神之情，冥心孤往，所得独多。昔邵子将天下万事万理看成四片，近姚惜抱论古文之法有阳刚阴柔两端，国藩亦看天下万事万理皆成两片，与友石所云阳智阴智，殆有同符。第邵子四片之说，颇多安排附会，友石亦不免此弊，

能进于自然则几矣。庚申三月廿五日曾国藩记。"（文存《鸿濛室文钞二集》卷首）

廿六日，入谢涤帅，承留营幕，因暂住。

廿七日，史贤希邀陪张子衡诸君共饮。

张子衡，即张岳龄（1818—1885），字子衡，号南瞻。湖南岳州府平江县人。廪生，由军功保举出身。历任甘肃、福建按察使，赏戴花翎，赐号策勇巴图鲁。著《铁瓶诗钞》《铁瓶东游草》等。

廿八日，以各稿呈涤帅。

廿九日，送方素吾之九江，倩胡一凫作照。

卅日，张子衡过访，并携其诗稿见示。

闰三月

初一日，晋谒涤帅，并遍识营幕诸君。

初二日，偕黄仙樵访黄凫仙，携其诗稿归，阅之。

初三日，黄仙樵赠文。

初四日，阅《听泉槖草》，方楳轩祖听泉先生著。

初五日，雨中访仙樵。

初六日，闻成都被围。

初七日，偕黄凫仙诸君出城，访李氏小园。

初八日，雨。黄仙樵赠诗。

诗存《星烈日记》卷六十一。

初九日，代友人书屏联。

初十日，雨。涤帅遣使召入幕，因晋谒。

十一日，诸友知余将入幕，悉出纸索书，黄仙樵更邀小酌。

十二日，朱武庠招饮，并代友人作书。

十三日，大雨。移榻入营。

十四日，大风雨。晋谒涤帅不晤。

十五日，雨寒甚。闻溧阳不守。

十六日，微晴。阅《熙朝新语》。

《熙朝新语》十六卷，钱泳、徐锡麟辑录。清前期史料笔记。

十七日，晴。阅翁同书中丞奏稿，知鹤人方伯已葬固始。

十八日，作书致陈亦渔丈及赵稚仙。阅《熙朝新语》。

十九日，与史贤希论时务。

廿日，闻全椒太平军头目唐某出降。

廿一日，作《宿松形势图并说》。

文云："宿松，古高唐地，东有小孤、太白湖以为之障，西有严恭、二郎河以作之险，皖西大道在所必由。惟北走石牌一路，平坦无隘，甚难防堵。且临城、浮玉、潜佳诸山，高压城垣，俯瞰民居，贼若凭高下击，则城中无遗类矣。故据宿以为守皖之隘，自觉其有余；若恃宿以为图皖之基，则必形不足。何也？宿邑南有险而北无险故耳。前岁三河兵败，围皖之师悉退，贼分路追来，诸军势将不敌，犹幸居民遍立山头，以助声势，贼不知我虚实，遂败，亦天意耳，岂可恃为常哉！"（文存《星烈日记》卷六十一）

廿二日，沈仿彭招饮。

廿三日，午遇黄晴峰谈相。阅陈希夷《心相编》。

廿四日，偕史贤希入城，因过李梅坪。

廿五日，作《赠友诗》十六绝。

《鸿濛室诗钞》卷十二《桃花潭集》有《赠友诗十六首》，所赠友人有李右青绍莲、黄仙樵宝善、方椒轩森、方毓之镇、方素吾朴初、史贤希怿悠、汤子镇守重、江晓城绍华。

廿六日，涤帅入城避暑。

廿七日，涤帅弟沅浦观察抵宿。

沅浦，即曾国荃（1824—1890），字沅甫，号叔纯。湖南湘乡白杨坪（今属双峰）人。

廿八日，李右青及黄晴峰诸友过访，并携诗稿见示。子镇以诗题鸿濛稿。

子镇题辞云："积恨烦忧顿消释，眼前突兀鸿濛集。锦心绣肠何淋漓，

123

文豹赤蛟同郁律。雄如昆阳斗风雷，丽如元圃罗琼瑰。牺尊既陈意象古，雁柱欲断心魂哀。唐贤宋贤为一手，尤擅韬钤寡俦偶。兵法穰苴妙用心，罪言杜牧羞箝口。贵游争见卓旌旗，奇士翻教习鼓鼙。滇池万里一惆怅，幕府十年空惨凄。马瘏仆痡江东客，余亦天涯苦行役。路歧鬼物敢揶揄，骚雅情亲偏莫逆。有酒可使愁不生，有诗可使眼倍明。剧谈夜雨鹿卢啸，豪咏春风蛺蝶惊。短策飘飘不能住，归程欲问湘中树时将南回。心伤豺虎蹢东南，泪尽关山惨徒御。执别江头且莫违，空林容易又斜晖。今宵舟楫吴江月，明日风花屈子祠。醺酣千觞醉亦得，醉后题诗重叹息。山川苍洱有神灵，袴褶黄骢困英杰。"（题辞存《鸿濛室诗钞》卷首）

又赠言一首云："夫子固为千载士，兵法乃能成一家。深筹确画抵药石近刊平贼策初成，雄笔伟墨驱龙蛇。勾吴又亡地余几，直道三黜人所嗟。衡湘幽绝倘有意，迟汝远来餐紫霞。"（诗存《鸿濛室诗钞》卷末）

方玉润因步韵送其行云："五百年名无我分，三十六湾君有家。世上舆尸空载鬼，杯中弓影漫疑蛇。穷愁著述竟何谓，贫贱依人吁可嗟。谁道归与不欲赋，桃源是处飞流霞。"（诗存《星烈日记汇要》卷十六《韵语一百五十》）

廿九日，谒沅浦观察。

卅日，闻清军复溧阳。

四月

初一日，以《平贼廿四策》付梓。

初二日，访左季高京堂谈时务。闻金陵诸营失陷，退守镇江。

初三日，自书《哀江南诗》付梓。

初四日，史贤希邀偕诸友共饮。

初五日，宿松令黄春山过访，未晤。午后，李右青偕唐君保镜来寓。

初六日，发右营官欧阳崇如来寓，拟邀赴营。

初七日，作前宿令刘奎垣殉难诗，并送其孙厚传北归。

《鸿濛室诗钞》卷十二《桃花潭集》有《刘奎垣司马殉难诗并送其

孙厚传冯归有序》，序云："故宿松令刘君东书，字奎垣，号芎圃。保定唐县人。癸丑，粤贼东下，破安庆，沿江郡县悉陷，君独团练守城，得无恙。甲寅三月，贼焚枫香驿，君率练往援，而贼已自东南入，城遂陷，乃退保北乡。十月，大兵抵太湖，因共复城。而黄梅贼数万且至，练总贺映黎及六安候补主政祝某战死界址河。君闻信大痛，誓不生还，与太湖各官共守城。城破，犹持短兵巷战，左肩受重伤，左右从者百余人尽散。次孙怡挺戈助战，不忍去。君曰：'我死战，职也。汝少孤，有孀母在，汝兄又文弱，随我死，必怆母心，可速去。'孙犹未行，而贼至愈众，乃急窜出城，君遂为乱贼所杀，距今七载。长孙恂，字厚传，由冀北跋涉数千里来太，觅尸不获，将招魂归里。宿人念旧泽，咸歌咏以纪其事，邀余同作，乃据传成诗，以应之云。"

初八日，汤子镇过访。

初九日，代方毓之作诗送刘厚传。

诗云："竟尔难归去，招魂泪独挥。青山余战垒，白骨只残晖。琴鹤家何远，衣冠冢未非。一鞭投冀北，忠孝两遗徽。"（诗存《星烈日记》卷六十二）

初十日，胡林翼宫保来宿。上谕饬令曾国藩攻宁国一带，左宗棠着在营帮办军务。

十一日，荐赵明先于怀宁署。

十二日，闻丹阳失守，太平军进逼苏州，闰三月廿七日事。

十三日，晓送莫善征回石牌，晚偕史贤希登城望月。

莫善征，即莫祥芝（1827—1890），字善征，号九芝，别号拙髯。贵州独山人。主修《〔光绪〕通州直隶州志》《〔同治〕上江两县志》等。

十四日，自作小照。

十五日，晋谒涤帅。偕史贤希观诸勇技艺。

十六日，闻石达开由粤西出犯靖州。

十七日，邓作卿过访，晚偕黄仙樵访陈子芳论地。

十八日，唐保镜赠诗三律。

十九日，题洪寿山乘风破浪照。

《鸿濛室诗钞》卷十二《桃花潭集》有《黄凫仙代洪寿山以乘风破浪图小照索题，漫书一什于后畀之》。

廿日，杨芊安、王霍生过寓小酌。

廿一日，致欧阳崇如书。子镇赠诗。

廿二日，闻苏州失守。

廿三日，闻和春自缢兰陵舟中。

廿四日，访方子白大令。

方子白，名翊元。兴国人。久随涤帅，由秀才保荐知县。

廿五日，自跋平贼首策。

跋云："丙辰，大兵围攻武汉，合肥未陷，故拟开府襄阳及合肥、扬州三处。今武汉久复，合肥再陷，则局势又一变矣。且近日江苏不守，东南尤为紧要，论者无不以速救浙江为亟亟。余谓浙江固当速救，而淮北一带尤宜急早树立长城，以为畿辅屏蔽，俟北防根本既固，然后并力东征，恢复江东，徐剪余郡，虽不能速收奇效，亦不致中原溃裂，人心瓦解也。若徒以重兵专注东南，置北面空虚而不顾，一旦北捻四窜，直指神京，谁为返戈回救人耶？故居今日而讲形势，务以北防为要，江、浙次之，湖南、北又次之，所谓三本固而后群盗可除。何以言之？燕京为国家根本，万万不可动摇。现在守备未修，关隘未塞，淮南仅恃袁军，豫省专委胜帅，僧王东御天津，不能兼顾，是北防之本未固也。江、浙为财赋根本，今已悉委于贼，则饷需漕运何自而出？不急早收复，力为整顿，将见食尽势竭，京师不围而自困，则财赋不充，国本亦因之动摇矣。楚、湘为将士根本，今日劲旅首重湖南，然仅能自固门户，稍迁其地，即弗能良，又况无可再拨之兵，若不为之爱惜，而往来频调，使其奔疲劳困，惮于击贼，则将士之本又穷已。故欲平贼，须先自固，乃能见功，否则顾尾失头，毙于无救而已。愚谓此时安庆、合肥且勿急攻，一面拨兵援浙，一面于徐州开设幕府，淮、扬、归、陈诸郡附焉，则北防之本固。再于武昌或黄州亦设一幕府，大江南北两岸士马胥归节制，则上游之势成。更于徽州添建幕府，以号召南方诸省豪杰，为进复江、浙之基，则南剿之兵壮。兵形随时变迁，故幕府因地制宜，但须防剿兼资，战守并用，庶为得之。不然，而终日议战，诚未见其能成功也。"（文存《星烈日记》卷六十二）

廿六日，阅梁绍壬著《两般秋雨庵随笔》。

廿七日，江晓城赠诗。

廿八日，汤子镇以诗留别，步韵饯行。涤帅奉命总督两江。

《鸿濛室诗钞》卷十二《桃花潭集》有《子镇将南旋，以诗留别，即步元韵兼效其体送之》。

廿九日，徐典文赠诗，旋酬二律。

玉润诗云："海上童男去几千，中山门第即神仙。而今吴下推才子，尚有先生作后贤。

敢抱神龙济世心，风雷长此昼阴阴。开樽且谱求凰操，月下还烦细审音。"（诗存《星烈日记》卷六十二）

五月

初一日，方菁园招饮。

方菁园，名魁元。世居宿邑。

初二日，汤子镇以感事诗赠玉润及李右青，兼叙离情。

初三日，偕史贤希访陈对山司马。

初四日，自跋平贼第二策。

二策言地利，与今大不合，故复跋之云："前数载贼势尽聚长江，故地利以筹江为主。今则贼船尽绝，水面无警，江防似可稍缓。然南岸发焰日恣吞噬，北地捻势愈见猖狂，则长江虽非要地，实亦可以横截贼势，直捣逆巢者也。惟防江外，尚须早扼黄河一带，以为屏蔽畿辅，廓清淮、泗根本，则深谋远虑，庶保无虞。否则北门不固，中原可忧，南军虽强，大局何赖哉？顾或谓当此局势日非，江、浙既不可救，不如先清淮北，并捣南京，以分贼势之为妙。而不知捻情犷悍，根蔓滋深，其扫除未可以时日计，故淮、徐、归、陈诸郡非大开幕府、广列雄镇，不足以号召英雄、训练士马，为国家建树长城也。其略已载前策，兹更申引其绪于此云。"（文存《星烈日记》卷六十三）

初五日，史贤希邀陪诸友共饮，怀宁令莫祥芝亦来畅谈。

初六日，闻水师复枞阳。

初八日，梦谒张船山先生。

初九日，闻楚军救浙，行次湖州，败绩，萧翰庆战死。

萧翰庆，号辅臣。湖南衡州人。起自书吏，以善于诿诺，为时帅所喜，故由军功历保至道员。

初十日，偕汤子镇访陈对山，见涤帅文集，携归读之，录《毕都司金科殉难碑记》。

方玉润评价曾国藩云："公之为学，大略以扶植礼教为宗，而私淑于顾亭林、江慎修之门。公之为文，大略以阐发义理为主，而折衷于方望溪、姚姬传之学。公之检身，大略以耳目口鼻心知百体皆得其职为要，而时凛乎程子四勿之箴。其言曰：'圣人之异于众人者奚由乎？耳目口鼻心知百体皆得其职而已矣。'故送刘君菽云而谓其'湛思敦厚，非其视不视，非其听不听'。则公之自制其身也，亦可想知已。其论诗，则服膺李、杜、苏、黄，以为词章之学，在圣门亦言语之科也。其治军，则自言屏去一切高深神奇之说，专就粗浅纤悉处致力，亦守约之义也。公平生性情、学问、勋业，于此数条大略可见。"（文存《星烈日记》卷六十三）

十一日，乌雨川来宿相访。致书卢义山。

十二日，闻浙省又复再陷。

十三日，闻俄罗斯犯边。王霍生招饮。

十四日，入中军乞假，不愿南随渡江，只拟速归故里。

十五日，曾涤帅拔营南渡。致书欧阳崇如。

十六日，听李右青话皖江雷港口应状元之异。

十七日，徐典文偕诸局董过访，不遇。

十八日，偕徐典文访诸绅董。跋平贼第九策。

跋云："近日贼船为官军烧尽，其有不烧者，亦腐朽不堪运载，故水面无贼。然水军仍不可少，何也？戊午秋，余由瓜洲南渡京口，拟建议于此添设水师提督一员，以防海门及运河诸隘。其后夷船果由海门入大江，上抵汉镇。去岁皖抚臣奏请于淮河上游添造战舰，余以为不若造于清江、洪湖之为便。今春捻匪又由淮、泗以破清江，连及蒋坝，使诸路早有炮船以为戍卫，则何至纷纷失陷哉？贼近日又破苏、杭，皆由水路无备，以至陆军一败不收之过。有澄清东南志者，尚其于此加之意也夫。"（文存《星烈日记》卷六十三）

十九日，彗星见辛酉方。

廿日，阅陈子芳《哭父诗》。

廿一日，跋平贼第十策。

跋云："是岁八月，韦昌辉杀杨秀清，石达开复杀昌辉，贼众内乱，自相猜忌。达开走江西，武汉援绝，贼不能守，遂弃城东下，江汉肃清。可见内间之功，十倍攻剿。若更有人间离其间，则石逆亦当授首耳。近日韦、杨二逆虽死，而达开尚在，陈逆玉成又复继起，凶狡尤过秀清，是不可不思有以间之也。"（文存《星烈日记》卷六十三）

廿二日，与汤子镇论学，即送其从军东行。

廿三日，再与汤子镇论学，仍送其行。

廿四日，再荐汤子镇于莫祥芝。

廿五日，偕汤子镇、黄仙樵晚步至城西古庙。

廿六日，郭炳灿自孔垅来寓。

郭炳灿，名文荣。湖北黄梅孔垅人。年少喜事，拟就近团练，以应官军。

廿七日，刘问渠、徐典文及仙樵来寓。

廿八日，偕黄仙樵访张作霖茂才。

廿九日，代诸友书屏联。

六月

初一日，与黄仙樵、方毓之登城晚眺。

初二日，阅灵岩山人《闲情诗》。

初三日，陈子芳过寓。

初四日，方星桥过访。

　　方星桥，名人骥。湖南平江人，与巴陵方氏同族。

初五日，接莫祥芝函。

初六日，欧阳崇如函邀赴营，覆之。

初七日，接莫祥芝来函。

初八日，送李梅坪赴桐邑幕。

初九日，接方素吾来函，知所谋未遂。

初十日，作《续芙蓉城诗》。

　　《鸿濛室诗钞》卷十二《桃花潭集》有《续芙蓉城诗》，序云："近有人梦余为芙蓉城主，乃曼卿后身，事甚荒诞。然余家莲城，在莲花峰下，或有因也。仍用东坡韵，以纪其异，亦聊藉梦境迷离，写乡关迢递云尔。"

十一日，闻安庆夜袭，不果。

十二日，作诗留别桃花潭。

　　《鸿濛室诗钞》卷十二《桃花潭集》有《再题月影图四首》。

十三日，倩汤子镇代校《廿四策》。

十四日，阅许吟舫先生序稿。

　　许吟舫，许紫陵尊人。河北满城人。宦滇廿余年，历任蒙化、丽江诸郡。有诗稿八卷，未刊行。吟舫为方玉润《风雨怀人集》作序云："己酉，予以老病去官，季子紫陵请游鹦鹉山、黑龙潭诸胜境，并携其友方君友石来谒。予见友石，沉潜静穆，其人则廉而介，其品则邃以深，知为宝宁名士，遂相与游。久之，岭上苍烟，城闉鼓寂，悬榻萧寺，作竟夕谈。寒宵爇火，冷夜敲冰。觉兰言投赠，暖气嘘人。初不知其古作淋漓，有韩昌黎与弥明联句之概，予心识之有年。兹以《风雨怀人集》见示，并缀以序述。内有如濯濯春柳者，有如谡谡崖松者，有汪汪若千里波者，有皎皎如中秋月者。穷形尽象，各写其胸襟之轩豁，事迹之参池。故即风晨雨夕，摘句言怀，展卷悠然，其人斯在。不独选择之精，更见性情之厚也。吾因之有感矣。世有天姿超旷，以天地为庐，以日月为烛，海内知己，天涯比邻，虽日在离别之中，而不觉离别之苦者，子亦可以自广矣。又或天际秋澄，穹阴日暮，云中孤雁，霜径鸣鸡，当葭苍露白之时，动离群索居之感，念之子之远行，溯伊人于秋水，际斯境也，佳人于焉断肠，英雄为之短气，则又有登楼延览，望远心伤者矣。二者一或空诸所有，一或触景当前。惟我方君，携诗一卷，焚香一炉，坐幽冷之乡，结冥怀之契。味以静而尤深，人以思而如晤。其中某也狂，某也介，某也蜚声艺苑，某也痼疾烟霞，均与其言其事若合符节。而方君方执《怀人集》作相人书，而樽酒娱宾，联一堂之嘉会，岂不懿欤！"（文存《星烈日记》卷六十四）

十五日，阅段南史序文稿。

南史名纪，与方玉润为金兰交，相契尤厚，凡有著述，无不相商。方氏《风雨怀人集》未成书，但诸友多有为之作序者。段南史亦序，文云："嗟乎！不游天下者，安知文气之奇；不友四海者，岂识交游之广。东西南北，胜友难招；雪月风花，良时不再。笔床茶灶，联吟甫结知音；春树暮云，后会旋悲异地。鼓瑶琴于海上，忽断水仙；吹玉笛于楼中，空怀羽客。惟感物各言夫志，斯诵诗如见其人。此方君友石《风雨怀人集》所由刊也。粤稽夫诗，歌昉虞陛，风采辂轩，上自朝廷，下沿里巷。群黎忘帝力，康衢兴击壤之歌；八伯亮天工，日月献光华之颂。律和声，诗言志，典乐同典礼分官；崇文德，尚武功，干旄与干城并载。白云黄竹，谣听神仙；鼍鼓金钟，奏谐蒙瞍。岂特孤臣孽子抒忠垂孝，学士大夫和声鸣盛已哉！是集也，井疆各异，品诣不齐。赋读秋声，庐陵绝唱易门欧虚舫大令；歌闻棠树，召伯流风安徽潘小棠司马。画舫绿吟波，扶轮允推大雅满城许吟舫司马；高轩红咏药，儒将亦擅风流吉林恒药轩参戎。依稀野鹤闲云，雪楼弄月丽江马雪楼布衣；仿佛时花美女，蕉馆吟春宜良严秋槎二尹有

《红蕉吟馆诗钞》。石破天惊，芝圃之笔情豪放宝宁方友石家有《石芝图》；梅癯菊瘦，浣村之花韵清幽宁州刘仲鸿别号浣村。子陵老富春之山，弥增慷慨宜良严季膺；孝先本燕赵之士，惯发悲歌任丘边存赤。相金门，摺象笏，南山上天保之颂楚南胡笏山提举；游青琐，对紫薇，北极绘卿云之色剑川尹薇卿孝廉。位置遥追三代，古书读丘索典坟浪穹张位三；襟怀远托孤山，诗思在灞桥风雪北平陈诗桥少尉。松云崇栋牖，陈无已闭门索句之吟剑川陈厚庵别号松麓；伯仲奏埙篪，王子乔乘鹤吹笙之曲涿鹿王生少卓、宝斋昆仲。此与予订忘年之交，抑或成执经之谊。至若南坪游咏昆明简南坪，雪积为岑吴兴俞雪岑；三径归来，人淡如菊呈贡孙澹人。与古为新，紫陵嗣少陵之响满城许紫陵；有邻惟德，桐村接晚村之烟昆明倪桐村。嘘海气兮成楼，蛟愁鼍愤呈贡孙海楼；吊湘灵兮鼓瑟，芷郁芸香宝宁王湘芸。小立蓬莱，鹤唳巢三株之树丽江赵小莱；远探星宿，龙门笪百尺之桐大姚王桐门司铎。大海涌洪波，现珊瑚兮七尺楚雄洪亦珊；小山留好客，折金粟兮一枝昆明庆小山。忽闻丝竹胜声，面壁缵尼山之绪弥勒陈绪山广文；别有渔樵结侣，放怀写岳麓之春常州杨春麓。作赋登高，司马卿凌云之才益俊桐城张俊卿；引人入胜，顾虎头食蔗之境弥佳安徽潘蔗轩能画。岂伊异人，此唱彼和；及尔臭味，异苔同岑。他如松高鹤梦，花暖牛眠。禅板厥有名流，茅屋亦延诗客。题蕉叶则云烟化缘，岩壑栖迟葵向寺僧岩栖；食灵芝则炉灶成丹，林泉啸傲黑龙潭芝岩方士。吹幽献典，瞽蒙凤协宫商宝宁许赓堂孝廉、江右熊健园俱有目疾；抱布贸丝，工贾亦登风雅江右贾揭云门。谢灵运求入莲社，白居易自号香山。举市则贤士登庸，相师则圣人有道，良有以也。所惜修短有数，聚散无常。南薰曲杳，风兮不来永昌赛来轩、解元仪卒于浙水；西蜀亭空，龙也飞去近闻马子云、翁之龙亦归道山。滇海舫沉，孰泛米家之书画易门欧生子敏，别号小舫，卒于滇会；苍山月落，畴寻香国之仙踪剑川赵月山卒于叶榆。纵教甘谷，香泉难益骚人之寿；但见寒云，蔓草遥兴樵客之悲宝宁王香泉、云樵俱早卒。李太白本是长庚，还归天上宝宁李昇才卒于乡；钟子期能听流水，莫遇人间昆明钟紫庭孝廉卒于河南道。虽文章憎命，枉抛心力作词人；而姓氏流芳，剩有诗歌藏石室矣。而或者曰：'羹尧墙舜，千载神交；周梦文琴，百年魂接。心神与遇，修途岂隔关山；翰星为缘，文字无关性命。'方君曰：'否，否！萍踪靡定，兰室旋空。春赠一枝，难逢驿使；书遗尺素，恐落河鱼。惟集锦以为囊，各藏珍而在笥。清风朗月，开函不费相思；夜雨秋灯，展咏如同共话。'余也窃愧雕虫，何堪附骥。声价敢高于洛纸，步趋特学乎邯郸。凭落月以言情，人同此气；赋停云而寡和，我独何心。聊附荒言，下里巴人，博词林之一笑；恭题小叙，他乡异姓，记香火于三生。"（文存《星烈日记》卷六十四）

十六日，偕汤子镇、方毓之登城候月。

十七日，再与汤子镇、方毓之登城眺远。

十八日，听汤子镇话时事。

十九日，陈子芳茂才赠诗四律。

赠诗颇能道方玉润性情，云："放眼乾坤意自如，八千里外寄邮车。南天鼓角吹人老，北地风霜入鬓疏。烈士壮怀三尺剑，英雄热泪一囊书。楚江何幸迎诗客，名世空悲赋子虚。

斗大胸怀万户珠，风尘能得几名儒。幕天一个奇男子，破浪千寻大丈夫。兰纸健摩颜鲁笔，琅函新衍太公符。当今豪俊关天下，百里何堪困凤雏。

一代人才一格标，先生元著独超超。花间有露难沾袖，柳下随风不折腰。姜咬著书心自辣，琴弹忧世尾频焦。生来骨带三分傲，不是知音律漫调。

松阴集鹤最高居，啸月眠云半载余。野鹜未曾嗤拙匠，木鸡初养幸知余。丹霄指日摩霜翮，白屋何时卜彩书。偶向江皋流远韵，人间凡响有谁如。"（诗存《星烈日记》卷六十四）

廿日，偕汤子镇、方毓之登南城楼纳凉。

廿一日，自序《桃花潭集》。

序云："庚申春，余辞湘军幕，侨寓松滋，将南归矣。友人代呈著述于涤生节帅，承赠序馈赆，并留幕府。旋值大军东下，不愿渡江，乃暂驻宿，发刊《平贼廿四策》。嗣复应湘军聘。未几仍还寓宿，日夕与家毓芝及邑人士互相唱酬，花笺叠送，铜钵频催，相得甚乐。昔李太白别汪伦于桃花潭，吾家闾丘令为建读书台其上，以示不忘古人交谊之笃。千载下闻风犹当兴起，今岂遂无汪伦其人欤？特为太白者少耳。徘徊潭上，想像花间，不能不令我低回于无尽也。辛酉上元，友石将再游湘江，聊书数言卷首，以当自叙云。"（文存《鸿濛室文钞》卷十二）

廿二日，作诗酬陈子芳。

诗云："海外琴音正渺然，花间流水亦涓涓。那知目送飞鸿远，犹即平生一鼓弦。

琅函绕座尽缥缃，有子临风玉树长。我羡先生无别事，吾城封个小侯王。"（诗存《星烈日记》卷六十四）

廿三日，昨夜梦捧画册，求魏武帝判。

廿四日，偕汤子镇、方毓之晚步桃花潭。

廿五日，代陈子芳书屏幅。

廿六日，《廿四策》刊成。

汤子镇作跋云："友石所为诗文及他撰著，无虑数十种，雄奇磊砢，精洁微妙，皆足以卓立一世。《平贼二十四策》，则从军汉上专论兵事之作也。诸策洪纤毕具，言皆有物，而其要则尤在开幕府、守险要、广屯粮数大端。盖贼起有年，侵蚀渐广，非州郡讨捕者所能治，而名都雄镇，又非设重臣以统率之，尤不能泯畛畦而一号令，此开府所宜策也。山川林谷，厄塞险阻，兵法必争，失此不防，贼得如洪水奔涛，破堰决堤，势得难过，此守险之宜策也。我军饷馈浩繁，泉布易空，金穴犹匮，米麦菽粟，随地取资，久而易办，此屯粮更宜策也。至终之以简守令，砭人心，则又卖剑买犊，化鹰为鸠，循良之绩远迈干戈，礼让之风潜消顽梗，天下复治，其在斯乎！其在斯乎！夫东南之乱久矣，好功喜名与夫悯时忧世之士，莫不抵掌奋舌，慷慨论事，以求一当。然能洞见兵家症结，而复有药焉，以去其症结者谁欤？医之有药，兵之有略，友石是策，盖犹赤苓玉芝，而可使邦国立活者也。昔陈同甫作《中兴论》、计东为《筹南论》，皆以诸生上书阙下，号天下才，然皆不果用。友石此书，前皖藩李公鹤人欲以闻于朝，亦逡巡未果，遇合之艰，何以古今无二致哉！虽然，友石与二子得后先争烈可矣，复何憾焉。"（文存《星烈日记》卷六十四）

廿七日，晚步登城，与方星桥共话。

廿九日，方星桥以诗稿《松滋杂感》相质。

卅日，夏济庵赠诗。

七月

初一日，方星桥呈诗受业。

录诗一首云："李杜光芒万丈垂，昌黎大笔更淋漓。千秋正脉先生在，一月春风弟子知。此去龙门重揖客，人期羊叔镇当时。同游并驾今何敢，终执吟鞭左右随。"（诗存《星烈日记》卷六十五）

初二日，陈子芳以诗送别。

初三日，徐海瀛赠诗送别。

初四日，方毓之饯饮。

初五日，本拟今日起程，以肩舆未便，故又稍缓。

初六日，启程赴湘军，晚宿荆桥。汤子镇同行，将东下也。

初七日，宿樟北山。

初八日，宿石牌公局。阅卢雅雪女史《定远殉节诗》，录其序。

初九日，晓起，汤子镇回宿松，玉润宿丁家祠。

初十日，抵青草塥，入发右营。

十一日，偕崇如太守出营，远观山势。

十二日，阅金逸亭太守策稿。

十三日，晋谒李希庵方伯，并访诸营友。

名续宜，迪庵方伯同胞弟。以军功由文童历保至湖北荆宜施道，并加藩司衔。

十四日，赴青草塥，访桐城令朱华卿及李梅坪。

十五日，朱华卿过访，闻定远军溃，总兵于成蛟战殁，都兴阿奉旨北防。

135

十六日，出访湘左诸营官。

十七日，多隆阿移营，进攻桐城。

十八日，希庵枉过，知太平军据广德州。

廿一日，过朱华卿小酌，梅坪致函求姻于张少尉。

廿二日，代邱晴峰拟挽联。

联云："书剑赋从军，记分手河梁，依依似昨，君发轫，弟登科。我亦幸邀鹗荐，功名虽异路，无殊题柱相如，两载离情堪并诉；人琴悲故里，想骑箕天上，渺渺何之，魂可招，酒易奠。遂难共听龙吟，生死纵殊途，宁忘素车范式，几行别泪向谁倾。"（诗存《星烈日记》卷六十五）

廿三日，营友求寿诗，书以畀之。

廿四日，阅王朴山《练勇刍言》。

廿五日，代欧阳崇如书屏幅。

廿六日，拟拔营防堵安庆对岸，旋止。

廿七日，闻多隆阿袭破太平军垒，据之。

廿八日，张炼渠过访。

廿九日，摘录张炼渠诗稿。

诗存《星烈日记》卷六十五。

八月

初一日，闻多隆阿仍退扎原垒。

初二日，作书致陈亦渔及相好诸君。

初三日，送欧阳勉斋回湘乡。偕邱秀峦闲步至叶氏书馆。

初四日，梦游桐城学宫。

初五日，赴桐城精选营，访雷纬堂诸友。

初六日，偕姚六吉登山，览桐邑形势。

初七日，回精选原垒，访周占标诸友。

初八日，杨子亭留饮，午回营。

初九日，作《桐城形势图》。崇如回自石牌。

初十日，作《桐城图说》。

《说》云："查桐城建于龙眠山南，后有高山，可以俯瞰城池。东北则长冈围绕，南尽平畴，西北又冈峦相间，层层弯抱。其由潜入桐有二大路：一由青草塥历方家冈以入城，曰东大路；一由陶冲驿历挂车河以入城，曰西大路。西路依山傍水，循麓而进，进退皆可自如；东路历冈过田，跨河而入，出入均难自固。故攻是邑者，多舍东而就西。而贼之守其城者，则必先据城后高山以为障蔽，必然势也。多都护由西路进军，列营山麓之层冈间，分数营于平畴中，兼顾南门。再令精选数营绕出城西高山之后，而建炮台于山顶，轰击城内。于七月廿六日攻破西北二坚垒，贼甚危迫，城复当在旦夕，而贼乃死守弗去者，何也？则以城东北无兵，其生路尚宽故也。愚谓欲攻斯城，固当由西路进，而西大道既有湘军以为后应，则宜稍驰西面，直趋东南，逆挽北冈以围其城，贼势更当窘迫。或恐舒、庐援至，则分湘军数营进攻庐江，牵制其众，贼援必断。舒贼闻桐、庐围急，我兵又驻英山以蹑其后，自顾尚且不暇，安能舍己以救人哉？诚能如议，贼欲东遁，无路可逃；欲西窜，则湘军截杀于前，马队追击其后，何处可以逃生？不尽入我网罗而歼除无遗者，亦几希矣。或又谓紧围东、西、南三面而缺其北，以奇兵袭取庐江，使彼势孤，突北而出，然后伏兵要击而截杀之，计亦良得。然必乘此机会，乃可成功。现今贼目大队正贪苏、杭财赋，势必重彼而轻此，虽或失此数城，亦不暇救，我即可乘隙以攻其所不及救。桐庐既破，安庆亦难自存，是清皖机会正在此时，若必待其援至而后击，虽胜负未可逆睹，即使其胜，而为力难易，则固有判然不侔者矣。夫兵形以地势为先，尤必以乘机为要。机不可失，时乎不再，是在乎深明兵势者之有以活动其机，而不滞于一成不易之谋也可。"（文存《星烈日记》卷六十六）

十一日，张炼渠过访。接方素吾函，知病卧豫章。

十二日，张炼渠寄示天津情形书。

十三日，阅金逸亭禀稿。

十四日，覆方毓之书。

十五日，军中玩月，口占一绝，欧阳崇如及左棣华和作。

　　诗云："关河渺渺意翩翩，万帐风清月正悬。铁笛一声归雁远，征人此夜梦团圆。"（诗存《星烈日记》卷六十六）

十六日，访金逸亭共话东南兵事，张炼渠留饮。

十七日，张炼渠偕李卓夫过访。

十八日，偕欧阳崇如、邱秀峦过叶氏书馆，归成诗一律。

　　《鸿濛室诗钞》卷十二《桃花潭集》有《雨中偕崇如及邱秀峦过叶氏书馆》。

十九日，接马仲良及彭苡舟函。

廿日，送邱秀峦回武宁。

廿一日，闻宁国十二日陷。徽军哗饷，涤帅拨希庵率军南援。

廿二日，致彭苡舟书。

廿三日，赴青草塥，访李梅坪。

廿四日，致方毓之书。

廿五日，随欧阳崇如拔营南渡，野戍三桥头之沙桥铺。

　　《鸿濛室诗钞》卷十二《桃花潭集》有《从军晓发时檄湘军过江助防》。

廿六日，驻营黄土仓。

廿七日，驻营老鸦滩。

　　《鸿濛室诗钞》卷十二《桃花潭集》有《野戍老鸦滩》。

廿八日，师行次望江。

　　《鸿濛室诗钞》卷十二《桃花潭集》有《师次望江》。

廿九日，欧阳崇如率队过江。余留粮艘，泊吉水沟。

　　《鸿濛室诗钞》卷十二《桃花潭集》有《观军士渡江，余亦乘舟泊香口》。

九月

初一日，移泊香口，闻徽州失守。

初二日，闻祁门强中营垒被焚。致普钦堂镇军书。

初三日，得普营覆书，知普钦堂已赴祁门。

初四日，作诗悼宣城。

《鸿濛室诗钞》卷十二《桃花潭集》有《闻宁国不守》。

初六日，移泊华阳镇。听彭中选述其祖彭思通盗侠事。

初七日，作悼徽州诗。

《鸿濛室诗钞》卷十二《桃花潭集》有《闻徽州失陷》。

初八日，拟作《性道编说》。

文存《星烈日记》卷六十七。

初九日，与诸友作重阳诗。

《鸿濛室诗钞》卷十二《桃花潭集》有《九日华阳舟中与程石渠、左棣华诸君同作》。

十一日，拟作《学论》，未就。

十二日，闻左宗棠军抵祁门。

十三日，作《学论》，未成。

十四日，作《学论》，未成。

十五日，《论学》篇成，拟上曾涤帅也。

《鸿濛室文钞》有《上曾涤生枢帅论学书》。

十六日，欧阳崇如来函，知祁门获胜无虞，惟寿州、定远告警，劝玉润暂回宿松。

十七日，覆欧阳崇如书。

十八日，致史贤希函。

十九日，拟赴宿松，不果。

廿日，送左棣华入营。

廿一日，闻湘军北防六安。

廿二日，为程石渠作《莲砚铭》。

文存《星烈日记》卷六十七。

廿三日，营卒夜沽遇魔，落水死。

廿四日，作《望江形势图》。

廿五日，移泊香口，致书崇如。

廿七日，作《用人论》，拟上曾涤帅。

文存《星烈日记》卷六十七。

廿八日，左棣华返自建德。

廿九日，拟赴安庆，仍不果。

卅日，移泊下隅畈野岸。

十月

初一日，舟至下阳畈，与欧阳崇如晤。听唐荸生话岳州兵溃。

初二日，书辞欧阳崇如，拟回宿松。

初三日，舟至洪家埠。

初四日，舟至安庆，观览形势，回泊山口镇。

初五日，夜泊望江野岸。作《天下大局论》，拟上曾涤帅。

文存《星烈日记》卷六十八。

初六日，泊小孤山北岸。

初七日，晓登小孤绝顶，成诗题壁。过彭泽，晤冯聘三。

诗云："屹立烟鬟好画图，风波险处奥犹孤。彭郎有梦休痴想，砥柱中流剩小姑。"（诗存《星烈日记》卷六十八）

初八日，抵宿松，寓方毓之宅。闻英夷犯京师，八月事也。

初九日，阅《奥衍新著》。

张必刚著。凡三卷，依月令为题。

初十日，闻英夷犯阙。

十一日，张作霖过访。

十二日，陈子芳邀同夜酌赏菊。

十三日，作《夜饮赏菊》诗。

《鸿濛室诗钞》卷十二《桃花潭集》有《重至宿松，陈子芳文桂茂才邀偕仙樵夜饮赏菊》。

十四日，李右青诸友过访。

十五日，陈子芳和赏菊诗。

十六日，访黄春山明府，知涤帅初请勤王，嗣因和议成，遂止。

十七日，黄春山过访，未晤。

十八日，石蓉镜赠诗。

蓉镜，即石作正，字蓉镜，号傲斋。清廪生，候选训导。

十九日，黄春山招饮并赠诗。

廿日，作诗答石蓉镜。

《鸿濛室诗钞》卷十二《桃花潭集》有《石蓉镜作正茂才赠诗，自署款曰居停主人，成诗戏答》。

廿一日，方椒轩邀赴村居。

廿二日，别方椒轩，回城。

廿三日，方菁园招饮。

廿四日，杨兴文过谈。

廿五日，以《论学》诸书托黄春山由驿代上涤帅。

廿六日，石蓉镜再赠诗。

廿七日，赴广济访友，晚宿黄梅。

廿八日，宿青蒿铺。

廿九日，抵广济，诸友均远适，不遇。

十一月

初一日，访蔡芸香。

初二日，发广济，回宿一天门。

初三日，回抵宿松。

初四日，闻桐城官军获胜。

初五日，偕方椒轩出东城，访袁兆崑，覆验古墓。

初六日，偕方椒轩至啸脉山相其祖茔。

初七日，作地图。

初八日，徐调元赠诗四律。

初九日，闻黟县失守。

初十日，接欧阳崇如书，知桐城官军大捷。

十一日，阅《阙里文献考》。

      孔继汾撰。孔继汾，字止堂。山东曲阜人。

十二日，方晓堂来自徽州，悉李次青失城状。

十三日，闻彭泽陷。

十四日，读郑康成传。

十五日，读陆宣公奏议。

十六日，闻太平军据湖口县。

十七日，闻宿松令赈济难民。

十八日，闻清军困太平军于土塘。

十九日，杨兴文及黄仙樵过谈葬法。

廿日，闻马军退守湖口。

廿一日，偕黄仙樵出北城寻地。朱华卿过访，不晤。

廿二日，再偕仙樵出北关相地。

廿三日，作地图。

廿四日，偕方毓之出城相地。

廿六日，闻太平军进至都昌。

廿七日，偕方毓之赴二郎河相地。

廿八日，偕洪凤台昆季登山，验其祖茔。

廿九日，偕方毓之再出相地。

卅日，再偕方毓之冒雨寻地。

十二月

初一日，代洪凤台作地图。

初二日，偕诸君出视罗姓新扦地。

初三日，再偕诸君至清河镇相地。

初四日，回宿城。

初五日，闻太平军至景德镇。

初六日，代方橄轩覆验旧茔。

初七日，偕仙樵、子芳代徐海瀛覆验新茔。

初八日，代徐海瀛作地图。

初九日，补绘诸地图。

初十日，再绘地图。

十一日，王敬修、李继青来索书。

十二日，代李继青书屏联。

十三日，方橄轩邀赴凿山相地。

十四日，偕方橄轩及祝纯粹同出观地。

十六日，阅《宋潜溪文集》

十八日，回宿城。史贤希亦因公过宿，听话祁门情形。

十九日，史贤希过访，知涤帅覆书未到。

廿日，阅胜帅奏稿。

廿一日，阅天津总粮台寄湖北严渭春信稿。送史贤希赴临淮。

廿二日，偕黄仙樵出北城闲步。

廿三日，偕黄仙樵出小东门相地。

廿五日，闻苗霈霖复叛。

廿六日，偕方橄轩冒雨入村。

廿七日，方橄轩设饮。

廿八日，阅《红楼梦》。

廿九日，阅《耳食录》。

清代乐钧著文言短篇传奇小说集。乐钧，字元淑，号莲裳。江西临川人。嘉庆六年（1801）举人。曾师从翁方纲，善诗赋，有才名。是书初编十二卷一百十二篇，二编八卷九十七篇。成书于乾隆五十九年（1794）。是作者辑采琐闻，反映社会风俗、市民生活的创作。

卅日，游三仙庵。

清咸丰十一年　辛酉（1861）　五十一岁

正月

初一日，独游阳山。

初二日，送方檄轩赴大通，独游横山。

初三日，赴长岭铺，代方檄轩验祖茔。

初四日，方毓之遣子福生来乡，因同回城，一路相地归。

初五日，李梅坪过访，知苗霈霖复叛。

初六日，天微雪，作地图。

初七日，雪愈甚，偕黄仙樵登城玩雪。

初八日，作《宿松县图》。

初九日，阅《宿松县记》。

初十日，偕黄仙樵步至福昌寺，饮聪明泉，太白故迹也。

十一日，偕黄仙樵登河西山，归饮其族弟舍。

十二日，偕黄仙樵至杨树嘴买舟。石翼臣邀饮其舍，以车送归。

十三日，接欧阳崇如函，知胡林翼宫保移营太湖，病甚。

十四日，阅《杜溪集》。

朱书撰。朱书（1657—1707），字字绿，号杜溪。安徽宿松人。康熙间翰林。

十六日，黄仙樵以诗送行，旋酬一绝。

《鸿濛室诗钞》卷十三《湘帆再转集》有《晓发宿松，黄仙樵以诗送别，口占酬之》。

十七日，作诗四绝留别桃花潭。

诗云："留难久住去难堪，一夜离怀满玉潭。锦水桃花春未暖，东风憔悴走征骖。

鬟镜烟虎可奈何，画桡人影荡春波，就中愁绪凭谁诉，碧海青天涕泪多。

月下琴音正渺茫，曲中鸾凤实堪伤。相思不见如花面，楼锁玲珠几断肠。

尘世仙源未可寻，天召回首自沉吟。他年玉佩双携处，指点胭脂是旧林。"（诗存《星烈日记》卷七十一）

十八日，拟赴湖湘，不果。

十九日，晓辞宿松，晚宿东山镇。

廿日，宿一天门。

廿一日，宿双城驿。

廿二日，宿车盘铺。

廿三日，抵广济李逢春宅。

廿四日，代人书屏联。

廿五日，发广济，宿梨木桥。

廿六日，偕张寅宾秀才至洪塘湖相地。

廿七日，抵蕲州。

廿八日，登阙石山，望洪塘湖。

廿九日，买车赴万田畈察地。宿长亭冈。

二月

初一日，抵万田畈。

初二日，回宿三家店。

初三日，抵竹瓦店，冒雨至洪塘湖寻地。

初四日，回宿曹家河。

初五日，回抵蕲州。

初六日，买舟上驶，泊黄石港。

初七日，晓过巴河，访素吾不遇。晚泊樊口，黄州戒严。

初八日，太平军抵黄州，焚厘局。

初九日，泊叶家洲。

初十日，泊沌口，成诗一律。

《鸿濛室诗钞》卷十三《湘帆再转集》有《黄州值乱》。

十一日，泊东角潦，成诗一律。

《鸿濛室诗钞》卷十三《湘帆再转集》有《舟过汉镇，感成一律》。

十二日，泊北河口。

十三日，阻风。作《蕲州图》。

十四日，泊宝塔洲，作诗怀葛见尧。夜梦泊管夷吾故里。

《鸿濛室诗钞》卷十三《湘帆再转集》有《嘉鱼道中怀葛见尧先生先生名中选，吾滇河西县人。明末令嘉鱼，著《泰律篇》行世。思陵访求天下奇才，金正希太史首以先生对，乃未及召而鼎革，惜哉》。

十五日，途经祭风台，拟游不果，成诗一律。

《鸿濛室诗钞》卷十三《湘帆再转集》有《重过祭风台，感题一绝》。

十六日，泊南津港。遣仆人入岳郡探陈亦渔姻丈，知现署沣州。

十七日，泊扁担峡，成诗一绝。

《鸿濛室诗钞》卷十三《湘帆再转集》有《泊岳阳访龚智轩不晤，戏成截句》。

十八日，泊新康。

十九日，抵长沙，泊水陆洲，成诗一律。

《鸿濛室诗钞》卷十三《湘帆再转集》有《抵长沙遇雨，暂泊水陆洲作》。

廿日，大风雨。午入星垣，仍寓赵松圃宅。

廿一日，阅《明诗综》。

廿二日，阅《琴仙吟草》。

姜宝臣夫人章氏名静，字恬如。能诗，著有《琴仙吟草》。

廿三日，遣使致书陈亦渔。偕赵稚仙出访诸友。

廿四日，罗仙潮招饮并赠诗。

廿五日，自校诗集。

廿六日，阅《樊榭山房集》。

廿七日，赵稚仙赠词一阕。

廿八日，钱少苍招饮，出示其姑蘅舲女史《霜月吟》一卷。

女史《孀居述怀》十二首云："未敢偷延别后春，怜儿反更惜微身。凄凉冷月荒山冢，静夜灯残独坐人。

明知永诀会无期，犬吠时惊屡启扉。斜月满阶霜满地，回看仍旧影相依。

历境翻悲今古情，红颜半向镜中更。纵教年矢催人易，密誓难凭订再生。

芳塘忍见宿鸳鸯，水作菱花漫理妆。何必春来方惹恨，万千愁绪此生偿。

频年踪迹宦乡随，欲踏槐花屡下帷。献璞独含千古恨，刘蕡难慰夜台悲。

架上残书壁上诗，恰如暂出未归时。廿年心血文章在，能否扬眉望两儿。

天公造物费疑猜，不是红颜命亦乖。花内并头花下蝶，从今莫上凤钗头。

谁家鸿雁过茅堂，寄语深闺窈窕娘。得诉离怀休道苦，封书和泪更何妨。

凄风凉雨布衣单，痴坐宵深未觉寒。却怪无凭颠倒梦，逢君偏作等闲看。

曩情怕忆日千回，到此方知命可哀。愁绪似怜人寂寞，方才撇下又招来。

寂寂帘垂小院深，蛩声细细和清吟。七年举案千般意，一点孤灯五夜心。

安顿儿童睡稳时，遣愁无计学吟诗。推敲险韵从谁问，得句频吟意转疑。"（诗存《星烈日记汇要》卷十七《韵语一百六十四》）

廿九日，罗仙潮出即席诗三律见示，步韵奉酬。周绶卿亦用其首韵见赠。

《鸿濛室诗钞》卷十三《湘帆再转集》有《连日罗仙潮瀛美、姜宝臣如璧、周绶卿作焜、钱少苍桢诸君叠相邀偕稚仙小饮，仙潮、绶卿复赠诗，因用仙潮韵奉酬三律》。

卅日，诸友邀游岳麓山。

三月

初一日，潘小农司马代翟锡三中丞相邀入幕，固辞之。

潘小农，名清。浙江人。翟诰（1795—1877），字锡三。安徽泾县人。

初二日，周绥卿招饮，作《游岳麓山》诗。

《鸿濛室诗钞》卷十三《湘帆再转集》有《偕仙潮、宝臣、绥卿、稚仙诸友游岳麓山》。

初三日，补《小池捷》诗。

《鸿濛室诗钞》卷十二《桃花潭集》有《小池捷》。

初四日，潘小农邀入抚署留酌，知左宗棠军战败，曾涤帅委祈门于其将，拟东下淮扬。太平军遍楚北，朝廷授李希庵皖抚，率师上援武昌。

初五日，补旧诗。

《鸿濛室诗钞》卷十《暂息集》有《闻长城兵溃，全营尽失，不甚骇异，聊成二律志感》。

《鸿濛室诗钞》卷十二《桃花潭集》有《闻鹤人方伯遗骸归葬固陵，志感二律有序》，序云："去岁长城兵溃，鹤帅被执，不屈遇害，人言啧啧，颇有遗议。官秀峰节相饬弁沈国泰易装入贼，探知公已死瘗庐城中，仅获其绝命词四律以归。兹复遣其盗骸归葬故里，上谕悼恤，赐谥建祠，浮论始息。余受公知最深，非弁此举，亦几无以为公白者。今幸大节既昭，不觉私心弥痛，爰成二律，聊以志恨云尔。"

《鸿濛室诗钞》卷十二《桃花潭集》另有《闻苏州不守》《偕汤子镇及家毓芝访太白读书台废址》《岁晚独步资福寺》《辛酉元日游三仙庵》。

初六日，姜宝臣招饮。

初七日，陈寿庭新来自滇，访之不晤。

初八日，寿庭过访，听话滇西乱形，回众推杜文秀为首。

初九日，代段积堂书屏联。

段积堂，为锦谷侄。

初十日，接陈亦渔来函。

十一日，阅罗仙潮《有余闲斋诗草》。

十二日，作书寄方毓之。

十三日，代赵稚仙书屏幅。

十五日，偕段积堂买舟游粤，邓厚庄同行，晚泊东岳港。

十六日，泊湘潭县，成诗一律。

《鸿濛室诗钞》卷十三《湘帆再转集》有《湘潭夜泊》。

十七日，泊白石港。

十八日，泊渌口。

十九日，夜抵雷家寺。

廿日，作《望南岳》诗。

《鸿濛室诗钞》卷十三《湘帆再转集》有《湘江晓霁，舟中望南岳诸峰作》。

廿一日，舟过衡阳。

廿二日，泊白泥渡。

廿三日，补和琴仙女史诗。

《补和琴仙女史题鬂光韵》二绝云："老去书生影自羞，敢将霜鬓话鸾俦。缘何一卷鬂光谱，也惹琼仙入夜愁。

已摘珠玑十样新余曾摘女史佳句入日记，更劳月下为伤春。他年红袖双携处，好结诗邻伴玉人。"（诗存《星烈日记》卷七十三）

廿四日，泊耒阳县，作诗吊庞士元。

《鸿濛室诗钞》卷十三《湘帆再转集》有《耒阳道中吊庞士元》。

廿五日，泊肥港，作《南征诗九首》。

《鸿濛室诗钞》卷十三《湘帆再转集》有《南征诗九首有序》，序云："暮春既望，归期未卜，乃偕段积堂、邓厚庄二君买舟赴粤东访锦谷刺史。感事述怀，成诗九章，命名南征，亦将有以见余势非获已之情云尔。"

廿六日，泊大河滩。

廿七日，泊永兴县，作《后新乐府》四章。

《鸿濛室诗钞》卷十三《湘帆再转集》有《后新乐府二十首有序》，序云："曩在滇与洪君亦珊作新乐府十九章，已存十八首。兹复拟甲寅以来事得二十题，续前诗后。盖浩劫方新，文章匪旧，特后之览者，则不能无感慨系焉云尔。"

此二十首分别为《长虹挂　哀遘臣也》《城陵矶　歼贼酋也》《收双城　嘉忠孝也》《半壁山　喜锐进也》《溢湖败　恶邀功也》《义儿亡　大帅逃也》《鸿恩号　援不力也》《乌云豹　伤将亡也》《汉水红　失繁镇也》《走丹阳　老将亡也》《鹤楼空　吊古迹也》《霍邱屠　恶县官也》《九江堑　屠寇尽也》《合肥陷　贼势合也》《三河覆　悲楚帅也》《长城溃　恶诈将也》《钱塘破　悼西湖也》《金陵溃　嗟玩寇也》《胥台没　繁华尽也》《巴夏礼　惜纵酋也》。

廿八日，泊澄江口，作《后新乐府》四章。

廿九日，泊瓦窑坪，作《后新乐府》三章。

卅日，仍泊瓦窑坪，作《后新乐府》七章。

四月

初一日，泊王屋田，作《后新乐府》卒二章。

初二日，抵郴州。

初三日，晚宿良田。

初四日，抵宜章县。

初五日，午发宜章，晚泊三孔桥。

初六日，泊平石。

初七日，泊乐昌县。

初八日，冒雨登龟峰寺。

初九日，仍泊乐昌，舟中阅《广州八景志》。

包括海珠夜月、大通烟雨、白云晚望、蒲涧帘泉、景泰僧归、石门返照、金山古寺、波罗浴日八景。

初十日，舟中补郴州道中杂诗。

《鸿濛室诗钞》卷十三《湘帆再转集》有《郴州道中杂诗八首》云："峭石摩天壁立，深溪匝地盘旋。有时岩峦空洞，幻出楼观飞仙。

一径羊肠雾绕，千盘鸟道云飞。忽闻丁丁樵响，山翠乱扑人衣。

逆水舟难飞渡，悬崖花自倒生，无端雷鸣鼍吼，知是石走滩声。

山魈迎客拜舞，猩鼯呼群乱啼。树杪斜阳欲坠，峰头暮霭全低。

凿石屋类蜂房，穿山人争兔窟。不知世界春秋，但见烟云出没。

山县城小于村，古刹楼高似塔。款乃一径渔歌，千峰万谷响答。

莫谓水流自东，还看篷忽转北。当头竹树翁翳，回首风云变色。

石面种播成畬，山腰人耕代稴。桃源自在人间，谁向此中卜筑。"

《再补耒阳江道中二首》云："怪石横江疑兽，双洲浮水类鱼。忽看慈云大士，岩畔楼阁凭虚。

画郭环山抱水，渔舟宿苇穿花。斜阳三间老屋，破网高挂谁家。"

《发宜章》云："楚粤交冲地，征商辐辏时。山高城自小，水险路常迟。冒雨飞孤艇，依岩见短祠。侧闻烽燧警，还近汩江湄时传贼近平江。"

十一日，自叙《湘帆再转集》。

序云："余舟两泛潇湘矣，归途仍阻，行橐复空。家有双棺，麦舟谁助？身无片羽，凫影难飞。茫茫世宙，岂竟无返棹时耶？又况回纥遗种，狼燧方新；苍洱余灾，关河非旧，则真无可为立锥地也。计惟岭峤尚多故人，或可相依，藉图归计。乃偕段君积堂、邓君厚庄买舟入粤，凡楚江舟中所作诸诗，别为一卷，曰《湘帆再转集》。萍蓬靡定，云水何心，知我罪我，其亦有以鉴予苦衷也耶！辛酉浴佛后三日，鸿濛氏自识于三泷舟次。"（文存《鸿濛室诗钞》卷十三）

十二日，舟中作《怀昌黎伯》诗。

《鸿濛室诗钞》卷十四《望洋集》有《粤江舟中怀昌黎伯》。

十三日，作《怀东坡》诗。

《鸿濛室诗钞》卷十四《望洋集》有《怀苏子瞻》。

十四日，发乐昌，晚泊韶州府，成诗一绝。

《鸿濛室诗钞》卷十四《望洋集》有《曲江怀古》。

十五日，登皇国岭，观览形势，在府城后。

十六日，午发韶州，晚泊沙口。

十七日，午过浈阳峡，登飞来寺，访归猿洞，成诗一律。晚泊清远县。

《鸿濛室诗钞》卷十四《望洋集》有《飞来寺》。

十八日，过三水县。

十九日，泊佛山镇。

廿日，登岸访医士吕兰坡询段锦谷消息，成诗一绝。

《鸿濛室诗钞》卷十四《望洋集》有《佛山镇》。

廿一日，晓发佛山镇，夜泊野岸。补三水县诗。

《鸿濛室诗钞》卷十四《望洋集》有《三水县感作西、北二江会流地，西江源出吾滇》。

廿二日，抵江门，与段锦谷晤，成诗一律赠之。

《鸿濛室诗钞》卷十四《望洋集》有《抵江门与锦谷相晤即赠》。

廿三日，登署后蓬莱山，望崖门诸峰。

廿四日，盆莲开并蒂，成诗一律。

诗云："去年艳赋同心篇，今见双开海上莲。草木无知还并蒂，鸳鸯有梦讵求仙。乔家姊妹应相忆，虞帝英皇好共怜。不道南来蓬岛路，芙蓉犹自悟因缘。"（诗存《星烈日记》卷七十四）

廿五日，段锦谷邀诸友陪饮，并出旧作《西樵山记》相示。

廿六日，拟访白沙祠，不果。

廿七日，读《白沙集》。

明陈献章撰，门人湛若水校定。

廿八日，阅段锦谷《信征随笔》。

记录平生所见所闻涉因果报应之事，发为议论。

廿九日，再阅《信征随笔》。

是书卷尾《臣道》载僧邸一疏，为军兴以来第一文字，因录于此。

疏云："臣僧格林沁奏，为华夷通好、贻害无穷事。窃闻逆夷牛羊之性，犬豕之群，不识纲常，罔知伦理，是实无父无君之类，皆不臣不子之人。既已蚕食诸夷，又欲虎视中国，其志何厌哉，其衅有由矣。慨自我朝开国以来，放牛归马，脱剑止戈，虽有一二跳梁小丑，无不以一旅之师，扫而清之。先皇以为偃武修文，国家盛世，是以养兵不用，遣卒归农，而兴学校、教礼乐，雍雍乎二百余年，无不颂太平也，而不知武备即于是乎失修矣。是以道光二十三年，逆夷陡生叛心，以乌合之众，竟敢长驱入境，至势如破竹，莫敢撄其锋。盖沿海将士，未尝训练于平日，安能调用于一时？无不弃甲抛戈，望风而逃，以致粤东、江苏等处，蹂躏掳掠一空。而尚有徐广缙之守粤东，陈成化之守江苏，林则徐之烧夷船无数、洋烟无数。逆夷本无能辈耳，见我军之势焰大，是以军心惶惧，束手无能。孰知琦善得夷之贿，撤去防兵，拆去炮台，以致陈成化殉节，琦善、耆英议和通商，自此逆夷得志中国。呜乎！大事去矣，臣之痛恨也。逆夷已入中原，随在海上盖造夷房，以逆夷无用之秽土，易中国养命之泉刀，是以逆夷日富，中国日蹙。由是观之，其志非止通商取利，直欲疲困中原也，包藏祸心，概可知矣。而逆夷尚知畏惧，十余年来无敢轻举妄动者，何则？以中原未尝无人，如林则徐等是也。而孰知红巾贼寇肆扰粤西，赛尚阿身为经略，隔水为营，以致养成贼势。中原之经略如此，则经略不足畏惧。各省督抚望风而靡，以致贼越三四省，直抵金陵。中原之督抚如此，则督抚不足畏惧。陆建瀛身为大藩，而畏缩不前，遂至引贼入境。中原之大藩如此，则大藩不足畏惧。亲王奕山，将黑龙江外五千里矫诏授敌。中原之亲王如此，则亲王不足畏惧。叶名琛身为爵相而轻敌，不谨防御，掳掠俘囚，尚且偷生无耻。中原之爵相如此，则爵相不足畏惧。桂良、花沙纳奉命议和，逆夷日在公馆门外呵嚷，甚至恶言秽骂，语侵皇上，桂良、花沙纳塞耳罔闻，吞声忍气。中原之宰相如此，则宰相不足畏惧。一举一动，彼皆冷眼视之，要皆无足惧者，遂妄意骄横，肆行无忌。惟所忌者，皇上与臣也。皇上复听谗言，以为连年兵戈交迫，人民流离，内兵未解，又构外兵，不如姑准其和，以待扫平中原，培养士气，再彰征伐。此皆庸臣顾恋身家，眷念妻子，而不知以皇上为念。臣请言其利害。

夫欲准其和，必先准其欲。伊欲京师置一大员，一切机密，必计议而行，名曰计议而行，实则禀命而行也。势必皇上未知，逆夷先知，则内阁军机等处可以废矣，而彼则便宜举事，其害何穷！又欲各省通商。夫道光二十二年，迄今十余年，中国已形其蹙，则中国泉刀势必尽为贼有，是实以赉盗粮也，其害何穷！又欲各省多设会馆，安置人员，往来船只，不准盘查，实欲选能事者窥探各省地舆，孰肥孰瘠，孰处险阻，绘成图本，一旦举事，即以通商船中暗藏兵卒、火药、军器，按图取路，关口不能盘查，官府不能禁止。各省一时齐举，虽武侯复生，亦恐束手，其害何穷！又欲各省传天主教，灭绝伦理，废弃纲常。愚者即以耶稣之说蛊惑其心，智者即以中国之金银要结其心。不数年而耶稣之邪说流行，孔圣之正道不明，势必不成世界矣。一旦举事，愚者蛊惑已深，智者要结已深，中国之民反为贼用，非藉兵而何？其害又何穷！至于兄弟相称，书札往来，则先失上国体统。种种逆款，无非欺蔑皇上，妄自尊大而已矣。而诸大臣等尸位素餐，视若无事，闻贼至则觳觫恐惧，抱本妄奏，求请和议，无非欲顾身家，眷念妻子，谁复以社稷生灵为重？可叹可恨！可笑可怜也！臣闻皇上宵旰忧心如煎，节饮食，撤礼乐，是皆怜悯苍生之至意，臣亦不胜感激。复闻皇上与内阁诸大臣商议，惟相视顾泣，问其谋，则以和对。臣知皇上圣聪，固有灼见，必不以和议为是，特忧中国生灵涂炭，构怨于外夷，而兵不足、粮不足矣。然岂相视顾泣可退耶？况桂良、花沙纳等数月以来，迄无成见。大约逆夷愈骄，钦差愈懦，逆夷愈骄耳。依臣鄙见，不如先乘骄而击之。古之骄敌者必败，皇上粮不足，臣请以倾国之粮报效。至于胜败，兵家常事，胜不足喜，败不足忧。人心非不可奋勇，天命非不可挽回也，有堂堂上国，俯首和议于外国哉！宣宗成皇帝一时误听谗言，致祸贻皇上，先皇在天之灵，无日不悔恨，以望皇上大振国威，尽灭犬羊，以盖先皇之愆。而孰知皇上复听谗言，忍覆社稷，贻害子孙，有何面目见先帝耶？臣愿追回桂良、花沙纳等，诏各省督抚多设炮台，严行防堵。夫逆夷本无能辈耳，但误国庸臣，畏之如虎，以致骄横如是。苟邀天之幸而大败之，一败即知惧，知惧即受盟听命。一夷之惧，即诸夷之惧；一夷听命，即诸夷听命。而后绥之以德，抚之以恩。圣天子守在四夷，自能金汤永固，万世无虑矣。独不见宋高宗议和误国，南渡偏安；蜀武侯五月渡泸，南蛮不叛。至于金陵小丑，现有张国良等困之，疮癣之疾，无足忧也。伏乞圣断，容纳刍荛，臣不胜感激之至，泣血上奏。"（文存《星烈日记》卷七十四）

五月

初一日，登碧玉楼，瞻白沙先生遗像。

初二日，阅邸抄。二月三日上谕卢又雄纵勇滋事，着提省严讯，又雄私遁。

初三日，登蓬莱山真武庙祈神，问归期。

初四日，江门晚眺，成诗一律。

《鸿濛室诗钞》卷十四《望洋集》有《江门晚眺》。

初五日，独游楚云台。

初六日，拟赴珠江游，不果。

初七日，阅《信征二集》。

初八日，代段积堂书锦堂镇军祠额。

初九日，与王岱峰夜话。

初十日，作书寄戴墨卿。

十一日，阅邸抄，略悉滇况。

十二日，买舟赴新兴，访戴墨卿。

十三日，泊青岐，作诗题紫姑祠一绝。又波子滩成诗一绝。

《紫姑祠》诗云："桑田纵纵水漪漪，小艇横江傍短篱。多少渔人来晒网，夕阳红过紫姑祠。"

《波子滩》诗云："逆水舟逢逆水风，片帆直欲上天宫。滩声万马奔溜急，难阻中流破浪功。"（诗存《星烈日记》卷七十五）

十四日，泊广利墟，补作《谒白沙遗像》诗。

《鸿濛室诗钞》卷十四《望洋集》有《登碧玉楼，谒陈白沙先生遗像》。

十五日，泊肇庆府，作《鼎湖山》诗。

《鸿濛室诗钞》卷十四《望洋集》有《鼎湖山》。

十六日，舟中晤李荔峰刺史，亦往新兴。

十七日，泊车江，成《烂柯山》《望夫石》二绝。

《鸿濛室诗钞》卷十四《望洋集》有《烂柯山》《望夫石在羚羊峡峰巅》。

十八日，抵新兴，疟发。戴墨卿来寓相晤，感成一律。

《鸿濛室诗钞》卷十四《望洋集》有《抵新兴，与戴墨卿圣林贰尹相晤》。

十九日，李伯山明府邀留县署，未入。

《鸿濛室诗钞》卷十四《望洋集》有《李伯山培仁明府邀偕荔峰下榻署斋，即赠》。

廿日，独游六祖庙。午后墨卿邀入署，畅谈竟夕。

廿一日，移榻入署。偕诸友登文明楼。

廿二日，代墨卿书屏。

廿三日，阅《东坡事类》。

清人梁章冉搜罗东坡事迹，分类编纂，共二十二卷。

廿四日，听墨卿话英商构衅始末。

廿五日，偕诸友观剧。

廿六日，听李荔峰话南海令朱杜溪面斥英商事。

廿七日，闻太平军犯高州。

廿八日，拟回江门，不果。

廿九日，彗星见。

卅日，作诗别戴墨卿。

诗云："海国才相遇，天涯复远离。去家真似梦，聚首定何时。短棹人千里，孤榘酒一卮。今宵风雨黯，好共话归期。"（诗存《星烈日记》卷七十五）

六月

初一日，别新兴诸友，返棹赴江门。

初二日，泊新桥。

《鸿濛室诗钞》卷十四《望洋集》有《食荔枝》。

初三日，夜渡。

初四日，抵江门。

初五日，梁菊裳邀往覆墓。

初六日，段锦谷自画《海天双鹤图》相赠。

初七日，晓发江门，夜泊广州。

初八日，入广州城。

初九日，出寓访友，阅黄勤业《蜀游日记》。

初十日，游白云山。

十一日，访门人褚继良。

《鸿濛室诗钞》卷十四《望洋集》有《门人褚继良参军来晤》。

十二日，完苍湄招饮，午访欧阳小韩。

《鸿濛室诗钞》卷十四《望洋集》有《完苍湄继美大令招饮》《访欧阳小韩琦孝廉共话即赠新会县人》。

十三日，雨中游海幢寺。

十四日，同乡阮湛卿招饮酒肆，再访欧阳小韩孝廉。阅《二曲集》。

《二曲集》，李颙著。李颙（1627—1705），字中孚，号二曲。陕西周至人。明清之际哲学家，著有《四书反身录》《二曲集》等。

《鸿濛室诗钞》卷十四《望洋集》有《阮湛卿承恩少尉邀偕粤中诸小酌品香酒楼》。

十五日，欧阳小韩过访。

十六日，雨中游光孝寺。

十七日，拟回江门，不果。

十八日，偕阮湛卿访陈篾舫，不晤。作《珠江冶游词》。

词云："海上莲多并蒂开，荷残花影见楼台。珠儿也学观音样，赤足双双水面来。奈何声送粤江讴，紫洞横楼皆画舫名日夜浮。唱到潮回风定后，月明花埭在珠江上不胜愁。懒学姑苏时样妆，横拖燕尾赛鸾凰。隔岸来个琵琶仔音宰，唱曲珠儿名，红线青丝辫更长。颊晕槟榔醉欲痴，魂销举举与师师。相携齐上高楼馆酒肆名，莫道同埋粤语总不知珠娘能汉语者甚少，故对客谈多以不知为辞。弓鞋倏现风头新，翻惹同行姊妹嗔。好是脚环轻响处，红裙低露一分春无论大小足俱带银环，若手镯。然小足者每对大足处，反有忸怩状。连宵丝管聚狂奴，盲妹家家唱鹧鸪。多少风流闲荡子，樗蒲掷罢酒频呼赌风最盛，填街盈巷。客来还共吸鸦烟此物当先，胜结三生石上缘。不怕蓬瀛天样远，管教鸳枕话情牵。大洋邦更小洋邦江面妓馆名，水榭风来四面香。可似秦淮文赛武，小姑新点状元郎。游遍珠江尽碧汀，衣裳一色爱元青服色尚黑。鲛绡红透鸡头乳，却似浮云蔽晓星。传说珠娘又上坡从良谓之上坡，珠江回首怅如何。商人纵不轻离别，那抵江州血泪多。"（诗存《星烈日记》卷七十六）

十九日，偕阮湛卿游花埭。

廿日，午游长寿、华林两寺。灯后阮湛卿邀过篷舫，阅《南山诗集》。

《鸿濛室诗钞》卷十四《望洋集》有《读张南山维屏先生诗集书后》。

廿一日，游五仙观。

廿二日，晓发广州城。

廿三日，抵江门。

廿四日，入江门署，题段锦谷《弦外余音集》。

为锦谷《弦外余音》题词云："不为卉则已，为卉必为王者香。不画兰则已，画兰必画逸韵与幽芳。可岩谷兮可庙堂，亦伴美人于蘅芷，而写骚怨于沅湘。君既挹其芬，复谱瑶弦以诗章。将以为《猗兰》之操兮，抑结纫而为裳。兰言兮可臭，兰心兮何长。予将聆弦外之余音，而遥待子于杜若之仙乡。"（词存《星烈日记》卷七十六）

廿五日，偕邓厚庄游吕仙祠。

廿六日至廿九日，代诸友书屏幅。

七月

初一日，偕梁菊裳访黄茂山，不及而返。

茂山名柏馨，住江门之东村，著有《小金华山房诗钞》。

初二日，以金粉书宋青笺册。

初三日，以纨扇求卜昙馨女史画。

女史名慧华，为王岱峰庶母，今依段锦谷。善绘蝶，兼工花卉。

初四日，赴新会访陈香圃，不晤。

初五日，梁菊裳乞指新地。锦谷饯饮。

初六日，偕梁菊裳访赵梅泉孝廉，观《宋列帝遗像》二册。

初七日，书《正气歌》，锦谷赠《福禄图》及崖门古盘。

初八日，偕梁菊裳游医灵寺。

初九日，代梁菊裳作地图。晚上渡船。

初十日，发江门。

十一日，抵佛山镇，访吕兰坡。

十二日，有乞乩者，试问之，无验。

十三日，发佛山，晚泊三水县，作佛镇诗。

《鸿濛室诗钞》卷十四《望洋集》有《重泊佛镇》。

十四日，泊梅花村。

十五日，泊清远县。

十六日，午过清远峡，游峡山寺题壁，归舟再成五古一章。晚泊大庙。

《鸿濛室诗钞》卷十四《望洋集》有《清远峡中作》。

游峡山寺，赠寺僧一绝云："蒲团一坐几时休，猿化归来漫掉头。好是白云无去住，碧环常镇暮江秋。"（诗存《星烈日记》卷七十七）

十七日，泊波罗坑，成诗一绝。

《鸿濛室诗钞》卷十四《望洋集》有《波罗坑舟为石破，偶成》。

十八日，晓过英德，作诗怀郑侠漈。晚泊苗狖穴。

《鸿濛室诗钞》卷十四《望洋集》有《浈阳峡晓霁》。

十九日，晓过观音岩，题诗寺壁。晚泊龙头岭。

《鸿濛室诗钞》卷十四《望洋集》有《观音岩题壁》。

廿日，泊沙口。

廿一日，过弹子矶观览。

廿二日，泊北渡，成诗一绝。又补《羊城志感》八律。

《鸿濛室诗钞》卷十四《望洋集》有《江夜》《羊城志感八首》。

廿三日，泊观塘泛。

廿四日，泊韶关。

廿五日，出韶关。

廿六日，夜泊江心。

廿七日，泊龙口泛，补白云寺诗。

《鸿濛室诗钞》卷十四《望洋集》有《游白云寺》。

廿八日，泊幻坪滩。补《大佛寺》《海幢寺》诗。

《鸿濛室诗钞》卷十四《望洋集》有《大佛寺》《雨中游海幢寺》。

廿九日，泊长濑。补光孝、华林、长寿、医灵、话竹诸寺诗。

《鸿濛室诗钞》卷十四《望洋集》有《光孝寺》《游华林寺登五百罗汉堂》《长寿寺》《偕梁菊裳有章茂才游医灵寺》《新会城访陈香圃殿兰秀才不晤，小憩话竹寺因成》。

卅日，抵乐昌。

八月

初一日，晓发乐昌，晚泊横塿。

初二日，泊四宫坑滩。

初三日，泊平石，作《上泷》诗。

《鸿濛室诗钞》卷十四《望洋集》有《上泷》。

初四日，泊五台寺。

初五日，抵宜章。

初六日，晓发宜章，晚宿良冈。

初七日，抵郴州，补广州花埭诗。

《鸿濛室诗钞》卷十四《望洋集》有《偕阮湛卿买舟游花埭》。

初八日，泊瓦窑坪，补《荫乐园》诗。

《鸿濛室诗钞》卷十四《望洋集》有《陈篷舫昌潮明府邀偕湛卿游荫乐园》。

初九日，泊永兴县，成诗二律。

《鸿濛室诗钞》卷十四《望洋集》有《瓦窑坪》《永兴道中》。

初十日，泊耒阳，补《崖门怀古诗》。

诗云："飓风吹海暮潮蹙，天阴崖畔鬼神哭。云是残宋君臣精魄所积化，夜深还闻楼橹金戈相驰逐。南渡当年事已非，海外安能立鼎足。太阿不斩佞臣头，势去还将《大学》读。可怜零丁洋外文丞相，独坐艐船空默祝。岂知天意不福汉，一战汹波竟失鹿。帝兮可负臣可死，天家同时葬鱼腹。更有冰霜《女尧舜》，殉节尤自悲倾覆。《正气歌》成虽已矣，如此其亡是使独。只今岩谷尽苍烟，废寝荒陵何处筑。三忠祠外走风涛，崫跊还疑蛟龙肃。桑冈一带连沧海，玉鱼金盟供樵牧。我来尚及睹遗器，蟋蟀盆斑玉玺绿。天汉久已归农圃，依山负海聚成族。吁嗟乎！三徙逢崖谶竟真，一掷孤注杳难赎。回首汴杭齐下泪，剩水残山了一局。"（诗存《星烈日记》卷七十八）

十一日，泊花园庵，补粤中赠友诗，得七首。

《李荔峰》云："沂流访戴醉难胜，忽漫同舟遇李膺。抵掌快谈休恨晚，一窗风雨淡湖灯。"

《李伯山》云："记曾锦水乍逢君，岭外今看吏治新。白鹤一双琴一抱，翩翩人现宰官身。"

《向如山》云："翩翩凫影看成双，唾手功名气易降。半枕黄粱炊熟未，月明花县几惊龙。"

《褚继良》云："白头失路真无策，年少依人更可嗟。似此穷愁话交谊，始知衣钵在吾家。"

《读张南山集》云："岭外岿然鲁殿尊，我来偏不遇高轩。悔翁老去

161

芷湾死，南海风涛此放奔。"

《完苍湄招饮》云："饱看江淮两岸山，又从粤海泛狂澜。多君一品江瑶柱，抵我千茎铁网珊。宝月余辉花底见，昆湖劫火梦中看。当筵漫洒乡园泪，把剑还能醉倚栏。"

《阮湛卿招饮》云："漫空风雨不须哀，痛饮狂吟实快哉。满座琼羹调凤雏，一天金粉醉楼台。闲游香浦宁无梦，老泛珠江愧不才。到底豪情输阮籍，云罍酌处报花开。"（诗存《星烈日记》卷七十八）

十二日，泊江母寺。补《题赵梅泉家藏宋帝列像》诗。

《鸿濛室诗钞》卷十四《望洋集》有《偕梁菊裳访赵梅泉泰清孝廉，观其家藏宋列代帝王遗像画册，因题长古一章》。

十三日，抵衡山县。补题黄茂山诗集及昙馨女史画扇。

《鸿濛室诗钞》卷十四《望洋集》有《偕菊裳访黄茂山柏馨处士，为水所阻，归题其诗卷后》《题昙馨女史画蝶纨扇女史姓卜，名慧华，为吾滇王磻溪州倅侧室，近依锦谷，托丹青为生》。

十四日，晓起游南岳，登祝融峰顶。归宿崇宁寺，题其壁《望南岳》旧作四律。

十五日，回衡山县，一路察地，得南岳正穴。

十六日，泊常家洲。

十七日，泊马家河。

十八日，泊湘潭县。

十九日，泊昭山。

廿日，泊平塘。

廿一日，抵长沙，寓苏家巷。途遇蒋芝纯，知滇抚徐之铭革职。

廿二日，罗仙潮诸友过寓，因共访周铁真。阅杨石沥诗。

廿三日，黄篆楼邀余旬甫过访。

黄篆楼，名秉堃。余旬甫，名宣。能诗善游，现寓星垣，征选诗话。

廿四日，访余旬甫，阅其诗稿。

廿五日，罗仙潮邀陪周铁真饮，因出其尊人六芝先生《一花草堂剩稿》

相示。

廿六日，夜过黄篴楼处，听何子臣话滇勇何有保横暴状。作书致王公亮。

廿七日，阅何子贞《东洲草堂诗钞》。

廿八日，闻太平军上犯楚北。

廿九日，自叙《望洋集》。

序云："夏四月行抵江门，秋初即返棹。中间往复流寓，一泛端江，一至羊城，三寓古冈，为时才两月有余。而又时值淫霖，洪涛决堰，暴涨翻舟，游踪所到，登眺尤艰。故凡海峤名区、珠江繁盛、羊城古迹、粤秀风流，皆不能悉心领会。即间有游瞩，亦无非独往独来，孤吟孤啸，以自发其飘泊无偶、抑郁不平之气，而何能从容暇豫，作灵槎泛泛游哉！夫登华顶以流涕，望大洋而兴叹，古之人各有其怀抱，而如仆则更难言焉者。抚景伤怀，又岂特为观海者致慨也欤！辛酉仲秋晦书于星沙旅寓。"（文存《鸿濛室诗钞》卷十四）

黄篴楼见此卷，有触乡怀，亦成诗四律，后二首云："秋风吹泪客心惊，怀古伤今气不平。南海衣冠成鬼国，西洋淫巧误仙城。冶游弦管都无味，小劫烟花不记名。遗恨楚囚旧魂魄，长春馆里困苍生。

无那临风一举杯，悲歌狂上越王台。田栽茉莉留香国，祸启芙蓉有劫灰。客泪已随云水去，诗心直挟海涛来。乡园回首真愁绝，手把吟编不忍开。"（诗存《星烈日记》卷七十八）

九月

初一日，偕余旬甫访马仙舫，询黔事。赴邓厚庄饮罢，复偕积堂访李紫澜问滇况，并闻八月初黄河水清，中州凤鸣，未见文也。

初二日，黄篴楼遣使送诗二律，走笔和韵。

《鸿濛室诗钞》卷十五《北辙集上》有《黄篴楼秉堃参军邀偕姜宝臣诸君小饮酒肆，篴楼成诗二律，步韵酬之》。

初三日，李紫澜大令过访，听话滇中乱形。

初四日，偕周绶卿访姚伯华，知太平军石达开部大股犯黔，楚境无事。

初五日，序余旬甫诗集。

序文云："诗至随园，倡为性灵之论，天下人翕然从风不等，学者日趋愈薄，真味率然矣。每欲力矫其弊，以归奇杰雄厚一路，稍振颓靡之习，而才力未逮，恒以为憾。今岁秋，由粤返楚，侨寓星沙，闻嘉鱼余君旬甫征选诗话，方欲造访，而君偕篆楼黄君适至，雄辩高谈，不可一世，颇有剑拔弩张之态。及叩所学，而诗之宗派源流又极剖晰详明，卓然确有所见。因急索观全集，古体原本汉魏，近体步趋韩杜，亦间有出入高岑处。盖其天姿超迈，魄力雄厚。又尝出游万里，北走燕赵，南适吴粤，兴之所到，纵笔直书，不假思索，故能感荡心灵，惊炫耳目，使人莫测其绪之所自来。沈栗仲大令谓其才近太白，可谓知言。然黄流浩浩，一泻千里，未免泥沙俱下，披捡实难。余竭数日目力，始能抉择精华，而系数言卷首，异日同振旗鼓，用矫性灵积习弊者，不于君是赖也哉！"（文存《星烈日记》卷七十九）

初六日，黄仙樵赠诗四律。

初七日，阅黄篆楼《红豆秋斋诗钞》。

初八日，偕余旬甫访何镜海。

初九日，偕黄松亭天心阁登高。

黄松亭，以售书画为生，居星垣廿余年矣。

初十日，作登高诗四律。

《鸿濛室诗钞》卷十五《北辙集上》有《长沙九日登天心阁》。

十一日，代周绶卿书屏。

十二日，读元好问诗集。

十三日，补作《登祝融绝顶歌》。

《鸿濛室诗钞》卷十四《望洋集》有《登祝融峰顶，戏作长歌》。

十四日，周绶卿和酒肆韵。

十五日，余旬甫出《游踪万里图》索题，因成一律。

《鸿濛室诗钞》卷十五《北辙集上》有《题余旬甫宣游踪万里图》。

十六日，阅《国朝廿四家文钞》。

徐斐然编，共二十四卷。选录清顺治至乾隆间二十四家古文，人各一卷，收文三百五十一篇。

十七日，余旬甫以所选诗话来赠。

十八日，再读《国朝廿四家文钞》。

十九日，祝少兰过访。

廿日，黄篘楼和《长沙九日登天心阁》诗韵。

廿一日，阅江左三大家诗。

廿二日，自检文稿。

廿三日，再阅江左三大家诗。

廿四日，自改文稿。

廿五日，读《阙里文献考》。

廿六日，偕友人游小瀛洲。

廿八日，赵稚仙出其室静婉《寄外诗》四绝相示。

廿九日，读吕坤《呻吟语》。

卅日，闻太平军抵涪州。

涪州，今重庆涪陵区。

十月

初一日，读宋五子性理书。

初二日，阅杨芳《平平录》。

初三日，作《道原图》。

初四日，阅《太极图说》。

初五日，读《西铭》。

初六日，读《阴符经》。

初七日，阅汪烜《周易衷翼图说》。

汪烜，乾隆四十三年（1778）进士。该书前半部正文集注，后半部图说。

初八日，作家书及致陈亦渔函。

水陆二路俱阻，不得已拟赴京候选。

初九日，阅陆陇其《三鱼堂文钞》。

陆陇其（1630—1692），字稼书，谥号清献。浙江平湖人。康熙九年（1670）进士，历官江南嘉定和直隶灵寿知县、四川道监察御史等，时称循吏。著有《困勉录》《读书志疑》《三鱼堂文集》等。

初十日，闻石达开部犯武冈。

十一日，忧诏至。知今上八月朔日御极，是日日月合璧，五星联珠。

十三日，自检文稿。

十四日，阅《辟邪纪实》。

作者不著姓名，惟称"饶州第一伤心人"。繁称博引，佐以案证，极言天主教之不可妄从。

十五日，阅顾亭林文钞。

十六日，何镜海邀过寓谈，并出近文相质。

十七日，阅尧峰文钞。

汪琬，字苕文，号钝翁，晚居尧峰，因以自号。长洲（今江苏苏州）人。

十八日，偕黄篑楼访祝少兰大令。

十九日，赵云生邀出东城视地。

廿日，作家书及致王公亮函。

廿一日，偕段积堂出南城视地。

廿二日，作书致张炳南。

廿三日，作《南岳地图》。

廿四日，阅《两当轩诗集》。

黄景仁著。景仁（1749—1783），字仲则，号汉镛。常州武进（今江苏武进县）人。诗负盛名，著有《两当轩集》《西蠡印稿》等。

廿五日，赵云生邀酌酒肆。

廿六日，何镜海过谈，知安庆、桐城悉复。

廿七日，致方毓之书。

廿八日，临《论坐帖》。

廿九日，偕何镜海访吴翔冈，因留酌。

十一月

初一日，阅《英国博物新编》。

英国医士合信著。书分三集，初集多言取气借光制器以助人力事，二集则论天，三集悉言物，各集俱有图有说。

初二日，罗仙潮出楹联索书，撰句以赠。

玉润联云："巨眼风涛联海外，新诗龙虎绣江东。"（联存《星烈日记》卷八十一）

初三日，黄仙樵赠诗。

初四日，代段积堂书屏幅。

初五日，赵稚仙以诗稿就正。

初六日，代段积堂书屏幅。

初七日，作家书。

初八日，再致王公亮书。

初九日，吴翔冈嘱书巨幅，因留饮。

初十日，文丽峰嘱作《王壮武公传》。

王壮武公名鑫，号朴山。湖南湘乡人。

十一日，《王壮武公传》成。

文存《鸿濛室文钞》卷三。

十二日，阅《海国图志》。

魏默深著。撰于道光庚子、辛丑间英夷滋事时，将以备筹海采用也。

十三日，代友人书册页。

十四日，代友人书屏联。

十五日，吴翔冈邀同小酌。

十六日，吴翔冈邀同何镜海小酌。

十七日，作诗送吴翔冈之广信营。

《鸿濛室诗钞》卷十五《北辙集上》有《送吴翔冈赴广信营》。

十八日，代林琴生作书上滁帅。

十九日，作书致龚智轩。

廿日，阅李明彻《圜天图说》。

李明彻（1751—1832），字大纲，号青来。广东番禺人。道士、学者。著有《圜天图说》《圜天图说续编》。《圜天图说》刊行于嘉庆二十四年（1819），收录了作者对地球、日月、星辰、雷雨、潮汐等天体及自然现象的论述，并附有顺天（今北京）、江宁（今南京）、苏州等16个府的日出、日落和一年24个节令时刻的测定记录。还有全国地图和华北、华中、华东、华南、西南、西北等大部分地区当时的分省地图。

廿一日，闻川江盗炽。

廿二日，闻太平军复犯鄂境。

廿三日，出门访友，畅论近今风尚。

廿四日至廿九日，阅朱彝尊《明诗综》。

入选者三千四百余家，共百卷。

十二月

初一日，李映亭自滇来楚，过寓相访，知周亨衢回楚雄运粮，病殁易门，其室回楚，郡陷，不知下落。

初二日，钱蘅舲女史及哲嗣刘怀熙茂才各以诗题鸿濛室稿。

钱蘅舲题诗云："径尺瑶函知不朽，电光掣目蛟龙吼。遗珠暂隐意偏闲，且学乘槎犯牛斗。媚闺更听笳声壮，愁怀似锦翻新样。先生何日展奇才，笔阵一挥消甲帐。"

刘怀熙题诗云："摘得骊珠抱负深，暂将豪气托遥吟。畸人更擅诗人笔，海客偏同楚客心。俯仰乾坤供笑傲，放怀山水豁胸襟。壮猷毕竟推元老，定有奇谋冠古今。"（诗存《星烈日记》卷八十二）

初三日至初九日，作《明诗派述略》。

文存《星烈日记》卷八十二。

初十日，段锦谷子长祐挈眷至楚，因招饮。

　　段长祐，号海珊。挈眷至楚，故来招饮，藉叙乡情。

十一日，偕刘镜壶访旷尧夫。

　　旷尧夫，名学熊。居南岳山下。

十二日，刘镜壶邀饮酒肆。

十三日，李映亭招饮。

十四日，罗仙潮以诗送别。

十五日，拟登舟，未果。何镜海、黄篆楼、赵稚仙、姜宝臣均来寓送别。

十六日，晓发长沙，晚泊三汊矶。舟中与鲁敬夫晤，其室亦滇人。

十七日，仍泊三汊矶。

十八日，泊靖江。

十九日，泊五家庙。

廿日，泊垒石。

廿一日，泊高山洼。

廿二日，泊岳州。

廿三日，泊螺山。访王柏心，留饮，夜归。

　　王柏心为玉润文集作序，文云："有学士也者，有才士也者，有俊杰之士也者，三者趋不同，其立言亦迥异。治章句，守师说，考名物象数之疑似，析声音训故之微茫，则学士而已矣。繁词缛藻，靡音曼节，以博赡闳丽，矜古人而炫当世，则才士而已矣。若夫揽王霸治忽之要，苞奇正攻守之术，慨然以康屯济否为念，欲夷一世之凶桀暴乱而返之正。其形诸言词者，敷陈剀切，指画明悉，动关天下大计，忠亮慷爽之气不可掩遏，往往达之足以摧金石，引之足以贯日星，是非俊杰之士不能。夫溺于学者拘，溺于才者伪，拘与伪不足适于用，将与之经纶世务，舍俊杰谁属哉？然而天之生俊杰不数，俊杰之见用于时亦不数。且彼亦度其可行，则槛车牛口不为辱；度其不可行，则万钟千驷不少动。进有贲、育之勇，而退有随、光之介，此豪杰节概超于学士才士远矣。即论言词，亦绝非二家所能望。宝宁方子友石，庶几于俊杰者乎！居滇山万里，闻粤逆倡乱于东南，锐意请缨。出成都，遍览其山川，遂下蜀江，入楚、入皖、入江右、入豫州，干诸关帅，皆一时巨公伟人。为条上攻讨机宜，临阵指示成败。诸公或然或否，不尽行其策，则辞去，留之不可。乡里残破，阻乱不得归，浮湘过南海，复泛舟东下。先是以荐得半刺，将入都谒选，过柏心，出自著《鸿濛室诗文》见示，且征序。君诗浑茫函盖，浩浩无涯际，文亦然，尤长于论兵及形势，柏心骇以为世所未有。今夫豫章之材，连城之璧，龙渊太阿之剑，皆创世一睹，虽摧之霜雪，沉之泥沙，而不能不出为世用。俊杰之士亦然。识略如君，何忧不遇，且号为俊杰矣。遇不遇，犹足为君轻重乎哉！监利王柏心撰。"（文存《鸿濛室文钞》卷首）

廿四日，仍泊螺山。补昨日访王柏心诗。

《鸿濛室诗钞》卷十五《北辙集上》有《舟次螺山，访王子寿先生，即题其集后》。

廿五日，作《述感诗》。

《鸿濛室诗钞》卷十五《北辙集上》有《述感诗有序》，序云："祀灶日为先君冥诞，游子远离，音容遽杳，孤舟岁暮，情何以堪？辗转终夜，不能成寐，起作是什，亦用以自痛自悔云尔。"

廿六日，守风。王柏心函示当代诗人，留待异日访之。

廿七日，雪。用清虚堂韵寄王柏心。

《鸿濛室诗钞》卷十五《北辙集上》有《维舟螺山大雪，用东坡清虚堂韵，简子寿先生》。

廿八日，雪。阅王柏心《漆室吟稿》。

廿九日，雪未止。鲁敬夫招饮，作诗酬之。

诗云："一江风雪阻长征，腊尽裘凋酒未倾。何幸扁舟同子敬，更欣仙里近云英。关河莫漫谈苍洱，姻娅还多聚楚荆。只我萍篷无定所，何年挈眷共春耕。"（诗存《星烈日记》卷八十二）

卅日，雪霁，移泊新堤。

作诗赠鲁敬夫云："螺洲新霁泛晴澜，晓起推篷见楚关。笑倚玉人频

指点，隔江残雪是家山。"（诗存《星烈日记》卷八十二）

清同治元年　壬戌（1862）　五十二岁

正月

初一日，作《稚龙飞》诗。晚泊龙口。

　　《鸿濛室诗钞》卷十九《入关集》有《稚龙飞　颂中兴也辛酉　今上嗣统，虽在冲龄，实多瑞应，日月合璧，五星聚张，天下引领，以颂太平》。

初二日，泊蒿洲。鲁敬夫嘱作《祝定湘王神辞》。

初三日，阻风。舟中阅《古诗源》，因畅论古今诗学源流。

初四日，泊郭家埠。阅《古诗源》。

初五日，泊金口。与陈赞廷孝廉晤，听话乃祖文恭公轶事。

初六日，泊汉口。

初七日，鲁敬夫将登岸，设饮作别。致方毓之书。

初八日，送鲁敬夫伉俪归青山。

初九日，登岸，寓郭家巷王德生车行。

初十日，舟过武昌，访罗厚庵司马，锦堂镇军哲嗣也。

十一日，晓发汉口，晚宿洲头。

十二日，宿沙口。夜梦入古寺，与罗汉列坐。

十三日，宿毕家埠。

十四日，宿周山埠，万乃斋来晤，畅谈至夜始归。

十五日，万乃斋邀至其室小饮，并出纳凉照索题。

　　《鸿濛室诗钞》卷十五《北辙集上》有《题门人万乃斋纳凉小照》。

十六日，晨起，万乃斋送和诗至，即行。晚宿齐家店。

十七日，宿宋埠。

十八日，闻光固道梗，改道南行，宿新洲。

十九日，泊蒙家津。

廿日，仍泊蒙家津，避掳船也。

廿一日，仍泊蒙家津。

廿二日，移泊鹅公颈。

廿三日，泊黄州，作《掳船行》。

    《鸿濛室诗钞》卷十五《北辙集上》有《掳船行》。

廿四日，泊黄石港，作《厘局叹》。

    《鸿濛室诗钞》卷十五《北辙集上》有《厘局叹》。

廿五日，泊散花洲，作诗怀古。

    《鸿濛室诗钞》卷十五《北辙集上》有《散花洲怀古》。

廿六日，泊田家镇。

廿七日，泊武穴。

廿八日，抵龙坪。听熊载卿话上年战况甚惨，又出示肃顺等伏诛上谕。

廿九日，晓发龙坪，晚宿蔡山镇。

卅日，仍宿蔡山镇，作《行路难》乐府一章。

    《鸿濛室诗钞》卷十五《北辙集上》有《行路难》。

二月

初一日，宿五萨坡。

初二日，抵宿松县。

初三日，出访故交，知李右青物故，诸友亦多散亡。

初四日，作《高唐志感诗》一绝。

    诗云："神女灵光乍有无，双鬟来去总模糊。平生惯入高唐梦，遮莫襄王是故吾。"（诗存《星烈日记》卷八十四）

初五日，徐丹山招饮。

初六日，方毓之邀偕施甫辰共饮。

初七日，偕方毓之登城，听话去年太平军屡突围，救安庆不得。

初八日，代方毓之作赠人诗。

初九日，听黄仙樵话安庆近获太平军状。

初十日，李雨苍通函，拟邀从戎中州。

十二日，阅邸抄，周祖培奏更建元"同治"字。

十三日，作《后同心曲》。

《鸿濛室诗钞》卷十五《北辙集上》有《后同心曲》。

十四日，赴凿山访方樾轩，游幕未归。

十五日，听游琢成话安庆大帅纳妾事。

十六日，偕黄仙樵登城眺远。

十七日，徐丹山邀赴对塔庄相地。

十九日，闻合肥清军大捷，进围其城。

廿日，听刘定枢话浙省失陷、官被民杀状。

廿一日，听友人话围安庆水师力多。

廿二日，唐绍烈过访。

廿三日，致史贤希书。

廿四日，杨兴文过访，听话上海洋商与太平军斗，乞援于清军，涤帅奏令李鸿章应援。又言苗沛霖攻寿州，破之。

廿五日，和友人无题诗韵二绝。

友人无题诗云："杏花天气日初长，帘外花光腻晚妆。欲向花前偷一画，隔花翻恐断郎肠。

清溪绕翠过墙头，有客低回自遣愁。知否绿杨堤畔水，朝朝和泪出妆楼。"

方玉润和云："漫问情天路短长，悠悠碧海对红妆。可怜一面犹难识，只向花笺诉别肠。

双鬟无语自低头，更谱鸾笙月下愁。春梦不随花影淡，年年倚醉听琼楼。"（诗存《星烈日记》卷八十四）

廿六日，访龚云蒸。

家居，以授蒙馆为业。玉润为诗一绝云："七十贤人纸半窗，满堂咿喔不闻龙。赵钱孙李百家姓，齐和先生一板腔。"（诗存《星烈日记》卷八十四）

廿八日，致书方椒轩。

廿九日，阅石楷《燕山集》。

是书专论相法，皆作者在京数十年观人实证也。

三月

初一日，再阅《燕山集》。

初二日，删评《柳庄相法》。

旧题明袁珙撰。袁珙，自号柳庄居士。

初三日，阅赵文楷《槎上存稿》。

赵文楷（1761—1808），字逸书，号介山。安徽安庆太湖县人。嘉庆五年（1800），清廷选定赵文楷任朝廷正使，李墨庄为副使，从福州上船，往琉球去。旅途中一路作诗，后结集《槎上存稿》。

初四日，阅《麻衣相法》。

初五日，删评范騋《水镜相编》。

初六日，删节《麻衣相法》。

初七日，闻多隆阿围庐郡，玉润拟由此北上，作书先致雷纬堂。

初八日，听黄仙樵话金陵太平军情。

初十日，评《燕山集》。

十一日，评《水镜相编》。

十二日，接史贤希来函，并专役送来馈赆。

十三日，覆史贤希书。梦人赠鞋。

十四日，代刘香浦相地。

十五日，偕黄仙樵登城闲眺。

十六日，闻固始县被围。

十七日，偕方毓之晚步桃花潭。

十八日，拟赴庐州，不果。

十九日，作《三别桃花潭》。

《鸿濛室诗钞》卷十五《北辙集上》有《三别桃花潭》。

廿一日，阅《情史》。

廿二日，拟赴庐州，未果。

廿三日，晓发宿松，晚宿破凉亭。

廿四日，雨尤大，仍宿破凉亭。

廿五日，宿太湖县。

廿六日，宿望河墩。

廿七日，宿潜山县。

廿八日，雨，仍住潜山县。

廿九日，仍住潜山县，作《望天柱峰》诗。

　　《鸿濛室诗钞》卷十五《北辙集上》有《雨后望天柱峰》。

卅日，宿小河沿。

四月

初一日，宿桐城县。

初二日，登龙眠山。

初三日，宿小关，刘仆病甚。

初四日，雨。仆病愈沉。

初五日，仆病稍愈。夜梦入古庙听乐。

初六日，宿三沟驿。

初七日，宿合肥之南二十里铺。

初八日，雨，仍宿二十里铺。

初九日，抵精选中营。

初十日，观诸军攻城，未克。

十一日，雷纬堂以文招降庐城太平军。

十二日，访杨耀亭镇军，不晤。

十三日，晓登望台，有黑气出庐城去。以白雷纬堂，使防太平军遁，
不信。

十四日，庐城太平军夜遁。

十五日，多隆阿始派马队追太平军。

十六日，赴横店访张得胜，因留宿。

十七日，回精选中营。

十八日，致李子佩书。难妇孙庄氏以自书《求还乡文》请代陈情。

十九日，致雷纬堂书。

廿一日，闻清军追太平军不及。

廿二日，闻陈玉成为苗沛霖诱擒，送胜保营。

廿三日，作《难妇全节诗》。

《鸿濛室诗钞》卷十五《北辙集上》有《难妇全节诗有序》，序云："毗陵难妇孙庄氏暨妹被掳数年，今自溃城出，复为奸勇所逼。余偕诸友往观，氏出贼中《免令改节状》相示，知其智而能贞，因与诸友力代解脱，并访获其妹，同置民舍，将送回籍。而奸勇复背前言，为多将军所戮，氏乃得全。爰纪以诗。"

廿四日，听孙子香话陈玉成破金陵大营状。

廿五日，作诗寄张得胜。

《鸿濛室诗钞》卷十五《北辙集上》有《庐城复后，访张凯臣军门得胜话旧即赠》。

廿六日，闻清军进扎庄木桥。

廿七日，多隆阿追太平军始回。

廿八日，太平天国导王陈世荣被擒至庐。

廿九日，太平天国导王陈世荣伏诛。

五月

初一日，孙伯英回自寿营，悉陈玉成为苗练诱擒。

初二日，闻太平军犯西秦，清廷饬雷纬堂赴援。

初三日，多隆阿诛奸勇黄某，救难妇庄氏。

初四日，闻扬州告警，张乐行乞降于湘军，未遽允。

初五日，太平军犯西安，大帅飞檄雷纬堂驰后。

初六日，访王峰臣，不晤。

初七日，闻石达开将入蜀。

初八日，致书李子佩并李宪之诸友。

初九日，合肥难民杨元之上书陈情。

初十日，乌雨川回营，听话别后辗转淮南状。

十一日，多隆阿自请移军击秦回。

十二日，雷纬堂拔营西救秦关，邀玉润偕行，因复返大江，期会于樊。

十三日，随军装船出泊巢湖西口。

十四日，守风。作诗赠雷纬堂。

《鸿濛室诗钞》卷十五《北辙集上》有《抵合肥大营，与雷纬堂军门共饮》。

十五日，守风。作诗纪事。

《鸿濛室诗钞》卷十五《北辙集上》有《四月十四日夜，贼酋陈玉成突庐围北走寿春，为苗沛霖诱获，械送胜保营，将以献俘京师，作诗纪事》。

十六日，再作《难妇全节诗》。

十七日，风愈大。听孙子香话庐城太平军被围，城有异兆。

十八日，守风。作西征诗。

《鸿濛室诗钞》卷十五《北辙集上》有《秦中告警，荆州将军多隆阿自请应援，命纬堂军门率队先行，余与诸友亦由水路相随，作诗纪事》。

十九日，晓渡巢湖，泊黄腊河。

廿日，泊无为州。

廿一日，泊何家坝。

廿二日，泊神塘河。

廿三日，泊李家沟。

廿四日，泊徐家坝。

廿五日，守风。闻郧阳太平军甚炽。

廿六日，移泊丁家洲。

廿七日，泊铜陵峡。

廿八日，泊池州野岸。

廿九日，泊安庆野岸。

卅日，泊华阳镇，作《感事》诗。

《鸿濛室诗钞》卷十五《北辙集上》有《皖城感事》。

六月

初一日，仍泊华阳镇。

初四日，移泊苇岸。

初五日，泊小姑山，因登山顶，成诗一章。

《鸿濛室诗钞》卷十五《北辙集上》有《晚泊小姑山，因登其顶，归成一什》。

初六日，晓登小姑山，晚泊太平港。

《鸿濛室诗钞》卷十五《北辙集上》有《晓起阻风，再登小姑山绝顶》。

初七日，泊仁矶石，梦入古甲第。

初八日，阻风。移泊柘枝洲。

初九日，泊同兴洲，成诗一律。

《鸿濛室诗钞》卷十五《北辙集上》有《晓过湖口县》。

初十日，泊九江府，感成一律。

《鸿濛室诗钞》卷十五《北辙集上》有《晚泊浔阳》。

十一日，泊武穴。

十二日，方毓之偕仆相候日久，因暂登岸。

十三日，留寓武穴。

十四日，送方毓之回宿，听居民话白龙渡江之异。

十五日，仍留武穴。

十六日，发武穴，泊蕲洲，舟子溺水死。

十七日，泊土地矶。

十八日，泊黄州府，作《邬穴纪异》诗。

《鸿濛室诗钞》卷十五《北辙集上》有《邬穴纪异五月廿二日事》。

十九日，泊青山，成诗一律。

《鸿濛室诗钞》卷十五《北辙集上》有《黄冈舟中》。

廿日，抵武昌。

廿一日，偕罗厚斋登舟，移泊汉口。

廿二日，仍泊南岸嘴。

廿三日，回泊鲇鱼套。

《鸿濛室诗钞》卷十五《北辙集上》有《罗厚斋司马培堃转饷襄阳，余与同舟。甫抵汉镇，为水所阻，停泊南岸嘴，连日共话乡情，因成》。

廿四日，独登黄鹄矶吕仙阁。

廿五日，游江神庙。

廿六日，评选袁枚诗。

廿七日，晓发武昌，晚泊桥口。

廿八日，泊蔡甸，作琴断口诗。

《鸿濛室诗钞》卷十五《北辙集上》有《晓过琴滩口伯牙遇子期处，丙辰余曾养病于此》。

廿九日，泊汉川县，成诗一绝。

《鸿濛室诗钞》卷十五《北辙集上》有《汉川夜泊》。

卅日，泊三家潭。

七月

初一日，泊麦湾嘴。

初二日，泊仙桃镇，作诗怀萧子佩。

《鸿濛室诗钞》卷十五《北辙集上》有《仙桃镇访萧子佩孝廉，不晤》。

初三日，泊岳家口。

初四日，泊泽口。评点《船山诗草》。

初五日，守风。听罗厚斋话滇回汉互攻状。

初六日，泊四蒋，成诗一律。

《鸿濛室诗钞》卷十五《北辙集上》有《沔阳舟中书怀》。

初七日，泊沙洋。评选《忠雅堂诗集》。

初八日，泊刘家嘴。与林松岩晤，知捻势回扰随州，清军小挫。

初九日，泊花家湾。

初十日，泊安陆西河店。

十一日，泊利河口，成诗一律。

《鸿濛室诗钞》卷十五《北辙集上》有《竟陵晚霁》。

十二日，泊丰乐河。

十三日，泊流水沟野岸。

十四日，阻风。成诗一律。

《鸿濛室诗钞》卷十五《北辙集上》有《阻风》。

十五日，泊流水沟。梦迎龙君。

十六日，泊官庄。

十七日，泊白家巷。

十八日，抵樊城，作《寓目》一律。

《鸿濛室诗钞》卷十五《北辙集上》有《寓目》。

十九日，入襄阳，登昭明台，归访米公祠。

廿日，闻太平军尽西去。拟谒选北上，因移寓樊城旅店。

廿一日，偕宋军功登水星台。

廿二日，偕罗厚斋再登昭明台。

廿三日，偕罗厚斋饮酒肆。

廿四日，游书肆，阅《刘戢山先生全书》及邓湘皋《南山草堂诗钞》。

廿五日，游�祠，作诗一律。

《鸿濛室诗钞》卷十六《北辙集下》有《游米公祠，观宝晋斋墨刻诸碑》。

廿六日，独游岘石寺，归访唐汉阳王张文贞公读书处。

廿七日，游古隆中。

廿八日，作《昭明台》诗。

《鸿濛室诗钞》卷十六《北辙集下》有《登古昭明台》。

廿九日，补《岘石寺》诗。

《鸿濛室诗钞》卷十六《北辙集下》有《游岘石寺寺后有石甚奇，因以得名》。

八月

初一日，作《隆中吟》。

《鸿濛室诗钞》卷十六《北辙集下》有《隆中吟，题三顾堂壁》。

初二日，偕彭勖哉游铁佛寺。

初三日，彭勖哉赠诗。

初四日，闻竹溪、房县不守。

初五日，作《铁佛寺》诗。与杨芋安共计北上，因访吴亦九话别，明日就道。

《鸿濛室诗钞》卷十六《北辙集下》有《偕彭勖哉霖游铁佛寺》。

初六日，晓发樊城，晚泊白河。

《鸿濛室诗钞》卷十六《北辙集下》有《发樊城，乘小舟由白河北上，与杨芋安鸿烈大令暨彭勖哉诸君共话》。

初七日，泊刘家集，补诗。

《鸿濛室诗钞》卷十六《北辙集下》有《檀溪寺》《拟访羊祜祠，不果》《杜甫里》《舟晚望鹿门诸峰》。

初八日，雨。不能开舟。

初九日，泊王家楼。

《鸿濛室诗钞》卷十六《北辙集下》有《吴亦九锡龄少尉将赴陕营依纬堂军门，临歧依依，聊赠一绝》。

初十日，晓起易车陆行，宿长营。

十一日，宿新野县，访昭烈故迹。

十二日，雨不能行，题旅店壁四绝，彭、杨二君均和作。

《鸿濛室诗钞》卷十六《北辙集下》有《新野县旅店题壁》。

十三日，宿瓦店镇。

旅舍题壁诗甚多，惟款落"金甫""眉生"者各二律最佳。金甫云："北去金舆万骑扶，长安城上有啼乌。禁门昼闭宫槐冷，骅路宵寒塞草枯。九庙哭声惊北地，几人留守重东都。孤臣流涕朝天远，分作沧江老钓徒。

百战功名异姓王，孤忠天鉴郭汾阳。银涛避弩回沧海，白羽征兵到朔方。苦以和戎挠战守，真成铸错失金汤。伤心七十二沽水，呜咽寒声入夜长。"

眉生云："西风鹰隼下平芜，万里中原落照孤。云树低微渺京国，水花明瑟渐江湖。秋光满地田园好，兵气横天象纬殊。十载楚梁交格斗，土人何福尚耕锄。

愁来无地可消磨，旅馆凉灯照独歌。明镜秋霜生白发，唾壶冰泪泻黄河。真看杜宇啼春日，坐视天吴弄海波。一样悲秋少陵集，麻鞋奔赴愧如何。"（诗存《星烈日记》卷九十）

十四日，宿忠信寨，途中成诗一律。

《鸿濛室诗钞》卷十六《北辙集下》有《大军西去宛洛，贼势愈炽，感而有作》。

十五日，晓过博望驿，晚宿裕州，皆有诗。

《鸿濛室诗钞》卷十六《北辙集下》有《博望驿》《裕州车中与彭勔哉同作》。

十六日，宿旧县，即昆阳故址。作诗怀古。

《鸿濛室诗钞》卷十六《北辙集下》有《昆阳遇警感题》《旧县即古叶治》。

十七日，仍住旧县，与杨芋安、彭勔哉同作感怀诗题于壁。

十八日，仍住旧县，与彭、杨二君出访诸胜。

寓中题壁诗惟《湘西渔者》一律较蕴藉有诗情，诗云："已见银蟾五度圆，乡心遥逐楚云边。别时凉夜双星约，归路韶华二月天。春色有痕山作黛，客愁无那草如烟。闺中可念途中苦，我既怜卿亦自怜。"（诗存

《星烈日记》卷九十）

十九日，宿汝坟桥，有诗。

《鸿濛室诗钞》卷十六《北辙集下》有《汝坟桥过叶县，贼始渐远》。

廿日，晓过襄城县，有诗。晚宿颍桥镇。

颍桥镇，今属河南许昌襄城县。《鸿濛室诗钞》卷十六《北辙集下》
有《襄城怀古》。

廿一日，雨，仍住颍桥，题诗一律。

诗云："亦孝亦忠亦丈夫，先登血影竟模糊。颍川昨夜风兼雨，诅咒
千秋恨子都。"（诗存《星烈日记》卷九十）

廿二日，宿石固镇，途中有诗。晚更成一律，题襄城。

《鸿濛室诗钞》卷十六《北辙集下》有《过天乙寨》《寄题望嵩楼在
襄城县》。

廿三日，宿新郑，有诗。

《鸿濛室诗钞》卷十六《北辙集下》有《新郑》。

廿四日，宿郑州，感成一律。

《鸿濛室诗钞》卷十六《北辙集下》有《郑州晚眺》。

廿五日，午渡黄河，作七律一首。夜宿马庄。

《鸿濛室诗钞》卷十六《北辙集下》有《渡黄河》。

廿六日，宿小冀集，北望太行诸山，作诗志感。

《鸿濛室诗钞》卷十六《北辙集下》有《河北远望，感成》。

廿七日，作诗吊古。

《鸿濛室诗钞》卷十六《北辙集下》有《朝歌吊古》。

廿八日，仍住卫辉府，成诗四绝。

《鸿濛室诗钞》卷十六《北辙集下》有《卫州四咏》（《淇水》《孔
子击磬处》《苏门》《竹林》）。

与芋安、勘哉同访孔子击磬处，题诗一绝云："荷蒉人过识有心，既
讥揭浅厉于深。知其一未知其二，玉振金声冠古今。"（诗存《星烈日记》
卷九十）

廿九日，宿宜沟驿。

卅日，晓过汤阴，晚宿丰乐镇，过文王羑里城，均有诗。

《鸿濛室诗钞》卷十六《北辙集下》有《过汤阴，谒岳武穆祠》《羑里》。

闰八月

初一日，宿邯郸县，成五律四首。途中吊铜雀台。

《鸿濛室诗钞》卷十六《北辙集下》有《晚抵邯郸，题旅店壁四首》《铜雀台遗址》。

寓所壁间有《岳庙》六绝，款落"楚北佛生氏"，诗云："痛饮黄龙事总空，金牌十二为和戎。天心不祚中朝主，独使将军泣两宫。

二帝蒙尘且议和，十年血战枉操戈。南朝天子原无父，何用痴心望九哥。

总把中兴望建康，小朝廷里郭汾阳。而今忠武祠边树，犹向风前泣上皇。

天子如何被掳擒，九京含泪有徽钦。从行一个张枢密，饮水犹怀戴宋心。

金人纵桧议先成，不靖中原死不平。南渡君臣公早识，马前何待有书生。

大理沉冤死亦常，忠魂千载恨犹长。阶前莫把金人铸，翻恐沔公俎豆香。"（诗存《星烈日记》卷九十一）

又《无题》二律，款题"于陵灌园主人"，亦风雅可诵。诗云："香巢栖燕认谁家，情海茫茫未有涯。助我精神倾竹叶，将卿丰骨当梅花。秋心缱绻如抽绪，春梦模糊忆浣纱。什袭濒行都毁去，凄凉二字念头差。

平生孤峭耻贪缘，红拂关情正妙年。有玉石心怜尔慧，无脂粉气误侬偏。萍因絮果刚三月，凤泊鸾飘各一天。此恨欲消消不得，敲残瓦缶学痴颠。"（诗存《星烈日记》卷九十一）

初二日，晓过卢生祠，得八绝。晚宿顺德府。

《鸿濛室诗钞》卷十六《北辙集下》有《卢生祠》。

初三日，宿柏乡县，途中成咏古二律。

《鸿濛室诗钞》卷十六《北辙集下》有《豫让》《苏秦》。

初四日，宿药城县，途中题大石桥一律，并补郭巨诗。

《鸿濛室诗钞》卷十六《北辙集下》有《柏乡早发》《过郭巨庙感成》。

初五日，晓过滹沱，入真定，有诗。晚宿伏城驿。

《鸿濛室诗钞》卷十六《北辙集下》有《滹沱河感光武踏水事，因成》《宿伏城驿》。

初六日，宿清风店，途中得五律三首。

《鸿濛室诗钞》卷十六《北辙集下》有《晚次清风店，途中口占》。

初七日，次保定府。

初八日，仍住保定。

初九日，宿安肃，作《荆轲故里》诗。

《鸿濛室诗钞》卷十六《北辙集下》有《荆轲故里》。诗末跋云："燕丹刺秦，人多非之，然皆涉于成败之见，未足以服荆卿心也。今过其里，感成一什，亦聊为易水稍抒凤恨云尔。"

初十日，宿北河店，作诗吊贾岛及杨椒山先生。

《鸿濛室诗钞》卷十六《北辙集下》有《贾岛祭诗处》。

十一日，宿松林店。

成诗一绝云："野馆流萤露气清，每随斜漠盼双卿。灵窟漫饮神仙酒，一路题诗到玉京。"（诗存《星烈日记》卷九十一）

十二日，宿豆腐店。

《鸿濛室诗钞》卷十六《北辙集下》有《昭烈故里》《涿鹿道中》。

十三日，宿常新店。

十四日，仍住常新店，成诗一律涂于壁。

《鸿濛室诗钞》卷十六《北辙集下》有《行抵常新店，芊安先赴都，

185

余暂留寓。晚眺有作，即题壁上一律》。

十五日，抵都。成诗一律。

《鸿濛室诗钞》卷十六《北辙集下》有《抵都》。

十六日，喜晤杨卜臣表弟。时篆房山，于役来京，晤于店。

《鸿濛室诗钞》卷十六《北辙集下》有《杨卜臣应枚明府表弟供职金台已逾十载，余方遣仆相访，不料其近在同寓，喜极而悲，感成一什》。

十七日，偕陈章美访滇中诸友严湘生、简南坪、汪肯堂、李树堂、钱幼彭、陈东屏、王华峰。

十八日，杨芋安邀游天宁、慈仁二寺。

十九日，雨。阅戴絅孙《味雪斋诗文钞》。

戴絅孙（1796—1856），字袭孟，号云帆。云南昆明人。五华五子之一。

廿日，偕杨芋安访张叔平，不晤。

张世准（1823—1891），字叔平，号二酉山人。祖籍沅陵县城，出生永绥。世准自幼好学，尤爱书画，初从学于父，后得力于书法家刘庸指点，造诣颇深。道光二十六年（1846）中举人，任刑部员外郎，仍常习书作画，以山水、人物为多。后弃官从艺，遍游川黔名山大川。

廿一日，独游内城。

廿二日，访简南坪农部，因出其近诗相示。

南坪，即简宗杰（1825—1880），字敬甫，号南屏，别号居敬斋主人。云南昆明人。咸丰二年（1852）中举人后，即在家设馆授徒。同治元年（1862）中进士，授户部郎中，官至农部主事。著有《居敬斋诗钞》十四卷。

廿三日，访赵少山庶常。

赵少山，名子端，原名子襄。滇人。本科新捷南宫。

廿四日，拟《戈氏一门全节诗》，为戈最珊仪部作。

诗云："冤雪沉沉绕金齿，铁锁桥头风乱起。一夜大雨更如注，哭声震地崇墉圮（一解）。天昏不辨东与西，但闻金戈铁马、杀人无数空惨凄（二解）。戈氏有母早见几，独携少男避入深山静掩扉，白发青年互为命，残喘幸未遭虐威（三解）。惟有阖门男妇，妻若妾，姑若女，兄若妹，姻若舅，一十四人难相守（四解）。事已急，各全身，烈者火，懦者水，宽猛亦若数前因（五解）。矫矫一伍独强项，骂贼不屈声慨慷，可怜烈士竟残屠，满腔热血高溅额（六解）。我聆此语肝肠摧，我亦昆明劫底未烬之余灰。苍洱共抱乡关恨，回鹘何时歼厥魁（七解）。近闻大吏议抚和，抚者固如此，和之不久将奈何（八解）。朝廷纲纪节义耳，是非讵容颠倒死。一门节义谁表出，幸毋以是为非非者是（九解）。"（诗存《星烈日记》卷九十一）

廿五日，移寓北馆。

廿六日，访杨卜臣共话。

廿七日，简南坪邀饮酒肆。

廿八日，阅钱幼彭、钱宝荣昆仲合稿。

幼彭五言佳句如《平夷堡遇雨》云："水欲驱山走，天都带雾浮。"《渡新津县河》云："船行堤倒走，帆落鸟低还。分流斜通港，推篷背看山。"《阴雨》云："雨声千嶂合，人语一灯攒。"七言如《宁远道中》云："山势曲随征骑转，风声急挟怒涛来。"《武连驿早发》云："一径直随烟霭上，群峰争赴马蹄来。"《过剑阁谒平襄侯姜伯约祠一律》云："百尺雄关面面开，将军曾此驻兵来。不图辟地矜生力，犹冀贪天拔死灰。讨贼足塞司马胆，抚孤空继卧龙才。至今剑水环祠宇，鸣咽声声血泪哀。"（诗存《星烈日记》卷九十一）

宝荣五言佳句如《夜泊仙潭》云："波平山倒影，风定月争明。"《白鹤县舟中》云："好景何须买，真山不用皴。"《小园即景》云："蝶去嫌花瘦，蝉鸣觉树阴。"七言如《相岭》云："河流遥连三峡水，蝉声高唱一天秋。"《同从兄性畲话旧》云："客中佳见还疑梦，乱后相逢似再生。"《舟泊紫阳县》云："送我青山两岸立，载他明月一船来。"（诗存《星烈日记》卷九十一）

廿九日，偕杨芋安游琉璃厂。

九月

初一日，雨，阅简南坪农部《居敬斋诗钞》。

初二日，阅邸抄。关中军务，颇有起色。

初三日，访万远村孝廉，不晤。

　　万乃斋族弟，今春过羊皮庙，乃斋曾托寄缄，故往访之。

初四日，补作《望太行》诗。

　　诗云："噫戏乎！太行不是神龙化，胡为蜿蜒万里千里皆云烟。脊耸大地，背负青天。头俯河洛，尾扫幽燕。吾终未见其腾踔以崛兴，长亘古而连蜷。王屋苍苍高无极，中条两势分华巅。元黄一气混鸿濛，岩壑隐现腾飞仙。雷车趋电下峰头，山魈木客齐奔迁。云物变态起复灭，胸怀跌荡神翩跹。须臾雾散青山朗，兜罗湿气满大千。松杉几点见陵阙，雕鹗盘空蛟出渊。红云匝地绕溥沱，古来王霸多豪贤。只今天子更神圣，高据雄图控八埏。长城直跨山之坳，碣石卢龙相牵连，我来正值河清候，渤澥当前若镜圆。居庸百雉称天险，山海何曾制九边，中外帧幅一家耳，百年王气钟燕然。只愁南望多蠛蠓，中原声鼓震秦川，何当早扼上党险，坐清寰宇无迁延。再缚黄茅住高顶，下视六国山河列几筵。断不使当年韩信善奇兵，偷度井陉谷口恨绵绵。"（诗存《星烈日记》卷九十二）

初五日，阅汤海秋诗稿。

初六日，戈最珊邀饮酒肆。

初八日，张叔平招饮。

初九日，严湘生招饮。

初十日，作书寄方毓之。

十一日，入琉璃厂购书《叩弹集》一函。

　　杜紫纶、诒穀二君同辑中晚唐诗，自长庆下共三十有七人，诗凡一千六百十四篇。

十三日，阅吴长元《宸垣纪略》。

吴长元仿朱竹垞《日下旧闻》，辑《宸垣纪略》一书，方便游都下者查览。

十四日，阅邸抄，黎庶昌上书陈时政。

十五日，杨芊安邀作西山游。

十六日，游碧云寺。

《鸿濛室诗钞》卷十六《北辙集下》有《杨芊安邀偕黄友仙、许九峰二选拔游碧云寺》。

十七日，回寓。

十八日，杨卜臣邀赴房山住。

《鸿濛室诗钞》卷十七《房山集》有《赠边存赤长孺》。

十九日，阅邸抄。

廿日，登留台尖。

《鸿濛室诗钞》卷十七《房山集》有《登留台尖在城西，相传为留侯栖止处》。

廿一日，与署中诸友共话。

廿二日，阅《随园诗草》。

边连宝著《随园诗草》八卷，蒋心余作序。

廿三日，补《赴房山县》诗。

《鸿濛室诗钞》卷十七《房山集》有《卜臣邀赴房山县署》。

廿四日，偕边存赤访李丹亭。补《天宁寺》诗。

《鸿濛室诗钞》卷十六《北辙集下》有《天宁寺》。

廿五日，阅邸抄。补诗。

《鸿濛室诗钞》卷十六《北辙集下》有《报国寺寺有内赐窑变观音及傅雯指画佛像》。

廿六日，补《松筠庵》诗。

诗云："轩庭尘净昼生光，把袂同登谏草堂。古佛有灵依毅魄，忠忱何暇计文章。谁将血泪千秋稿，并作贞珉百世香。更有石工传小像，安民也附党人芳。"（诗存《星烈日记》卷九十二）

廿七日至廿八日，阅《杜律启蒙》。

边连宝集注。《杜诗启蒙》专评杜诗五七律两种，虽曰启蒙，实自著心得。

廿九日，与陈章美夜话。

卅日，阅《杜律启蒙》。

十月

初一日，阅邸抄。

初三日，阅《通鉴纪事本末》。

初四日，作残雪诗。

《鸿濛室诗钞》卷十七《房山集》有《雪霁，登园中高台，望大房诸峰》。

初五日，评《梅村诗集》。拟选评国朝十二家诗，以梅村为冠。

初六日，作《忆弟》诗。

《鸿濛室诗钞》卷十七《房山集》有《忆弟》。

初七日，阅《畿辅河道水利丛书》。

吴邦庆（1766—1848）编辑，道光四年（1824）成书。是书约四十万字，共收集《直隶河渠志》《陈学士文抄》《潞水客谈》《怡贤亲王疏抄》《水利营田图说》《畿辅水利辑览》《泽农要录》《畿辅水利管见》《畿辅水利私议》等九种。

初八日，阅《敏果斋七种》。

许乃钊刻。包括《自批戚南塘练兵纪实》《纪效新书》二种及《回澜》《安澜》纪要二种、汪志伊《荒政辑要》一书及《城守》《乡守》二书共七种。

初九日，阅《安澜纪要》。

徐端著。徐端，字肇之。浙江德清人。官至江南河道总督。著有《安澜纪要》《回澜纪要》等。

初十日，读元稹、白居易二家诗。

十一日，读张籍、王建诗。

十二日，读李贺以下诸家诗。

十三日，阅邸抄。

十四日，读杜牧、许浑、刘沧诗。

十五日，接陈东屏来函。

十六日，读李义山、温飞卿诗。

十七日，读赵嘏以下诸家诗。

十八日，阅邸抄。

十九日，阅《通鉴纪事本末》。

廿日，阅袁了凡《纲鉴补》。

廿一日至廿三日，阅《方舆纪要》。

廿四日，阅《通鉴纪事本末》。

廿五日，阅《方舆纪要》。

廿六日，与陈章美夜话。

廿七日，拟作《中兴论》，未成。

廿八日，作《中兴论》。

文存《鸿濛室文钞》。文前自序云："壬戌孟冬寓房署，时畿南贼势甚张，江淮诸军尚少捷音，征西大帅束手无策，兴言时事，曷胜浩叹，乃为是论。"

廿九日，阅邸抄，何根云已于本月廿七日正法西市。

十一月

初三日至初四日，阅邸抄。

初五日至初八日，《中兴论》成。凡一万一千三百余字。

初九日，阅《金石三例》。

卢雅雨取潘苍崖《金石例》十卷、王止仲《墓铭举例》四卷、黄梨洲《金石要例》一卷合刻，谓之《金石三例》。

初十日，阅《金石要例》。

191

十一日至十五日，阅《文心雕龙》。

十六日，表甥陈韫山来自湖南。

十七日至十八日，阅《文心雕龙》。

十九日，阅邸抄。

廿日至廿一日，阅《文心雕龙》。

廿二日，阅邸抄，胜保有罪被劾。

廿三日至廿九日，阅《文心雕龙》。

十二月

初一日，阅邸抄。

初二日，与陈韫山夜话。

初三日，闻太平军抵束鹿县。

初四日，阅邸抄，陆运漕粮在京畿近地多次被抢。

初五日，阅《全唐诗录》。

康熙间礼部侍郎徐焯进呈本。

初六日，阅《养恬斋笔记》，高骧云令房时所记。

初七日，阅《房山县记》。

初八日，与边介石夜谈。

边介石，名长豫，边漱珊第四子。

初九日，与陈章美夜话。

初十日，阅邸抄。

十一日，读边漱珊年谱稿。

十二日，登留台尖。

《鸿濛室诗钞》卷十七《房山集》有《再登留台尖，访云鹤道人不晤》。

十三日，跋边漱珊年谱后。

跋曰："自有唐以诗赋取士，而科目始为世重。明虽改用经义，士之由科目起家者，仍莫不各有针芥之投，以为渊源所自出。是以经师宿儒决科取士，一若有精识神鉴隐寓乎中，而不容毫发混者。乃今读漱珊师自叙年谱，而益信然也。师以名诸生制义冠畿辅，久在人耳目间。及秋闱，果掇魁，主司无不以得人庆。旋成进士，直中书，出牧吾滇，而所造士又多掇元魁。夫何衣钵相传如是其不爽耶？润不敏，弗能为制义学，而亦受师知，深恐无以副师望。然卒困场屋，莫能释夙憾，则惭恧为何如。兹适谒选来燕，季君介石出是编命校阅，益因之有感焉。夫古人以经义取士，历五百年而莫废者，岂非以其能代圣贤立言，尤足为道德寄欤？使平日读书，非以道德自重，圣贤居心，则其言也奚以合？而乌有所谓针芥投？然则今之经义果何如乎？决科取士，果能不爽其衡乎？此无他，道德不足重，而文章亦无凭也。呜呼！可以观世道矣。"（文存《星烈日记》卷九十五）

十四日，阅邸抄，各省军务略有起色。

十五日，阅邸抄。

十八日，阅邸抄。

十九日，与陈章美夜话释氏轮回之说。

廿二日至廿三日，删节《性命圭旨》。

廿七日，与陈韫山夜话。

廿八日，阅《孙文正公年谱》。

廿九日，阅邸抄。

卅日，自叙《北辙集》。作诗一律。

序云："去岁拟还滇而不得，乃起北上念。行抵麻城之宋埠，闻光、信均被围，复返大江，由松滋进至合肥。适值郡复，独步入城，访鹤人方伯殉难处，不禁伤感，大痛而归。时礼堂将军将有西征命，纬堂军门力邀偕往，故又西上至樊。自念从军日久，毫无建白，而一身如篷，终非了局。乃与杨芊安大令结伴入都候选，得晤卜臣表弟，始同车来房，下榻署斋。数载奔驰，一朝安寓，锐观坟典，不出书帷者殆百日，盖动极而思静也。诸葛武侯云'宁静以致远'，非静不能沉几，亦非静无由观变。宁静之功，固未可少。兹偶捡舟车所作诸诗汇为一集，名曰《北辙》，亦古人所谓欲南其辕而北之辙也，岂不可笑而可叹欤！"

（文存《鸿濛室诗钞》卷十五）

是日作《除夕》一律云："半百又过二，知非发更皤。心神日已耗，天命复如何？南望乡音少，北来戚谊多。还余诗可祭，岛佛笑狂歌。"（诗存《星烈日记》卷九十五）

清同治二年　癸亥（1863）　五十三岁

正月

初一日，晴，杨卜臣设筵小酌。

初二日，游留台尖及弘业寺诸胜。

《鸿濛室诗钞》卷十七《房山集》有《癸亥新正二日，偕陈子钦璠表甥由留台过弘业寺，适与边介石长豫晤，归成一什》。

初三日，游广慈寺及北极观诸胜。

边介石作《望山有感诗》相赠云："山义训为宣，其气令人寿。宣志以导气，许书绎史籀。仆本积感人，忧幽郁成疢。忽与山气契，顿觉开固陋。衙斋据高爽，四望极广袤。石城面势雄，峦壑宫其右。大房耸双峰，留台伏如兽。迤北望金陵金诸陵在峰下，脉势宏结构。上方与螺崿，云气暗高岫。朝揖相回环，葱郁态雄厚。木凋石气青，雪霁云根瘦。日久岚雾合，苍茫隐深秀。长吟豁倦眸，萧然涤尘垢。远致同袁尹，济胜具相副。两作万里游，每因泉石留。谒来燕赵间，久为乡里囿。人畏次公狂，动辄遭病诟。遐想惟梦游，抑抑强跧伏。忽闻贤令尹，印佩奉先绶。触我烟霞癖，裂裳急相就。客来无所好，喜游耽醇酎。弹铗食有鱼，每出借华厩。慵散醉欲眠，高卧过清昼。况有素心人，万里适相觏。别来二十年，著作等身富。所问无不答，洪钟待我叩。论诗开悟多，养生得真授。知兵有独契，谈艺无剌谬。授我鸿蒙集，钳口不能读。望洋增浩叹，瑟缩小巫走。人生感知己，两遇真奇遘。益信非天穷，人厄亦时宥。览胜兴未穷，联鞍期勿谬。山灵要新诗，胜迹君须究。请看烟霭中，佳气正深茂。探奇莫惮幽，选佛志已旧。我视缁与黄，称身胜文绣。浪仙何多事？朱门曳长袖。应憎昌黎公，谤佛乞拔救。倘勒北山文，诗魂当自首。"（诗存《星烈日记》卷九十六）

初四日，作家书寄玉铭弟暨王公亮。

初五日，自删《廿四策》。

初六日，代章萼芗书屏联。

初七日至初八日，书册页。

初九日，阅邸抄。

初十日，与边介石谈游艺枪法。阅《八卦单刀形》。

十一日，登留台尖。

十二日，再与边介石论枪法。

十三日，与边介石论诗。

十四日，再作《李奉贞传》。

十五日，微雪，阅《牧鸥亦舫诗钞》。

　　赵岱霖刺史著。岱霖权涿事，兹复回霸州。

十六日，阅《争座位帖考证》。

十七日，阅《北学编》。

　　魏莲陆辑。载其乡先辈之有道德者。

十八日，监察御史裴德俊奏参直隶大员办贼不力。

十九日，闻太平军犯山西徐沟县。

廿日，与乡人共话。

廿一日，覆李宪之书，并致《廿四策》刊本。

廿二日，与边介石论袁枚诗。

廿三日至廿四日，阅邸抄。

廿五日，章萼芗回幕。

廿六日，阅《高厚蒙求》。

　　徐朝俊著。学虽家传，法实泰西，故制钟表等器最精，其言海域诸国亦详。

廿七日，游北庄。

《鸿濛室诗钞》卷十七《房山集》有《偕介石闲步至北庄》。

廿八日，边介石和诗。

介石成五古一章云："春郊闲步屧，喜有佳客同。苍茫纵遐眺，顿豁尘俗胸。孤松挺霜干，矫如高士风。桎榆远相映，委屑如杂庸。临流玩溪水，寒碧清溑溑。照我须与眉，狂瘦成秃翁。水态亦滑稽，写我何太工。伸眉一大笑，舍去登高碕。古墓气葱郁，松柏环崇封。丰碑勒名谥，屃赑形模隆。勋名不可忆，徒知为巨公。欲访岛佛迹，吊彼诗魂穷。寄径出蔬圃，坐话逢老农。为言风雨时，二麦已芃芃。忽忆畿南境，佩觽风未降。此邦真乐土，买山拟相从。兴尽忽欲返，行歌畅幽悰。路人莫相讶，礼法非吾宗。"（诗存《星烈日记》卷九十六）

廿九日，阅《高厚蒙求》。

二月

初一日，作《移石诗》。

《鸿濛室诗钞》卷十七《房山集》有《移石诗有序》，序云："署斋旧多奇石，然皆埋没土肤，尘涸可惜。乃与卜臣及诸友移置砌上，并加洗刷，奇骨顿露，有似鹰扬熊距诸异状。乃知天生灵秀，以位置失当而致湮没者，曷可胜道。爰系以诗，聊博诸君一笑云尔。"

初二日，为陈韫山书屏联。

初三日，游仁圣寺。

《鸿濛室诗钞》卷十七《房山集》有《游仁圣寺》。

初四日，陈章美邀偕边介石登东城闲眺。

初五日，阅邸抄，曾国藩奏收复巢县及铜桥闸。

初六日，与卜臣夜话，谈果报事。

初七日，边介石和《移石诗》。

初八日，拟游弘业寺观杏花不果，作诗遣怀。

《鸿濛室诗钞》卷十七《房山集》有《闻弘业寺杏花盛开，拟携酒往观，而大风寒甚，故不果，作诗自遣》。

初九日，偕边介石游弘业寺观杏花。

《鸿濛室诗钞》卷十七《房山集》有《次日晴霁，偕介石至弘业寺观杏花，已为寒气冻损，不胜惘惘，因用前韵悼之》。

初十日，陈章美将赴礼部试，杨卜臣邀陪饯饮。

十一日至十二日，阅邸抄。

十三日，杨卜臣和《移石诗》。

诗云："人苟违其才，巧者亦成拙。物苟失其性，优者亦成劣。衙斋石累累，三五相连缀。了无山意思，徒为尘土蔑。习见等泛常，心目不关切。幸有贤亲友，精心为剔抉。审曲兼面势，因之成构结。向背各性情，起伏自行列。遂令转移间，生面得轩豁。妍秀相竞争，岩壑均朗澈。兽蹲鸟欲飞，神致栩栩活。能使顽者灵，妙处不可说。譬彼困盐车，辕下伍蹄啮。一遇市骨人，长风控金埒。又如下座客，碌碌谁区别。一得处囊中，划然脱颖出。对此生百感，怦怦不能息。自古康世屯，污俗崇朝涤。宽猛政以和，风雨好不僻。一弛复一张，或沿亦或革。惟动合自然，非由权术得。所以邹峄叟，反手王齐国。小物可喻大，至理无差忒。倘谓余不信，看此新移石。"（诗存《星烈日记》卷九十七）

十四日，作《大风扬尘》诗。

《鸿濛室诗钞》卷十七《房山集》有《大风扬尘歌》。

十五日，为云鹤道人书室额。

题其丹室曰"栖碧"，客堂曰"憩霞"，并书以付道人。

十六日，阅邸抄。

十七日，游砖公院。

《鸿濛室诗钞》卷十七《房山集》有《游砖公院院本道观，垒砖为殿，兼奉如来》。

十八日，阅邸抄。

十九日，作纪事诗一律。

《鸿濛室诗钞》卷十七《房山集》有《阅邸抄多隆阿破回垒于同州，僧格林沁擒斩张乐行淮上，胜保则逮系于狱》。

廿日，作《姚少师墓》诗。

《鸿濛室诗钞》卷十七《房山集》有《姚少师墓》。

廿一日，游瀑水岩。

廿二日，作《瀑水岩》诗。

《鸿濛室诗钞》卷十七《房山集》有《游瀑水岩》。

廿三日，阅邸抄。

廿四日，游剑门湾。

《鸿濛室诗钞》卷十七《房山集》有《拟登房山，至剑门湾日已暮，遂归，怅然有作》。

廿五日，阅邸抄。

廿六日，游永寿寺。

《鸿濛室诗钞》卷十七《房山集》有《题永寿寺壁俗名十亩坪寺，悉种梨，时花正开》。

廿七日，作《房山地图》。边介石和诗。

廿八日，闻赵州清军获胜。

廿九日，闲步东郊。

《鸿濛室诗钞》卷十七《房山集》有《东郊》。

卅日，阅檀萃《濂洛关闽源流考》。

檀萃（1725—1801），字岂田，号默斋。安徽望江县人。长居云南，任禄劝知县等职，著有《滇海虞衡志》《楚庭稗珠录》《农部琐谈》等。是书凡十二篇，曰洛不承濂第一，洛不推邵第二，关因洛重第三，洛闽遥接第四，濂显自闽第五，洛闽有异第六，三学之分第七，程门支离第八，洛学自护第九，程氏二谬第十，洛蜀之争十一，王苏之学十二。名虽源流考，其实专攻五子也。

三月

初一日，偕边介石游云居寺。

初二日，登石经山。

《鸿濛室诗钞》卷十七《房山集》有《游云居寺，与纯雅和尚共话，因成》《香树庵》。

初三日，游上方山，先宿接待庵。

《鸿濛室诗钞》卷十七《房山集》有《由西峪寺纤道访上方山，先宿接待庵》。

初四日，登上方山顶，遍览诸胜。

《鸿濛室诗钞》卷十七《房山集》有《入兜率寺上方七十二庵，以兜率为主》。又有《文殊寺》云："藤龙高缠古树，神僧怪图禅关。谁肯现身说法，当前指点般般。"《合掌石》云："合掌诵弥陀，弥陀安在哉？不如化为石，万古长莓苔。"

初五日，晓补游一斗泉诸胜诗。晚回署。

《鸿濛室诗钞》卷十七《房山集》有《过龙虎峪》《次晓更游一斗泉》《游上方山，归作歌示瑞云长老》。

初六日，补《云水洞》诗。

《鸿濛室诗钞》卷十七《房山集》有《云水洞》《晓起偕介石入谷，至筏汉岭作》《云梯庵小憩旁有飞瀑泉数十丈，春暮尚无水》《题华严洞》。

初七日，补《石经山》诗。

《鸿濛室诗钞》卷十七《房山集》有《登小西天，观石经洞事见邑志》。

初八日，代上方山僧书寺额。

初九日，作《西峪寺图》。

初十日，阅邸抄。

十一日，自检《中兴论》。

十二日，赴京。

十三日，阅邸抄。

十四日，出访诸友。

十五日，补《入都》诗。

《鸿濛室诗钞》卷十七《房山集》有《再入都门感作》。

十六日，李宪之来见。晚间陈东屏招饮。

十七日，李宪之邀偕诸友观剧。

十八日，出访诸友。

十九日，李宪之再邀观剧。

廿日，阅汤鹏《海秋诗集》。

廿一日，过李宪之。作书寄方毓之。

廿二日，杨卜臣邀偕诸友同游上方山。

廿三日至廿四日，阅邸抄。

廿五日，阅黎庶昌时务疏。

廿六日，回房山。

廿七日，阅杨卜臣游山诗。

卜臣《兜率寺》二律诗云："上方兜率是禅宗，路转峰回重复重。树拥危楼初见寺，苔封仄径各携筇。老僧说法三乘上，我佛拈花一笑逢。到此应知尘世扰，不堪相对说来踪。

庄严七宝镇中峰，棋布茅庵作附庸。法界总教青嶂锁，世缘都遣白云封。长留梵呗皈灵象，赖有禅心制毒龙。我是营营名利客，孽深深愧五更钟。"（诗存《星烈日记》卷九十八）

廿八日，游孔水洞。

廿九日，作《庄亲王墓图》。

卅日，阅严秋槎《红蕉吟馆诗钞》。

四月

初一日，阅《红蕉吟馆诗钞》。

初二日，阅邸抄。

初三日，杨卜臣卸房山篆。送边介石归任丘。

口占一绝赠介石："半载游踪兴未非，红螺新翠满征衣。此行若问囊中物，袖得房山怪石归。"（诗存《星烈日记》卷九十九）

初五日，边介石来函。

初六日至初七日，阅邸抄。

初八日，作游房山诸记。

共得七记：《游瀑水岩》《游剑门湾》《游十亩坪》《游砖公院》《游西峪云居寺》《游上方山》《游孔水洞》。

初九日，喜闻李宪之成进士。

初十日，接方毓之来函。

十一日，覆方毓之书并作致诸友函。

十二日，发房山，晚宿固安。

十三日，宿苑家口。

十四日，抵大城县。

十五日，杨卜臣接大城县篆。

十六日，闻直隶官军获胜，境内肃清。

十七日，阅《大城县图》。

十八日，作书寄边介石。

十九日，边存赤赴郑州购马。

廿日至廿二日，阅《大城县记》。

廿三日，接边介石来函。

廿四日，作《登明远废楼诗》。

诗云："我昨客奉先，高登留侯台。今我来平舒，子牙河更开。一水萦衣带，斜绕东城隈。上拥钓鱼矶，下吼奔浪雷。云是渭滨叟，曾钓东海杯。避世讵嫌远，垂纶亦快哉。只今溟渤水，还作桑田栽。惟有台畔土，千古无崩摧。牙河与留台，浩荡而崔嵬。两两何相望，同称济世才。而我虱其间，俯仰空徘徊。熊梦亦已邈，黄石去弗回。徒存借箸想，难展鹰扬材。升高纵遐眺，麟洼晚霞堆。郭底余西照，人影落青苔。盘盘车马迹，往来长惊猜。楼船纷海上，至此亦觍颜。迁地恐弗良，焉望事业恢。近闻边小捷，终未斩渠魁。燕然根本地，担荷无挽推。蠢兹虽小丑，毒大亦蛇虺。安得良与尚，一出清世埃。雄风整冀北，余润涤九垓。我亦拭老眼，□□□蓬莱。呜乎意何远，举首盼三台。"（诗存《星烈日记》卷九十九）

廿五日，补赠李宪之诗。

《鸿濛室诗钞》卷十七《房山集》有《试院门喜晤李宪之，执手依依，口占戏赠》。

廿六日，补赠李宪之捷南宫诗。

《鸿濛室诗钞》卷十七《房山集》有《喜闻宪之捷南宫，旋膺馆选》。

廿七日，补《孔水洞》诗。

《鸿濛室诗钞》卷十七《房山集》有《游孔水洞》。

廿八日，自题《中兴论》诗。杨卜臣设筵小酌。

《鸿濛室诗钞》卷十七《房山集》有《自题〈中兴论〉后》。

廿九日，阅邸抄。

五月

初一日，补《别房山》诗。

《鸿濛室诗钞》卷十七《房山集》有《将随卜臣赴大城任，作诗留别房山》

初三日至初四日，阅邸抄。

初五日，占牙牌数。

初六日，读卢氏刻《五家合评杜诗》。

别以五色笔，诚读杜者之一大观也。王世贞紫笔，王慎中蓝笔，王士祺朱墨笔，邵长蘅绿笔，宋牧仲黄笔。

初七日，梦二学究谈天。

初八日，阅邸抄。

初九日，杨卜臣考试本县文童。

初十日，代杨卜臣阅试卷。

十一日至十二日，阅邸抄。

十三日，涂改《游瀑水岩记》。

文云："房山多邃境，固不独红螺崦、孔水洞诸胜，足以游目而寄兴，即一丘一壑，断涧孤松，亦具烟霞逸趣，为世奇观。余初至邑，即

202

闻城东北隅五里许有瀑水岩，极幽峭，未之信。今午日霁风柔，偶偕介石边君寻幽出步，登平岗，陟漫坂，优游闲眺，徙倚长吟，不觉屐与之远。然风景未殊，襟怀固莫畅焉。乃未几而冈尽路低，洼然者青溪环流，巉然者翠岭横列。竹篱茅茨，倏露于芳林碧荫间。急趋下坂，回顾高厂，石骨攒簇，如云颓马奔，势崩欲落，飞流溅沫，喷洒石上，则瀑水岩在焉。向之视为平常无奇者，今悉化为尘世绝境。于是循流蹑蹬，拨雾披榛，危立泉畔。听水声玎珰砯砉，锵珠戛玉，如鸣琴，如断珮，飒然神清，悠然意远，不知声闻何自来矣。岩根沉潭一泓，黝碧而深，游鲦数千头，聚岩影下，吹珠似串，唼沫成辐，历历可数。村童云：'潭深无底，天旱不涸。'岂有物凭乎其间欤？不然，何数尺澄波，即可作江湖观也。左立危矶，曰钓雪台，亦宽平，可坐数人。对岸高石，镌瀑水岩字，乃汪君士镕，笔势尤生动。惜无竹树，但见云烟，园榭亦就荒芜，不足税高人驾，故游者寥寥。升垅遐望，云峪幽深，峰峦岢嶺，溪流甚长。倘由此溯流进，则云物变灭，愈出愈奇，前川好景，岂易穷尽。惜日暮途远，不能追蹑所见。归途耿耿，尝若思饮而未止乎渴云。"（文存《星烈日记》卷一百）

十四日，涂改《游剑门湾记》。

文云："大房山形如折俎，耸峙县西，为幽燕奥窟。然古无胜名。自元尚书高克恭善画，人称高房山，而山名始著。每登署后高台，山光送爽，与人敬相揖让，致其佳也。故恒欲高凌绝顶，纵阔双眸，而未有暇。兹游瀑水岩，归之后二日，复邀介石、醇庵迈往。出城过留台尖，入山口村，更登超岭，几抵山麓，而醇庵不能从。余时力亦将倦，兴犹未已，乃独步岭西，见岩壑重重，左逼浹溪，右缘断壁，揩木作栈，时恐失足。正当岭脊，剑石如门，类五丁劈成一线羊肠穿罅侧过，夹道阴森，神为之竦。而岭下白云，窈渺无际，知此中必有幽趣。急招介石，踏石越涧，循山而入。甫转青溪，桃红满坞，小村落聚处岩阿，门前流水潺潺，恍又别一世界。野老二三，同来问讯，若深讶客所自来者。仰视大房双峰，近在咫尺，湿翠霏阴，丛萝翳日，苍然秀色，黏人襟袖。欲更抠衣，而夕阳已西下峰巅矣。恐难造极，反亏一篑，遂怅怅归。途次成诗一律云：'断岭云横树，高岩壁竖关。逢人惊失路，问客到何山？夕照迟深坞，桃花聚一湾。大房看咫尺，惆怅未能攀。'天下事有近在目前，迫之而转远；思出意表，忽之而愈佳者，固可以成见涉之欤？"（文存《星烈日记》卷一百）

十五日，阅卷。

十六日，涂改《十亩坪记》。

文云："房山中条脉蝉联，下如舒翼，抟云之攒蹙而居也。正当峰凹处，双臂环合，中开小坪，宽约数百弓，故俗呼十亩坪。中建兰若，曰永寿寺。寺后高台三阁巍峙，藏千佛塔，庄严精妙，由来旧已，而人顾弗称道者，何哉？则以其时有盛衰也。今晨早起，入西山，复迤而南，出牛口峪，先至云峰寺小憩。老僧指罗汉像夸示客曰：'西方尊者，今又增一，故数十九，盖一其自来也。'噫！释氏好附会，一至此欤！笑不之应。出寺数里，西望皆高峰，岋峱相倚，如莲华，如幡幢，如屏嶂，如狮象，丑怪莫名。再倒向西北行，溪径幽崄，蜗延蜿折，上尚未见寺门何处也。到则划然天开，果与凡境异。时方春半，梨花似雪，开满禅院。而台下一株，尤耸立攫拿，斜倚塔畔，凭栏可以摘花。惜左右廊房俱半倾圮，徒形荒废，客境禅心，两无所着。成小诗一绝，以指涂于壁上云：'宝塔倚岩接上方，千层佛影自苍苍。梨云满院苔花冷，不坐禅床梦亦香。'寺僧烹茗款客甚殷，且云近有皖士逃禅宿此，惜他出，未及酬韵，殊减兴耳。余乃登其台后高峰，北顾居庸、碣石，南望瀛渤、中山，浑浑濛濛，元黄一气，不知大造端倪，何时能尽藏也。夫不登高，不知天地之大；不寻幽，不觉造化之奇。世人日逐逐名利中而不知返顾，安望其能点缀山川，与造物争奇竞异，显神明于无尽之藏也哉？故寺有兴废，山有冥灵，亦时会为之，况人也欤！况人也欤！"（文存《星烈日记》卷一百）

十七日，涂改《砖公院记》。

文云："砖公院本梵刹，一名超化寺，近为黄冠栖，故又属道院焉。

然其正殿仍奉古先生及诸罗汉像，盖一门而两宗矣。相传道人王大定欲营室而苦无木，乃垒石作坯，砌砖为殿，阔然洞启，巧夺神工，故曰砖公院。院成，适蝎仙避劫来此，劫过而仙去，临行指石掘泉，以酬道士。今殿左岩阴，其泉尚溢，虽饮千百人不涸，非灵窟欤？春仲望后二日，萼芎章君闻其异，邀偕诸友联骑同游。由楼子水缘溪入峪，乱峰插汉，叠巘镂空，古木虽多，而槎枒无荫，怪石寒嵝，都无奇趣。惟峪口文杏盛开，锦被川原，如焚似艳而已。到门竹篱短垣，犹形荒陋。而入院乃杰阁巍然，依岩矗起，灵泉翠筱，碧荫清芬，无半点尘埃气。再振高顶，而烟云动荡，飘渺无垠。不意乱山杂沓中，乃有此离奇妙境也。于是超然长啸，岩谷四响，泠泠兮如入鸿濛而混希夷，不知造物之或低或昂，与吾身而为缘矣。因思丈夫处世，自当独辟灵境，各露性天，与造物者长游于无何有之乡。既不知仙，何有乎佛，而况囿于仙佛而不能浑乎仙佛之迹者耶？归至楼子村，有刘姓富翁邀入其室，出二孙以揖客，具鸡黍而供馔。田舍家风，朴诚可爱。翁既高蹈，尤善择邻。翁乎翁乎！吾将卜筑与子为邻而常相终古乎！"（文存《星烈日记》卷一百）

十八日， 阅试卷。阅邸抄。

十九日， 改《孔水洞记》。

文云："去房北廿余里，云濛山阴，有伏流出岩胁中，曰孔水洞。跨洞筑台，建堂其上，曰万佛堂，盖依岩凿佛万余，为祈福地也。堂左右辅以二塔，庄严尤妙。兰若一区，花木幽秀，春半游人往往觞咏于此。洞深无际，蛟鼍是宅，每值岁旱，祷雨辄应。今春已尽，尚无雨，麦苗槁矣。邑宰杨君卜臣，余中表弟，深以为忧，爰集邑众徒步往祷，余与诸友亦偕游焉。行抵南罐村，乱峰合沓，丛树阴幽，疑若无路。遥望山凹缺处，旋折而西，遂出谷。天光发新，山色亦葱蒨可爱。再进则大溪漭洄，涧草拂青，心目都畅。环村左转，高岩杰阁，巍然独峙者，洞境也。水清澈见底，不波不声，甃石成渠，若流觞曲水，令人想见山阴被褉时，神往者久之。时童冠毕集，妇子嘻嘻，登岩拜佛，临水濯缨。微雨新过，农望弥殷。道人默祝，置瓶洞中。半晌出视瓶水分寸，以验雨泽浅深，何其异欤！茶毕出寺，望磁家务，青山一角，红墙绿瓦，翠柏苍松，不知何寺。询之土人，曰庄邸园寝。乃与介石、子钦、醇庵三人越溪往观，并登高纵目，千岩笏耸，万壑云生，藤萝满径，湿翠黏襟，又不知身在尘界中矣。房山奇景虽多，而幽深静远，使人心旷神怡者，要当以此一游为快。惜余游踪无定，一岁数迁，其他不克与山灵订盟，要诸久远未觅，贻猿鹤以无穷憾耳。《邑志》称洞旧有白龙潜卧，樵牧至此，往往闻丝竹音。又谓金太和中，人见桃花浮出，其瓣径寸，疑为仙境，其信然欤？"（文存《星烈日记》卷一百）

廿日，改《云居寺记》。

文云："去岁将尽，介石游云居寺归，具述其山川云物道场之胜，余梦寐中恒有一小西天在也。君今复邀往石窠，代书潄珊师墓碑，以石工远去未果，因得乘便一访其胜。时暑影西移，林鸟将倦，望房之西南山，斜驶七八里入谷。谷口大溪环流，平畴水磨，宛然江南景象，曰石门村。再七八里至寺，青山列幛，白鹤巢松，路多梨柳，地少樵苏，碧云丹巘，周匝无罅，门临断涧，境极阴森。寺左右二塔，高矗云表。入门略憩，即登大雄宝殿，睹空王法相，不参不拜，不祝不祷，惟以平等相视。殿外巨坊，崇焕巍如，两序僧寮，杂植松桧，势欲参天，然仅能蹑初地一层也。初更暂眠，五更已醒，遥闻上界钟磬音一时齐鸣，灵閟清亮，使人尘念顿消，几有世外想。噫！彼教之感人也，固如是欤？晨兴食讫，一僧曳杖前导登山，拨顽云而蹑磴，临危厂以牵藤，筋力殆尽，始造其巅。最后孤峰突耸若蠡，仙灵所栖，人迹罕至矣。南望胡良、拒马大小河，如练如带，盘于曲折，皆在拄杖下，并汇太湖，同归渤海。然春水未涨，平沙弥漫，亦但见白光隐约，曳雾牵云而已。方丈纯雅和尚闻客至，颇不恶，爰邀入内，共话无生，既证菩提，还参孽果。各有会心，不觉相视而笑也。盖律门宗旨，清规较严，意亦谓检摄身心，非严立规矩不可。故释氏戒律工夫，即吾儒小学门径。由浅入深，因渐悟顿，用异而原实同。然则佛门广大，不且由是而尽穷底蕴哉。因更询静琬藏经洞址。纯雅指对面高岩相示曰：'此白带山藏经处也。'乃鼓余勇，更陟其巅。山高日燥，汗下如雨。石洞凡七，一启六闭。闭者贮经，键以石扉，不可开，开则有风雷之变；启者奉佛，瓶垆几案，悉就石成。环壁周刊释典，四柱凿佛千余，炫奇极矣。岩俯如廊，缀以台殿，衬以亭塔。凭栏纵目，适当谷口，夕阳返射，岩壑阴生，遥认来时旧路，历历不爽。壁尽微凹，别藏小洞，刻木为龙，曰'火龙洞'。山半石迹，宛若驴蹄，曰'果老驴迹'。事近附会，不可知也。按《邑志》，静琬，北齐间人，承师旨，虑东土藏教有毁，发愿刻石藏经，以度人劫。经成而山夜吼者三，产香树三十余株，并生香草，曰'芯题草'，为他山所无。今草树都非，惟琬公塔址尚在香树庵后。归至寺门，僧雏汲水洞底，往来成趣。玉局诗云'采薪汲水僧两三'，不啻反覆咏之。小西天旧分东西二峪，今东寺久废，而西峪独兴。国朝以来，日新月盛，实越潭柘上方而上，其灵秀所钟，天时欤？地力欤？抑佛法所施独异于众欤？请以质诸如来并善知识而多妙解者。"（文存《星烈日记》卷一百）

廿一日，阅卷。

廿二日，改《上方山记》。

文云："余访知上方山去小西天匪遥，不逾时可越岭达也，即使纤道，亦非甚劳，因拟乘兴作裹粮游。介石初闻甚喜，既自阻，余乃叹曰：'天下好景，误于当前者甚众，岂非因循一念有以使之然哉？'爰主前行，午至姚阁庄，始北折寻径入，过孤山口，路渐崎岖，山尤险怪，心亦悔焉。乃深溪甫越，巉嵯双峰，惊腾云矗，对耸而上。惟中通螺径，一线盘入，如仙都佛门之回拔云霄，又复幽深无际也。始知宇内奇观，多藏于人迹不经之地，与人心易忽之区，苟非亲历，莫得其妙。两峰下一涧横栏，上建小庵曰'接待'，盖接引游人处。凡入山，车马抵此便休，故须有以待之。时落日在山，苍烟四起，遂尔憩息。小立岩畔，泉声洒洒然从深涧中来，而四顾无水，久乃知为峪风吹树，作波涛声耳。次晓，羲御初腾，即起携筇入峪，一僧前导，踏涧穿云，岭然砑然，荦确碍路。惟两岩石壁皴纹，或斜或整，一纵一横，如鬼斧，如神工，正画家所谓大小斧劈法，与巫峰绝相类，故步步都堪细领。进约二里许，崩石横涧，突怒若岭，曰'发汗岭'。再里许，悬崖峭立，有瀑布痕，一落千仞。夏秋水涨，飞流倒泻，如白龙雪练，破空而下，真奇观也。正苦无路，瀑旁壁隐露穿云细径，凿石为磴，双垂铁绠，下引游人。拽绠蹑磴三百余级，始达云梯庵。推窗下视，若临无地，毛骨都森。幸石阑曲护，古树周遮，游屐得以无恙。由庵后转入，路稍坦夷。进兜率门，始昂首见上方诸寺，纵横稠叠，散处于红螺翠巘蒙茸间，如鸟巢蜂房，所谓七十二庵是也。中间梵宇，若负扆而居者，曰兜率寺，亦盘旋百折始能上。两涧环流，诸峰拱峙。正东为望海峰，西曰摘星砣。砣高千仞，孤耸无依。顶旧有台，今圮已久，凿石悬绠，若云梯法，而险峻特甚。石断处或续以木，亦将腐败，不堪蹑足。介石强陟其巅，余不能从，非自退，盖过险也。口占小诗一绝戏之云：'君登摘星砣，摘星如斗大。晓色忽苍苍，掌中无一个。'过此，西越重岭，凡数升降，即云水洞。乃解衣脱帽，旋结履袜，秉炬帚，随寺僧伛偻入。渐入渐低，亦渐暗。足旁一窦，洞启若瓮，仅可容身。僧执火竟穿窦入，不得已亦从之。蛇行豕伏，手足着地，若不能自免于咎者。首稍昂则石撞，背欲耸而岩伏，洞风吹焰，目闭气阻，闷尤难耐。如是者再，洞乃高广，虽燎炬不见顶，然沉潭如阱，罔测渊深，倘失足下坠，又不知堕落几层地狱矣。深怪前人好游，胡以冒险至是？洞石质多白，莹洁似玉，惜为烟熏，徒成煤窖，触手多黟不脱。故钟乳所结云物，悉为黑雾蓊塞，莫能识辨，兴尽返矣。大略洞凡十三进，以一曲为一洞。其最著者曰'须弥山''雪山'，森如积雪，扪之有刺。又曰'塔倒三层''回尸僵卧'，皆甚似之。其余形状，凡天包地孕，诸物毕备。大而楼焉、廪焉、囷焉、阁焉，细而钟焉、鼓焉、鼎焉、彝焉、岭焉、云关焉、床塌焉、瓿甄焉，以及菌果、鸟兽、仙佛、龙虎之属，亦无不肖焉。是洞有之，他洞亦然。盖天一大洞也，洞一小天也。不知天，但观洞；既见洞，可窥天。故洞景多类，而不知其所以然也。惟最后一洞曰'十八罗汉大会'，为世希觏。然非由鹞子翻身一穴不能尽，故游者罕穷其蕴，亦将留此一境，以为不尽意欤？归过文殊殿，老衲邀入其院，共睹周荃指画达摩巨像，高五六尺，精神迥异。又指寺门，古藤蟠拿如龙，曰'乌龙抱树'。是晚神倦，遂宿兜率寺。次晨再游东谷，由龙虎峪过胜水庵，至一斗泉。一斗泉者，相传华严尊者开山时，毒龙踞蟄为害，师驱之，龙怒拔潭去。师乃飞锡逐龙取水，仅获一笠，归泻而成泉者也。故泉左岩畔旱龙潭遗迹尚存。潭之对岩复有洞，曰'华岩洞'，即师坐禅处。洞分二层，下供师像，上甚庢厂。有石象，眼耳鼻牙悉具。一狮回头作惊斗状，石罅出泉，甘洌如露，亦静境也。由此下山，已距云梯甚近，回望毗庐、象王、锦绣诸峰，白云一抹，翠黛千重，又不啻天上人间别矣。归急录诗绘图以示诸友，佥曰善，莫不共起游山兴矣。然后叹天下好景之不致错过当前者，又皆奋往一念有以使之然耳。因循能乎哉？"（文存《星烈日记》卷一百）

廿三日，阅朱琰辑《诗触》。

凡十四种：一钟嵘《诗品》、二司空图《二十四诗品》、三释皎然《诗式》、四白石道人《诗说》、五严羽《沧浪诗话》、六王世懋《艺圃撷余》、七徐祯卿《谈艺录》、八刘大勤《古夫于亭诗问答》、九吴兢《乐府古题要解》、十张炎《乐府指迷》、十一张辅之《词旨》、十二任昉《文章缘始》、十三陈懋仁《续文章缘起》、十四叶樾《端砚谱》，末附《渔洋诗话》《说诗晬语》二种。

廿四日，阅邸抄。

廿五日，致李宪之书。

廿六日至廿九日，阅邸抄。

卅日，作书寄陈章美。

六月

初二日至初四日，编《唐诗纬》。

初五日至初六日，阅邸抄。

初七日至初十日，编《唐诗纬》。

十一日至十二日，阅邸抄。

十三日，编《唐诗纬》。

十四日至十五日，阅邸抄。

十六日，闻直督为太平军诱败。

十七日，听陈芸史话鬃龙叟。

十八日至十九日，编《唐诗纬》。

廿日，阅邸抄。

廿一日至廿三日，编《唐诗纬》。

廿四日，书屏幅致陈东屏。

廿五日至廿六日，阅邸抄。

廿七日至廿九日，编《唐诗纬》。

七月

初一日，阅邸抄。

初二日至初五日，编《唐诗纬》。

初六日至初八日，阅邸抄。

初十日，作书致杨芊安。

十一日至十二日，阅邸抄。

十三日，编《唐诗纬》。

十四日，阅邸抄。

十五日，阅《五代诗话》。

　　王士禛原编、郑方坤删补，共十二卷。

十六日，编《唐诗纬》成。

　　是书现已佚。《心烈日记》载该书："小雅三十八门，曰述怀、励志、闲适、景物、游瞩、宴集、赠答、呈献、旌扬、劝勉、寻访、游艺、技能、馈遗、器用、咏史、送别、涉远、羁旅、寄怀、登临、凭吊、放歌、迁谪、退休、灾变、乱离、军戎、边塞、灵迹、异景、感事、伤怀、叙述、谴呵、谒祭、哀挽、隐逸，共二十卷。自述怀至咏史，中间皆士大夫往来赠答、游宴欢娱之辞，为正小雅；自送别至隐逸，皆时事变迁，人生愁苦之状，故为变小雅。又成大雅二卷，亦分十二门，曰朝会、庙陵、德瑞、勋烈、封拜、燕飨、赍赐、侍直、游幸、巡狩、扈跸、使命。巡狩前半以上，朝政清明，天下承平，为正大雅；巡狩下半以后，正变参半，亦时世为之也。唐一代诗，各体咸备，独无颂诗，仅以白居易《七德舞》一章附于大雅之末，聊备其体，行当广为搜罗，以成全书。"（文存《心烈日记》卷二）

十七日，接陈东屏来缄。

十八日，再检《唐诗纬》。

风、雅、颂三体共七十二门，分编二十八卷。

十九日，阅《五代诗话》。

廿日，作书致李宪之及王公亮。

廿一日，读《易》。

廿二日，作《唐诗纬例言》。

《例言》凡三十条，共五千余字。

廿三日，再检《唐诗纬》。

廿四日，作《唐诗纬序》。

序云："诗何始乎？始乎乐。乐何始乎？始乎声。声何始乎？始乎风。然则风也者，固先乎声与乐与诗而发其音者也。鸿濛初开，阴阳相荡而生风，风水相遭而成文。凡天地间有文有声者，靡不随风而成。故风之行也，始则飒飒乎优柔平顺，婉而善入；继则瀸瀸乎发扬蹈厉，一往无前；终则隆隆乎声满天地，而无所溢。于是圣人象声以作乐，而五音之辨精；按乐以奏诗，而六义之歌起。声诗之起自闺门里巷者，男女相感，其情最先，故为风始，而命之曰风。声诗之作于贤士大夫者，道义相需，其言尤雅，故继风后而命之曰雅。声诗之谱于朝廷郊庙者，功德益彰，其语含宏庄重，故后诸大雅而显之曰颂。是风、雅、颂之体自存于两间，而无时或息。未有歌诗以前，风、雅、颂虚悬而无着；既有歌诗以后，风、雅、颂随遇而成声。圣人删诗，审音定乐，因乐附诗，故曰雅颂各得其所。亦顺乎声之自然，以别乎诗之体例，而自成为乐之初终，非有意强为于其间也。自三百云亡，五言肇兴，降至有唐，诗体尤繁。作者既忘其本，阅者罔以类从，不禁群起而相和曰：'风雅道衰，颂声不作。'呜乎！岂真风、雅、颂之或亡乎？亦采风者未辨乎风、雅、颂之肇起于何端，而作乐者亦未明乎风、雅、颂之功用为何事，听其或存或亡，若隐若跃，而不能以自显，无怪乎风、雅、颂亡，更数千百来而未有一言以辨之也。愚读诗至此，窃滋惑焉。用是往复涵泳，心通化始，见夫唐人短篇《子夜歌》《江南曲》等诗，含情绵邈，发韵悠扬，是亦风诗之《关雎》《卷耳》，洋洋盈耳者也。又见夫唐人长歌《梁父吟》《洗兵马》诸诗，怀兴不浅，纪事攸关，是亦雅音之《鹿鸣》《文王》，规模宏大者也。更见夫唐人乐府《七德舞》《平淮雅》诸诗，歌功靡闻，颂德弗衰，是又三颂之《清庙》《閟宫》，朱弦而疏越，一唱而三叹者也。谁谓风雅不作，颂声云亡，更数千百年而无一人以定之哉？爰就《全唐诗录》，参以他本，删繁就简，比类分编，命名《诗纬》，将以上纬葩经，成一家言，使风雅颂之体不绝于简编，风雅颂之旨豁然于人心。而学诗者既可由风以入雅，昔之温敦者进而高明矣；由雅以登颂，后之广大者复返而淳质也。庶不致称颂或遗乎雅，尚雅或遗乎风。风、雅、颂并行而不相悖，风、雅、颂实相得而弥彰。呜呼！诗旨大明，诗教勃兴，圣人复起，亦将不易吾言矣。是为序。"（文存《鸿濛室文钞》卷二《著述弁言》）

廿五日，与丁醇庵夜话。

廿六日至廿八日，阅邸抄。

廿九日，李宪之来函云拟乞假回籍，明秋再来京供职。

卅日，阅《四库全书简明目录》。

八月

初一日，阅邸抄，多隆阿奏剿渭河两岸回民军获胜情形。

初二日，阅《红蕉吟馆诗钞》。

初三日，作书寄方毓之。

初四日，与丁醇庵夜话报应之说。

初五日，阅纪晓岚《史通削繁》。

初六日至十二日，阅邸抄。

十三日，作论文一则。

　　文云："文以载道者为上，敷政者次之，纪事者又次之。其余浮辞闲文，无关事理，徒供文人赏玩者为下。故欲行文，当先积理，次讲法度，再运以气，而养之以学，使其辞达理举，不拘拘于法度，而又不失乎法度者得之。其积理也，非徒钻研卷帙，袭取旧闻而已，必将游心万物之表，历身万事之中，而得其事理之所在。故事虽无常，而理必有定，则日积而日新也。其讲法也，非徒模范古人，谨守高曾而已，必将精研坟典而上，神明记载之中，而得其文律所由成。故律有万变，文无定格，则益变而益精也。其运以气而养之以学也，又非徒助长欲速，貌为高古而已，亦必将涵泳诗书之雅，优游岁月之深，以蓄其精神之所到。故心思纵锐，炉火宜青，则愈养而愈纯也。道非由此，鲜克成功。至于文体，亦自有判。大约载道者理欲实而气弥空，敷政者志欲显而虑益周，纪事者言欲简而文弥赡。得其大体，秦汉焉可也，唐宋焉可也，即近代焉亦无不可也。失其本旨，近代焉固非，唐宋焉亦非，即秦汉焉亦未尝不非。况又未必秦汉，未必唐宋，而徒沾沾焉以抚宋规唐、祖秦祢汉为高，则入于魔障也而不自知。其他浮辞闲文，可无论已。"（文存《心烈日记》卷三）

十四日，论文。

十五日，作《易卦变图说补正序》。

　　文存《鸿濛室文钞》卷二《著述弁言》。

十六日至十七日，论文。

十八日至十九日，阅筮法。

廿日，作《道原图说汇萃易传，旁参众说成文》。

　　文存《鸿濛室文钞》卷一《太极丛说》。

廿一日，改《性善相近图说》。

廿二日，补《天地全体卦象图说》。

　　文存《鸿濛室文钞》卷一《太极丛说》。

廿三日，更定《洪范仿洛书图》。

文云："来瞿塘有《洪范仿河图》，图盖本刘牧以九为'河图'，十为'洛书'之说。自汉以来，孔安国、刘向父子、班固皆以为'河图'授羲，'洛书'锡禹。关子明、邵康节亦皆以十为'河图'，九为'洛书'，而牧独易置之。来氏复为图以明其说。余细观之，乃因书有八位，与羲卦符，图象止五方，与禹畴合。且九五福，四五纪，二畴必欲安置西方，以符九四为朋之位，而洛书大象乃戴九履一，与其说相反，故妄易图书以就臆说。殊知图本十数，与九畴之数又大相谬。朱子既知其非而不能定，徒为调停羲、禹之言，谓伏羲但据'河图'以作易，则不必豫见'洛书'，而已逆与之合；大禹但据'洛书'以作范，则亦不必追考'河图'，而已暗与之符，是未能折刘氏心也。余就来图改归'洛书'，以九居上，以一居下，见五行之生自地，而五福之降自天。余宫各以类从，较之来图，尤为自然。乃知箕禹演范，圣圣相传，原有自然象数，非可以臆度其间也。"（文存《心烈日记》卷三）

廿四日，补《洪范征应图说》。

廿五日，作《神机阵仿洛书图说》。

文存《鸿濛室文钞》卷一《太极丛说》。

廿六日，阅邸抄。

廿七日，闻太平军已抵吴桥县。

廿八日，阅《沧溟集》。

卅日，阅邸抄。

九月

初一日，作《三教作用图》。

文云："余既作《道原图》，理、气、象、数，三教大原同出其中，恐阅者不明，儒释相混，反误后来，因再作分图者三，乃同一太极也。释氏见得此中是空，故设教以真空为主，乃用'河图'之气；道家见得此中有神，故行教以炼神为主，亦用'河图'之气；吾儒见得此中是善，故立教以复善为主，乃用'河图'之理。其原虽同，作用迥殊。学者须剖明此理，然后用工，乃不致误入歧途。此是格致第一层工夫，不可漫然视之也。"（文存《心烈日记》卷四）

初二日，作《三教分图》。

文云："儒者之视元、释两家，不啻洪水猛兽，非惟惧与相近，抑且不轻出口。殊知欲避洪水猛兽，必先有避之之法，与察其所以为害之故，而后洪水可治，猛兽可伏。否则终日避害，反走入迷途，而不自知。元、释两家之所以有害于儒教，正以其原皆同出于天也。同出于天，则不可灭，而且有执彼教以求胜于吾儒者。若徒尚口而与之辨，乌能服其心而使之屈哉？爰作《三图》，精晰原本，剖明作用，以见此中实有大不相同处，庶各成其是而无相害，则三教各归一途，可无俟哓哓其间矣。"（文存《心烈日记》卷四）

初三日，阅邸抄，劳崇光、张亮基奏清军攻克太平军巢、桐梓县境肃清情形。

初四日，陈东屏代投供。本年连出四缺，玉润皆无分。

初五日，致边介石书。

初六日，作《天地全体卦象图说》。

文存《鸿濛室文钞》卷一《太极丛说》。

初七日，阅邸抄，劳崇光、张亮基同奏水城厅肃清情形。

初八日，阅何栻《悔余庵诗稿》。

是书含乐府五卷，杂体四卷，又附文稿三卷。

初九日，杨卜臣设筵共酌。

初十日，阅邸抄，左宗棠奏克复富阳县城情形。

十一日，作《月中自然太极图象》。

文云："古有《太极图》，其形正类月影，相传为伏羲氏作，世不显传。或曰希夷作，虽周子未之见。殊知其形已见于月影中，明暗相涵，即阴阳互根。圣人仰以观于天文而绘之图，遂为万化根源。此实天地自然呈象，仰首即见，非如龟龙图书，世远无凭，滋人以疑也。先君子每于静夜步月，尝指斯象以示小子，因急图之，用为易象诸图之首，固不必远探羲文，近述陈周，而后有所依据也。"（文存《心烈日记》卷四）

十二日，补绘《洛书太极图》。

文云："来易采图有'河图'太极，而安放中宫五十未惬。余既重定一图，兹复补绘'洛书'太极。盖'河图'先天象，故其数悉涵太极之中；'洛书'后天象，而其数分布太极之外，图体而书用耳。"（文存《心烈日记》卷四）

十三日，作《仿月太极图》。

文云："月本无光，受日之光以为光，故凹者暗，凸者明。其实凹阳而凸阴，故象以暗者为阳，以明者为阴，二气皆自内生，与来图同而小异。阳自上以下交阴，阴自下以上涵阳，阳盛则阴凝，阴长则阳消，阴阳内仍各加黑白一点，亦阴中阳，阳中阴之意。推而言之，日本纯阳，而中有黑子，月本纯阴，而半明半暗，是日月中又各自有阴阳相涵之妙。"（文存《心烈日记》卷四）

十四日，作《三才共一太极图》。

文云："此天地混沌之象，不立文字，不画卦爻，但觉浑浑沦沦，二气缊缊，莫知端倪，屈伸摩荡，变化无方，而理气象数、天地人物、鬼神吉凶，莫不毕具其中。老氏曰：'恍兮惚兮，其中有物；幽兮冥兮，其中有精。'周子曰：'无极之真，二五之精，妙合而凝。'放之则弥六合，卷之则退藏于密。允矣，大造真机，至人心学也。"（文存《心烈日记》卷四）

十五日，作《三才各一太极图》。

文云："天一太极，地一太极，人一太极，而共处一太极之中。盖人者，天地之心也；人心者，又天地之心也。天地无心，以人心为心，故人心之在天地间，如核中藏仁，至纯而至粹焉者也。天心以仁为主，圣学以仁为归，王政以仁为本。三才本一气，三才实同在一仁道中也。细玩此图，其理自见。"（文存《心烈日记》卷四）

十六日，作《虞书执中太极图》。

文云："《虞书》无所谓太极也，然虞廷授受曰：'人心惟危，道心惟微，惟精惟一，允执厥中。'所谓人心、道心者，阴阳之分也；惟精惟一者，道心之主宰也。主宰即太极也。王道圣功，皆有体而后有用，得其主宰而后分命布官，各有司职，以考厥绩。故时亮天工，以底厥成，而有天成地平象焉。"（文存《心烈日记》卷四）

十七日，作《洪范五皇太极图》。

文云："《洪范》虽无太极，而五皇居中建极，亦太极象也。故既更定洪范为仿'洛书'，而于中五加一太极，以见自古圣王未有无本之学，亦未有无本之治也。"（文存《心烈日记》卷四）

十八日，作《论语一贯太极图》。

文云："《论语》本门弟子记孔子之言，何太极之有？然夫子祖述尧舜，自有心得，故曰一以贯之。一贯即太极也。夫子虽云一贯，而未言何者为一。曾子以忠恕二字代之，不过为门人说法耳。宋儒解此，亦但云心之理则一贯，尚属虚悬无着，非所以诏后学也。窃意孔门之道，莫大乎仁。夫子不轻许人，惟颜渊许其三月不违，试问天下事理，其有能外于仁者乎？故知一贯者，仁以贯之者也。仁在人心，如核中有仁，非太极象欤？故孝弟为仁之本，安怀为仁之量，由是而推，教与仕无非仁也。爰作是图，以见大凡。"（文存《心烈日记》卷四）

十九日，作《大学至善太极图》。

文云："《大学》虽有三纲领，而明德、新民要当止于至善，是至善为一书之主宰也。古人为学，无不先有主宰于心，况圣门传心要道，学者次第工夫，尤当先得大旨，而后体用不失。故此图条理独见精密云。"（文存《心烈日记》卷四）

廿日，阅邸抄，多隆阿奏收复高陵县情形。

廿一日，接杨芋安来函。

廿二日，阅郑小谷《补学轩诗集》。

廿三日，作《中庸中和太极图》。

文云："夫子罕言性与天道，故至子思始述《中庸》。《中庸》者，孔门性道之书，与《易》相表里者也。故尽性以致中和为极，中和致而天地位、万物育，由此其推，是亦太极学矣。故创为是图，以见孔门传心，远肇虞廷，一脉相承而下也。"（文存《心烈日记》卷四）

廿四日，作《孟子性善太极图》。

文云："孟子之学，以性善为主，而其用功则在知言养气，其究则画性至命，以充浩然之气，故能塞乎天地之间，富贵不能淫，贫贱不能移，威武不能屈也。盖义利之辨甚明，崇正学，辟异端，尊王道，黜霸功，皆本诸此也。缘以善为极，而义利分判两途焉。"（文存《心烈日记》卷四）

廿五日，作《张子西铭图》。

文云："孟子而后，厥为周子，以周子原有太极图，故不再图见，而作《张子西铭太极图》。《西铭》视三才共一极，故以乾坤为父母，虽无太极之名，实备太极之理。其说全本孟子事天立命之旨，特其词较警而切，故不觉其袭也。"（文存《心烈日记》卷四）

廿六日，作《邵子皇极太极图》。

文云："邵子旧图，有卦无极，然卦无不本乎极者，故增绘一极于中，亦其自有象耳。邵子说理，不如周、张之浑，而剖晰精切，较为明爽。盖其自有心得，非如诸家之确守旧闻者也。"（文存《心烈日记》卷四）

廿七日，阅邸抄。多隆阿奏雷纬堂、成禄两军攻永乐店、塔底诸路太平军巢，均克之。

廿八日，阅邸抄。多隆阿既复高陵县后，于本月初七日进逼苏家沟太平军垒，亦克之，直抵渭城。

廿九日，作《理欲诸太极图》。

文云："理欲只争一念，一念之公即天理，一念之私即人欲，故以念为之宰。生死本乎数，数存则生，数尽则死，故以数为主宰。人鬼皆一气所为，气化为人，气灭为鬼，故以气为主宰。鬼神实造化所司，阳升为神，阴降为鬼，故以造化为主宰。治乱原本乎道，道存则治，道失则乱，故以道为主宰。兴衰则关乎运，运隆则兴，运退则衰，故以运为主宰。王霸判以事功，功以德显则王，功以力成则霸。"（文存《心烈日记》卷四）

十月

初一日，作《天地全体大象图》。

文云："西人以远镜窥天，其色类葱白，玲珑透露，而不能言其所以然。又谓河汉非河影，乃无数小星聚成。朱子亦云天有硬壳，其说是矣。然终未能直举大象，确凿不移。窃意天体若洞，非有硬壳，则其气不动，固而硬壳不可转，所转者气耳。所转者气，则诸星何系？盖宗动天下，另有大轮，玲珑透露，如洞乳下垂，其尖受日之光，以成明星，故恒星亘古不动，惟七十余年，乃与永静天右差一度，则大轮之转移然也。西人所见，即轮体耳。所谓恒星天者，是恒星天下，乃为日月五星，虚悬无着，平环地面，故有薄蚀、迟留、伏逆之异。恒星为经，七政为纬，二极为枢，大地为心，如磨形然也。"（文存《心烈日记》卷五）

初二日，再阅《悔余庵乐府》。

初三日，作《广古分野星卦合图》。

文云："野分之说，疑者众矣。徐圃臣复以地正甲子推得角起未中，与近今天象倒退三宫，则吴越在箕尾间，秦蜀在井鬼间，以为分野，实取地正天象，似较有理。然大地广矣，中国不过十分之一，岂时当地正甲子之夜，诸天星象独钟灵中土，而为验于后世耶？是其理终未可通也。愚因用其盘创为《广古分野图》，并参汇义卦、方圆二象，统观大地，以辨方位。中国位当寅卯，星应奎壁，方圆二卦俱值水火既济。寅卯为人道始，奎壁实文明象，既济则又天地中和气，故华夏文物独甲域中。英吉利、佛兰西均在井鬼间，其卦为乾坤倒置，故人多阴巧，而贱男贵女，亦天地自然之气，不可强同者也。且以天地太极论，中国在阳仪初盛之际，西域以外皆阴仪，阳生儒、阴尚佛，亦生杀二气为之宰耳。"（文存《心烈日记》卷五）

初四日，作《月令太极图》。

文云："天地万物各有太极，时令亦有太极也。时极之分，冬夏二至子半，阴阳二气所由判也。万古流行，循环不断，惟圣人能知其盈虚消息、往来盛衰之理，故以时中为学。仲尼大圣，号称时中，故《月令》一书，非徒以之授时布政、司天验气而已，亦将有以见圣王传心之要焉。《月令》虽出后儒手，而所述者夏时之令，可为夫子欲行夏时之证。故即其书为图，而更加一极于中，使知此书可以察天，可以候气，亦可以制心，内外交书之功。"（文存《心烈日记》卷五）

初五日，改《雨中望太行》诗。

初六日，阅邸抄。

初七日，作《神机二阵图》。

文云："旧已有图，今更酌定，一仿'洛书'，一仿'河图'。其每阵营用沈守约卦变例，八卦本宫为中军，一世卦为前，二为后，三为副，中四为左，五为右。游魂、归魂二卦别为游骑，各附本阵后，以备冲突驰逐之用。八方八营既令中军主营纯用母卦，以统驭号令诸营，此'洛书'象也。'河图'之营亦如前法，惟布阵变八为五，前三冲、后三冲皆纵，中三轴为横。二阵皆斟酌于黄帝、武侯之间，较完密耳。"（文存《心烈日记》卷五）

初八日，作《圭旨天人合发卦象》。

文云："伏羲方圆二图，相传出自希夷，以为道家丹鼎之用。殊知圆图可为周天法，方图无所用之。其可用者，惟虞仲翔《卦变图》，以乾为首，坤为腹，坎离为心，肾居图中。心自一阳升至六阳，自一阴降至六阴，如人身之有任督二脉，故可用为丹诀也。余因本其图以为人身之子午，更绘圆图于外，为天之大子午，天人合发，庶还其旧观耳。"（文存《心烈日记》卷五）

初九日，昨夜梦三大舟行陆地上，水仅寸余而舟行若飞。

初十日至十一日，论文。

十二日，作《虞书精一太极说》。

文云："唐虞为开辟以来未有气象。前此轩、羲肇始，文明初开；后此汤、武征诛，德意浸失，以视中天，均弗能及。是以圣德而论精一，同为人心一太极；以天运而观平成，又世运一太极也。"（文存《心烈日

记》卷五）

十三日，作《论语一贯太极说》。

文云："一贯为孔门传心之旨，自来诸儒皆未发明，但作葫芦中语，使人自猜。一贯不明，何以为学？兹特表出，使学者心有把握，庶可以得其要焉。"（文存《心烈日记》卷五）

十四日，阅覃永贞诗卷。

十五日，作《大学至善太极说》。

文云："至善之于明新，如众星之有辰极，群拱而相向；射的之有正鹄，志定而不迁。一任事物纷纭繁变，而心有所止，惟善是宅也。然君臣父子，所止虽各不同，而至善则非仁者不能，故曰惟仁人为能爱人、能恶人。仁则未有不止乎至善者也。"（文存《心烈日记》卷五）

十六日，作《中庸中和太极说》。

文云："中庸与易道相为里表，然易道之太极在天地，中庸之太极在人心也。易能前知，中庸亦能前知。然易以天道为蓍龟，中庸以人事为蓍龟，是二还是一也。"（文存《心烈日记》卷五）

十七日，作《孟子性善太极说》。

文云："性善即良知也。良知为性善所见端，性善实良知所由发，分端而见，即为恻隐，为羞恶，为辞让，为是非，即体即用，非有二也。阳明专以良知立教，故招人以议。其实性善无弊，良知亦何可非耶？"（文存《心烈日记》卷五）

十八日，作《西铭太极说》。

文云："《西铭》虽无一语及《易》，其实无一义不本乎《易》，与周子《太极》可称合璧。《太极》是本天以立极，《西铭》是尽人而合天，二书合读，天人乃备也。"（文存《心烈日记》卷五）

十九日，作《皇极太极说》。

文云："皇极虽本先天，而取象各异，实《易》外别传，然后人黜之以列于数，非尧夫本意矣。尧夫之学，穷极天地万物之理，可以上赞《羲经》，有益于学者不少，讵得以其言数而小之欤？兹特图之，以继性

理诸图之后，庶使学者知理数二端实未尝相离云。"（文存《心烈日记》卷五）

廿日，作《理欲共一太极说》。

　　文云："理欲之交战于人心也，犹阴阳之相胜于两间。阴盛则阳衰，阳盛则阴微；欲胜则理灭，理胜则欲消。有交攻，无并立也。然而几之所启何自乎？非吾心一念为宰乎？一念之公，则天理存乎其间矣；一念之私，则人欲杂乎其际矣。其几最微，而来去也甚易。时或不检，则邪念已入宰于灵台之中，而忽焉不觉。是以君子于无事时，惟以制欲为主，事未来，不敢起一妄念；事已去，不肯留一余念。将使吾心本体朗如晴空，无纤翳之混杂，而后阴邪微茫之气无自而生，则天理可常存，然而难乎为念矣。"（文存《心烈日记》卷五）

廿一日，作《生死共一太极说》。

　　文存《鸿蒙室文钞》卷一《太极丛说》。

廿二日，作《人鬼共一太极说》。

　　文存《鸿蒙室文钞》卷一《太极丛说》。

廿三日，阅邸抄。官文奏捻军由豫窜鄂，自随州分扰应山、应城，图扑汉口，为杨朝林击败，退走罗山。

廿四日，作《鬼神太极说》。

　　文存《鸿蒙室文钞》卷一《太极丛说》。

廿五日，作《治乱共一太极说》。

　　文存《鸿蒙室文钞》卷一《太极丛说》。

廿六日，作《兴衰共一太极说》。

　　文存《鸿蒙室文钞》卷一《太极丛说》。

廿七日，作《王霸共一太极说》。

　　文存《鸿蒙室文钞》卷一《太极丛说》。

廿八日，作《天轮大象说》。

　　文云："释典有金轮、水轮、风轮、火轮之说。余意金轮即恒星天也。风、火二轮，皆有气而无形，惟金轮有气而又有质，故自下仰观，皆成列宿。水轮即大地,江河湖海为三轮大气所鼓,故环流上下,不泛不溢。宇宙内宇,无非水火二者作用。火轮者,热气也。热极则生风,风动则轮转,轮转则水气亦随其上下而不息。释典虽有四轮名,而无其解,以与余意暗合,故用为证,而衍之为说耳。"(文存《心烈日记》卷五)

廿九日,作《月令太极说》。

文云:"《月令》一书,出自吕不韦。不韦人无可取,而所著书乃列为经,与古圣先贤得相辉映者,何哉?盖月令乃夏时,古来时令之正,莫过乎夏。孔子为邦,尚欲行之,故夏令为百王所不易也。不韦虽处秦时,其所集诸儒,必孔门弟子,得闻绪论,互相流传,故不敢有违师训而为是书。汉儒纂《礼》,取列编内,具有特识,岂漫然欤?余故本其书,绘列为图,而加时中二字以为之极,以四序亦有太极,而孔门又以时中为学也。"(文存《心烈日记》卷五)

卅日,作《神机阵仿河图说》。

文云:"余既作神机阵,仿'洛书'图,则'河图'亦不可阙也。盖'洛书',八方卦象也;'河图',五位行象也。八卦可方可圆,五行亦可圆可方。惟'洛书'以四正四隅分奇正,'河图'以六纵二横分奇正,异而同,同而异焉者也。黄帝《握奇》有曰衡曰冲。冲者纵象,此图前后六阵皆纵是也;衡者横象,此图中权左右二阵皆横是也。横取静,纵取动,则又奇中有正,正中有奇,互相为用法也。阵虽纵横二象,而四方各外向,则仍是常山,率然触处皆可以为首者也,是二还是一也。"(文存《心烈日记》卷五)

十一月

初一日,作《圭旨三关说》《太极元枢》成。

初二日,阅邸抄。曾国藩奏金陵官军于九月廿五日进攻秣陵关,克之。

初三日,代岳句农书册页。

初四日,接吴和甫及李健庵来函。

初五日，代王霞村书册页。

初六日，仍书册页。

初七日，阅邸抄。官文奏湖北捻军盘踞宋埠等处，均为清军驱逐出界，境内肃清。

初八日，改《中兴论》。

初九日，阅张之洞殿试策。

初十日，阅《沧溟集》。

十一日，作书寄方毓之及李健庵。

十二日，作《中华正结地图》。

文云："中华地分三干，地理家类能言之，其正结何处，则未有言者。朱子谓冀州形势，以泰、华二山为龙虎，淮南诸山为第一重案，江南诸山为第二重案，是以太行为正结。圣祖仁皇帝谓泰山脉自长白分支，渡海而来，为燕京青龙，是又以燕然为天下正结。以余观之，其正结乃泰山耳。何也？宋以前黄河故道出泰山后，则其脉自华、嵩来，至襄城乃落，平行数百里，入泰安始突起脉左下，南趋曲阜，结尼山，面俯洪泽为明堂，江淮两重山为屏嶂。北干自太行环绕云中，以至长白为后。盖长白顺拖入朝鲜，以为青龙大海，插入燕都，绕其元武，芒、碣诸山，其近□也。此乃域中一大结作，故能钟灵孔圣，为生民未有。自黄河改道，泰山脉断，有似孤立，转作燕京左臂，而金、元后王气悉钟燕然矣。咸丰二年，黄河仍归故道，出泰山后，则此后地脉又不知钟于何处矣。"（文存《心烈日记》卷六）

十三日，阅邸抄，僧格林沁奏官军进援蒙城。

十四日，阅邸抄，李鸿章奏官军进攻苏城。

十五日，重检《中兴论》。

十六日，代友人书屏联。

十七日，与陈韫山论兵事。

十八日，与覃墨波论诗。

覃墨波，即覃海安（1822—1868），原名覃永贞，字墨波。广西武鸣县人。著有《都门杂兴》等。

十九日，偕章萼芗访宋钵言。

廿日至廿二日，阅邸抄。

廿四日，阅《河洛精蕴》。

江慎修著。分内外二篇，专论河洛。

廿五日，补作《燕台杂兴》诗。

《鸿濛室诗钞》卷十七《房山集》有《燕台杂兴十一首》。

廿六日，再续《杂兴诗》。

廿七日，作《克复苏郡》诗。

《鸿濛室诗钞》卷十八《平舒集》有《喜闻官军克复苏郡》。

廿八日，改诗。

廿九日，作《蒙城捷》诗。

《鸿濛室诗钞》卷十八《平舒集》有《蒙城捷》。

十二月

初一日，作《忆昆明》诗。

《鸿濛室诗钞》卷十七《房山集》有《忆昆明十首》。

初二日，改诗。

初三日，接边介石来函。

初四日，阅颜习斋《四存编》。

颜习斋，名元北。直隶博野人。《四存编》者，存性、存学、存人、存治也。

初五日，阅邸抄。李鸿章奏十一月进攻无锡金匮，克之，此次首功则其弟鹤章也，朝廷晋秩以道员用。

初六日，与陈韫山夜话。

初七日至初八日，阅邸抄。

初九日至初十日，与陈韫山夜话。

十一日，阅邸抄，李鸿章奏十一月初八等日官军乘胜分剿平湖、乍浦、

225

海盐各城。

十二日，阅李恕谷《大学辨业》。

> 李恕谷，名塨。蠡县人。颜习斋弟子。

十三日，阅李恕谷《拟太平策》。

十四日，阅陶梁辑《畿辅诗传》。

十五日，再阅舒铁云诗。

十六日，作《乡思》诗一百韵。

> 《鸿濛室诗钞》卷十八《平舒集》有《乡思一百韵》。

十七日，阅王拯《龙壁山房诗集》。

> 王拯（1815—1876），原名锡振，字少鹤，一字定甫。广西马平人。著有《渝斋文钞》十二卷、《龙壁山房诗集》十六卷、《茂陵秋雨词》四卷及《谈艺录》等。

十八日，阅《畿辅诗传》，微雪。

十九日，阅邸抄。

廿日，再阅《龙壁山房诗集》。

廿二日，作《房山集叙》。

> 序云："自去秋抵房，至今夏初，凡七阅月，获诗六十三首，都为一卷，曰《房山集》，以地名也。大房山为燕西奥窟，战国时孙膑及汉初张良及唐贾岛皆常托迹，而人弗愿称道。迨元尚书高克恭善画，人称高房山，而山名始著。春回气暖，草长山幽，日与诸友选胜探奇，缒幽蹑险，虽未能穷尽其趣，而上方毗卢之顶，孔水云濛之阴，与夫白带石经、芯题香树，所谓小西天者，无弗登览而题咏焉。盖房山之胜，十得七八矣。他日诗以地称，地以诗传，均非所计。人生踪迹，如云水浮空，来去无痕，地以名集，犹未免有迹相存，敢与山灵争奇乎哉？癸亥清和友石书。"（文存《鸿濛室诗钞》卷十七）

廿三日，与宋钵言论诗。

廿四日，再阅《大学辨业》。

廿五日，宋钵言赠诗四律。

诗云："搔首乾坤里，高吟兴未休。贞元千古事，抱负一生愁。才大无余子，官卑溷俗流。滇南回望处，何以慰离忧？

得意新诗卷，江山感物华。何人推妙品，作者是方家。波磔书兼擅，萧骚鬓易斜。飘然巾扇在，孤鹤矗天涯。

廿四干时策，兴衰洞古今。书成疑鬼泣，战罢苦云阴。卞氏空怀璧，邹人感铄金。可堪河汉地，十载少知心。

风流标艳牒，快读齿牙甘。妙曲偏能顾，兵机况素谙？君真冈上凤，我愧茧中蚕。梓里高轩过，深惭落笔酣。"（诗存《心烈日记》卷七）

廿六日，酬宋钵言诗。

《鸿濛室诗钞》卷十八《平舒集》有《宋钵言宝琨明府赠诗，步韵奉酬四律》。

廿九日，读《论语》。

卅日，杨卜臣设筵共饮。

清同治三年　甲子（1864）　五十四岁

正月

初一日，作《太平鼓歌》。

《鸿濛室诗钞》卷十八《平舒集》有《太平鼓歌甲子元旦》。

初二日，昨夜梦先君命作四书文。

初三日，阅邸抄。李鸿章奏进攻嘉善，太平军开城出降，大军直薄嘉兴。

初四日，阅邸抄。左宗棠奏攻剿杭州、余杭，诸军连获胜仗。

初五日，作五言《述怀》古风诗。是日成《泰鸿》《宇宙》《黄帝》《神仙》《往古》《空山》《芥子》七章。

《鸿濛室诗钞》卷十八《平舒集》有《述怀一百首》。

初六日，作《述怀》诗。成《黄河》《落日》《神龙》《羲农》《大造》《洪流》六章。

初七日，雪，作《述怀》诗。成《腐儒》《天运》《诗书》《渭滨》《黄石》《梁父》《荆轲》七章。

初八日，作《述怀》诗。成《丈夫》《桃李》《明月》《东邻》四章。

初九日，作《述怀》诗。成《女萝》《芙蓉》《孤鸿》《空堂》《高岗》《白鹤》六章。

初十日，作《述怀》诗。成《珍禽》《涧松》《幽兰》三章。

十一日，作《述怀》诗。成《梁栋》《俯仰》《南箕》《薰莸》《清夜》《往者》六章。

十二日，作《述怀》诗。成《从军》《泸州》《巫山》《洞庭》四章。

十三日，作《述怀》诗。成《大江》《苦战》《大火》《浔阳》《龙坪》五章。

十四日，作《述怀》诗。成《有客》《败卒》《黄天荡》《中泠》《戏马》五章。

十五日，作《述怀》诗。成《吾道》《羽檄》《湘帆》《桃潭》四首。

十六日，作《述怀》诗。成《南海》《祝融》《汉上》《大梁》四章。

十七日，作《述怀》诗。成《回飙》《淇水》《燕都》《徒步》四章。

十八日，作《述怀》诗。成《山林》《青楼》《白马》《飞狐》《酒徒》五章。

十九日，作《述怀》诗。成《大房》《红螺》《晨兴》《留台》四章。

廿日，边介石寄示近作及其族弟拙存、昙士两君诗。

廿一日，阅邸抄。张之万奏汝南官军攻击鲍寨，克之。

廿二日，与覃墨波论诗。王椿林招饮。

廿三日，作《述怀》诗。成《离别》《飞鸿》《飞梦》《平原》《澄潭》五首。

廿四日，作《述怀》诗。成《游钓》《汉武》《蒙段》《鸟倦》四首。

廿五日，作《述怀》诗。成《仙人》《木公》《菩提》《罗刹》四首。

廿六日，作《述怀》诗。成《山中》《骏马》《东篱》《老农》四首。

廿七日，作《述怀》诗。成《弃妇》《元化》《五星》《左丘》《大隐》《元音》《仲尼》《用世》八首。

廿八日，自书《述怀》诗。

廿九日，书《述怀》诗。

二月

初一日，黄霾蔽空。覃墨波赠诗。

　　诗存《心烈日记》卷九。

初二日，杨卜臣邀饮，与彭豫卿刺史晤。

初三日，阅邸抄。劳崇光、张亮基奏松桃、铜仁两境肃清。

初四日，作书寄李宪之。

初五日，阅邸抄。劳崇光奏克复册亨州同城池。

初六日，阅邸抄。林文察奏克复斗六、土城，嘉义县属一律肃清。

初七日，阅邸抄。熙麟奏上年四月及八月间甘肃回民军迭扰高家沟等处，官兵屡挫贼锋，至是请奖。

初八日，阅《欧阳庐陵全集》。

初九日，作书寄方毓之，由递马致去。

初十日，阅邸抄。左宗棠奏太平天国会王蔡元隆献城乞抚，于上年十二月廿七日出降，清廷准其更名蔡元吉。

十一日，阅邸抄，曾元福、丁曰健奏生擒戴万生正法。

十二日，阅《墨波诗草》。

　　录其数联存《心烈日记》卷九。

十三日，阅邸抄，刘蓉奏汉城复。

十四日，王霞村招饮。

十五日，代王霞村书楹联。

十六日至十九日，阅《品花宝鉴》。

　　书不著撰人姓氏，所载皆狎优宿妓事。

廿日，阅邸抄，刘蓉奏清军复洋县。

廿一日，作诗送别覃墨波。

　　《鸿濛室诗钞》卷十八《平舒集》有《覃墨波永贞孝廉相聚半载，又将游幕远行，以诗留别，并题拙集，依韵奉酬，即以饯行粤西人》。

廿二日，阅邸抄。李鸿章奏太平军分股占踞江苏宜兴、荆溪县城，派令郭松林会同戈登、李恒嵩进剿，李鹤章亦令杨鼎勋率队合击。

廿三日，听丁醇庵话庚申津门战事。

廿四日，阅《品花宝鉴》。是书所载酒令甚多，亦有佳者。

廿五日，阅《红蕉吟馆诗钞》。

廿六日，阅《滦阳消夏录》。

廿七日，阅《药栏诗话》。

廿八日，阅邸抄，左宗棠奏浙江桐乡复。

廿九日，阅邸抄。官文奏汉中太平军窜至郑西之上津，为清军击退。

三月

初一日，阅《药栏诗话》。

书中载蒋世治《题红楼梦诗》，存《心烈日记》卷十。

初四日，阅《药栏诗话》。

初五日至初六日，阅《红楼梦》。

初八日，论诗。

初九日，阅寿梅墅《翠竹山房诗钞》。

诗虽未登大雅，而清润可喜。

初十日，作《中华形势全图》。

拟将平日所绘郡县地图汇为一册，以此图冠首。

十一日，作《潜太形势合图》。

十二日，作《翠竹山房诗钞叙》。

序云："癸亥甲子间，寓平舒署，得与寿君小梅游。一日，出其尊人梅墅先生《翠竹山房诗钞》见示，且丐序。余受而读之，猗猗清润，明靡可怀，虽未宏绰，而赏心流亮，不失雅宗，可以入石湖、诚斋室矣。窃诗之为道，以感荡心灵、标举兴会为主，钟嵘《诗品》云：'气之动物，物之感人，故摇荡性情，形诸舞咏，照烛三才，晖丽万有，灵祇待之以致飨，幽微藉之以昭告。动天地，感鬼神，莫近于诗。'是知诗至可以感心灵、标兴会，而仍纡余无尽、卓荦不群者，则不失为作家本色也。梅墅先生生长会稽，得山川清娱气，壮游燕蓟，又恒与士大夫相酬咏，故其得力于交游与山川助者深矣。晚佐津门张子班观察幕，阅历益深，诗境益进。咸丰初，以避乱来邑，家于王口镇，遂卒。小梅贫不能归，将梓是集以问世，余为摘佳句入日记中，并弁数言卷首而归之，非敢云序，聊志景怀云尔。"（文存《心烈日记》卷十）

十三日，阅邸抄，多隆阿奏陕西鳌屋县复。

十四日，阅邸抄，李鸿章奏嘉兴清军接连击败太平军。

十五日，作《天津府图并说》。

文云："天津府城，古章武郡，临析木之境，由卫改州，州置府，燕、云、卫、晋诸水毕注，绕其城西、北、东三面，顺流东南下百二十里至大沽以达海，为畿南总要水口。每朔望大潮汐，北至运河，西北过御河，绕城如环。长芦盐之产于各场者，皆从海河载进，分掣而转运。城南地稍洼，宽广四五十里，津邑藉以宣泄水潦。城北三十五里至蒲口，为入京师通衢，西走静海、青县，至保定，城周九里有奇，人民荟萃，商贾殷蕃，实瀛渤一大都会也。咸丰三年，发逆李开芳、林凤翔等犯界，邑令谢子澄率众出御，募邑人之善水鸟枪者泅水中，以草覆顶，潜藏小划后，如击水鸟法，俟贼过堤几半，始发铳击。贼但闻铳而不见人，惊惧不知所为，遂溃，溺水死者无算。津邑得以保全而无恙者，子澄功也。十年，英、法二国复由上海来攻大沽营，僧邸预于海口多筑炮台，暗埋地雷以待，更以坚木巨桩横塞诸港，层层布置，最为周密。惟北塘一路港差细，仅塞木桩，而未屯重兵。英人乃由此登岸，绕围大沽之后。其马队悉披绣甲，五色陆离，疑兕似豹，我马见而惊窜，人不能制。时值大雨，铳炮尽湿，而台上火药乃为英炮焚烧，诸军遂溃。所埋地雷，亦先期为洋人所卖，故一败而不能收。近虽盟好通商，而洋商满市，逞强斗富，布惠施恩，小民无知，悉为煽诱，亦百年忧也。且地逼京畿，路通瀛海，而为外洋所踞，恐燕云十六州终无所恃之险耳。"（文存《心烈日记》卷十）

十六日，作《山海关图》。

文云："此亦从《盐法记》绘出。山川雄秀，民物殷蓄，远跨长城，近滨大海，在前代为要区，在今时为内地矣。然京师左臂，实藉此以作保障，故设兵戍险，以备不虞，亦承平时所宜修筑。况值今多事之秋，尤不可忽略者也。爰图大要，用资便览。"（文存《心烈日记》卷十）

十七日，作《桐城县图》。

文云："桐城龙自中干分枝，双龙并出。西龙起盛唐山，入局成杨柳枝形，结县城；东龙起龙眠山，落平弯抱县局。更分一枝，起庐江诸峰，逆挽棕阳湖，与安庆大龙山对峙，以作外堂门户。大江横过户外，江外九华诸山作朝，为皖省一大结作，固宜其钟灵文秀，为天下冠也。"（文存《心烈日记》卷十）

十八日，作《宿松县图》。

文云："宿松龙亦从中干分来，特起严恭山，落平数十里，起连城土星帐而不甚高。将入局始起高山，分三枝，一横山，一弹子山，一孚玉山，结县城，势颇散漫，惟横山下分一小枝逶迤来固内局。对山名浪里月，势高压城，故出向稍偏，后靠亦不甚正，故夫人无甚奇异。"（文存《心烈日记》卷十）

十九日，作《九江府图》。

文云："九江在庐山之背，逆吞大江，俯纳众派，形势虽盛，而门户皆多假借。盖以其地当险要，江流至此一曲，故古来战争，多设险筑隘，以争形势之盛。若云大结，则尚未也。"（文存《心烈日记》卷十）

廿日，作《长沙府图》。

文云："长沙地势甚逼，盖南岳水口结耳。府城乃横局，而庙署俱倒坐。对岸岳麓山甚深秀，环聚自成一局。岳麓书院即建其中，为晦翁讲学地，文风蒸蒸日上，此其秀欤！"（文存《心烈日记》卷十）

廿一日，阅邸抄，李鸿章奏清军克复溧阳。

廿二日，作《家祖茔图》。

文云："余家祖茔在府城西十里丛山中，龙自府脉分来，五行顺生，两潭夹送，成芍药枝形。结穴二，一花房穴，一节穴。余家葬节穴，其

232

花穴尚投闲，以逼压村居故也。节穴虽高，登场甚圆美，惜龙水俱顺，主离乡，而穴心过小，葬至三棺，穴晕未免受伤，故发福甚迟，恐为力亦不甚大。犹幸东方木火诸星映穴有情，稍有贵征。葬后十五年，而先父北溟公生，亦已验矣。余近远离乡井，滇乱不熄，归期亦未可定，是又离乡象也。风水之说，岂不信欤？"（文存《心烈日记》卷十）

廿三日，作《云南省龙图》。

文云："昆明为南干一大结作，山海团结成太极象，本五星归垣格，惟嫌木星稍远，故望之不甚明白。余曾建议于金马山上建宝塔，以助其势。又七学士峰中一峰火星不出头，故历科拟点鼎甲而不能就，亦当建塔于上，自有验也。"（文存《心烈日记》卷十）

廿四日，作《镇江府图》。

文云："镇江之秀，在金、焦二山，罗列江心，以为捍卫，虽不必专为此设，而借以成局，故尤为得力。惜京口运河截断其脉，且穿天心，不能无憾。盖地当孔道，势难阻也。"（文存《心烈日记》卷十）

廿五日，作《扬州府图》。

文云："府龙自蜀冈下脉分为两支，会于府城入局。龙身多带梅花点，故曰梅花岭，其秀已极。而仪征来水，环绕城脚，尤融会有情。惟城内两河直穿而过，则不知何意。"（文存《心烈日记》卷十）

廿六日，致边介石书。

廿八日，左宗棠奏杭州、余姚二城同日并复。

廿九日，阅邸抄，骆秉章奏松潘清军获胜。

卅日，阅邸抄，御史贾铎奏请剔除积弊、整顿吏治四条。

四月

初一日，日食。作《巢县图》。

文云："巢县地居庐州水口，内抱大湖，外达长江，诸山重重包裹，最是南北扼要之区。古来孙、曹交战，往往由此而进。近日发贼守此，亦极吃重，故累复累失。去岁贼图北犯，犹来争斗不已，亦可见其地城

守不可或忽也。"（文存《心烈日记》卷十一）

初二日，阅邸抄，熙麟奏庆阳境内肃清。

初三日，王椿林邀游其村居园林。

初四日，作诗四绝题园壁。

诗云："门绕清溪树拂天，隐囊纱帽驻神仙。凭栏雨过苔花润，风动藤萝坠紫烟。

回廊曲槛卷疏帘，小坐能教醉醒兼。午枕腻人刚睡足，隔林遥听鸟声尖。

鼠姑春过未成花，石丈倚云影半斜。好把池塘开一角，要他绿水聚青蛙余嘱主人开池。

看竹何须问主人成句，辋川图画不胜春。乌衣本是君家物，珍重槐庭碧荫新。"（诗存《心烈日记》卷十一）

初五日，仍往村东观剧。

初六日，访岳句农，出其所藏书画，互相评品。

初七日，书园亭额。园曰宜园，亭曰含晖，轩曰树木轩，屋曰藤花书屋。

初八日，为岳句农题苍茫独立小照。李锡九招饮。

题辞云："天高高兮大地茫茫，草木黄落兮云物莽苍。念古今上下之悠悠兮，长泣下而沾裳。聊遗世以独立兮，徒俯仰而彷徨。抚斯图而对先生兮，何尔我神形之俱忘。岂三闾之泽畔行吟兮，抑渊明之适意以徜徉。"（题辞存《心烈日记》卷十一）

初九日，岳羽卿邀饮。书"大夫第"三字匾额。

初十日，任东峰邀饮。

十一日，王仲青招饮。晚作《冬青花》一律。

诗云："仿佛琼花玉一枝，吉祥今始绽芳姿。尘驱玉案香清处，酒醒冰绡月上时。琐细繁阴舒宝盖，玲珑碎影聚银丝。女贞子是神仙种，树老瑶台放未迟。"（诗存《心烈日记》卷十一）

十二日，回舟，宿子牙镇。

十三日，回署。接方毓之来信。

十五日，作书致李宪之。

十七日，阅邸抄，左宗棠奏武康、德清克复。

十八日，阅邸抄，曾国藩奏鲍超克复句容县城。

十九日，论学。

廿日，阅邸抄，御史景霖等奏裁撤海巡名目。

廿一日，阅邸抄，李鸿章奏程学启因伤毙命事。

廿二日，作《大城县图》。

文云："龙势顺河西南来，转□入首，成眠体凤形，城坐凤身，东关凤尾甚长。南西北皆有墩埠，配成两翅与首来顶结刘姓墓，圆如太阳，四面村落各相去四五里，周围环绕，局颇圆美。又城方形属土，北关入首星辰成水花样，东关眠木故长，西关土墩虽小而圆为全。惟南方火星不起，倘建一塔以助火势，则五星俱归垣矣。南方地势甚洼，能筑长堤以蓄四方之水，则地脉尤灵秀，发福不可限量也。"（文存《心烈日记》卷十一）

廿三日，作《李少司马祖墓图》。

廿四日，听宋钵言话马怀德斩蟒事。

廿五日，阅吴秋士《天下名山记钞》。

廿六日，接陈东屏来函。

廿七日，寄方毓之。覆李宪之函。

廿八日，阅邸抄，沈葆桢奏南丰克复。

廿九日，阅邸抄，李鸿章奏江苏常州克复。

五月

初一日，阅邸抄，四月廿二日上谕西安将军着都兴阿调补。

初二日，阅邸抄，曾国藩奏三月廿日攻克金坛县城。

初三日，阅《沧溟集》。

初四日，接边介石诗文并跋《平舒集》文。

跋云："余尝以谓诗必学古人，而不可袭古人。善学者聚古人专集，深究博览，与多积材、厚养气以出之。其成也，淹通渊雅，能兼前人之长，以疏沦己之性灵，而得其性之所近，以成一家之言。不似古人固不害，即偶似古人，亦不害也。袭古人者，高则追趁声调，范模体格；下者扫掠字句，依影附声，悴己之才思，以拟他人之面目，极似不过为其人之子孙，不则奴吏重台耳。诗者，宣志气、导性情之事，乃甘为人之子孙、重台，以汩没其志气，终身鞠促不敢肆，亦可哀矣。而为之者，方借以追附声气，朋引党援，以相标榜，而睢盱自负，不觉其失，吾知必有笑于其后者矣。友石先生寄示居平舒以后之诗，有《述怀》五言古诗百首，在先生诗格则一变也。敛俊伟驰骤之气，归于渊涵停蓄，不拟汉魏之迹，而气息之醇茂，如花香在蜜，盐味入水。余曾读先生诗，而此百篇则尤所心折，盖余所谓学古人而不袭古人者也。余亦好五言，不敢袭古人而已。才疏性懒，不能学也。故于先生之作，把卷不能释。因先生有陇州之行，以书索题词，为题五百言，意所未尽，复赘卷尾，以质之先生。任丘边长豫谨跋。"（文存《鸿濛室诗钞》卷十八）

初五日，覆覃墨波书。致雷纬堂函。

初六日，起程赴京，宿王家口，诸君陪饮。

初七日，仍住宜园。诸友纷纷出纸索书。

初八日，宿天津北关，与戴云川相晤。

初九日，游历天津。

初十日，晓发津门，晚宿杨村。途中成《津门晓岸》诗一律。

　　诗云："未晓渡天津，驱车快此行。残星留暗岛，众水汇沧瀛。夷众归如市，船高拥似城。大沽营远近，回首不胜情。"（诗存《心烈日记》卷十二）

十一日，抵都。仍寓滇北馆。

十二日，访孙铁州共话。

　　铁州初名铦，号海楼，后更名铸，故又改今号。

十三日，访简南坪共话。

十四日，访刘子重，不晤。游琉璃厂书肆。

十五日，阅邸抄，劳崇光、张亮基奏贵州边境肃清。

十六日，偕陈章美晚游华陀寺。

十七日，阅喻怀仁《听秋书屋诗》。

喻怀仁，云南曲靖府南宁县人。

十八日，阅《听秋书屋诗》，抄录五古数首。

十九日，阅王怀曾《待鹤楼诗钞》。

廿日，阅《待鹤楼诗钞》，录《望西岳》一章。

廿一日，昨夜梦一鹿，伴眠且能言。

廿二日，阅王小云《零砾诗存》。

廿三日，阅邸抄。劳崇光、张亮基奏黔匪围攻清镇县，为官兵击退。

廿四日，赴吏部过堂。

廿五日，访陆润生。

陆润生，名作霖。与方玉润同候州同缺，亦于本月拣补广西南舟州州同。

廿六日，阅邸抄。左宗棠奏太平天国烈王林彩新由德新窜至江西弋阳县境，为道员王德榜击杀，城围顿解。

廿七日，购获葛见尧《泰律篇》。

廿八日，诣阙左门验看。

廿九日，与梁菊裳联车同谒同乡先辈。孙铁州招饮。

卅日，阅邸抄，上谕嘉尚雷纬堂。

六月

初一日，游法源寺。

寺在宣武门外西南隅，京师第一丛林。

初二日，阅《荆驼逸史》。

陈湖逸士编。所载皆胜国逸事，凡五十二种，共四十八册。

初三日，阅毕振姬《西北文集》。

毕振姬（1612—1681），字亮四，号王孙，又号颉云。山西高平县人。

初四日，阅邸抄，张凯嵩奏浔州境内一律肃清。

初五日，午后大雨如注。

初六日，游善果寺、报国寺、长椿寺。

初七日，阅《毛文龙始末》。

李清撰，《荆驼逸史》之一。

初八日，阅《东塘日札》。

《荆驼逸史》之一。

初九日，钟韫山招饮。

初十日，赴凭科画凭。是日为先慈忌辰。

十一日，陈东屏代领部凭到。凭限八月十五日到任。

十二日，张捷三大会同乡诸友于谢叠山先生祠堂。

十三日，酬饮孙铁州、张捷三、戈最珊、钟韫山诸友。

十四日，阅邸抄，李鸿章奏长兴县克复。

十五日，是日为先严忌辰，静书纨扇数柄。

十六日，代张春陔书屏幅。

十七日，访李小泉。

十八日，钟韫山以诗饯行。

赠诗云："风雨声催五凤楼，京华聚散感萍浮。卅年愧我囊锥处，万里输君橐笔游。客到幽燕悲老易，身经关陇得诗遒。此行慎勿伤尘俗，官职才名一例收。"（诗存《心烈日记》卷十三）

十九日，酬钟韫山韵。自叙《入关集》。

《鸿濛室诗钞》卷十九《入关集》有《赴官秦陇，钟韫山水部以诗送行，步韵奉酬》。

《入关集》收同治甲子年诗作，自序云："甲子夏，得铨陇佐，旋捧檄出都，冬十月始至州。而所分防地尚驻州西百一十里之长宁驿，是为关陇要区，然已为贼焚毁净尽。不得已追谒纬堂副帅于平凉大营，并晤椒云皋使，都无所遇，仍返寓州城。集入关以来诗，未能盈帙，爰陆续补咏，稍存雪泥，则其兴趣亦可知已。黔石自识借庐之北窗下。"（文存

238

《鸿濛室诗钞》卷十九）

廿日，书《渡江集》中旧作诗付钟韫山。

廿一日，张春陔以楹联来赠。

廿二日，晓出都门，晚宿庞庄。

廿三日，宿南孟。

廿四日，宿天德店。

　　离大城仅廿余里，属文安界。

廿五日，抵大城县。

廿六日，覆方毓之书。闻官军已复金陵。

廿七日，杨卜臣饯饮。宋钵言赠诗二绝，酬之。

　　宋钵言赠诗云："遥指西秦路，声华在此行。温如君子品，宛尔故人情。曙月燕云远，仙鬟陇塞明。岐阳新吏隐，容易著芳名。

　　芙蓉城主月，恍惚误前身。潭水桃花地，烟鬟雾鬓人。人愿双璧合，缘祝一峰新。此去登临地，遥期报小春。"（诗存《心烈日记》卷十三）

　　《鸿濛室诗钞》卷十九《入关集》有《行抵大城，宋钵言明府赠诗二绝兼迫速和，拈此应命》。

廿八日，晓发大城，晚宿任丘县，介石亦来相晤。

廿九日，仍宿任丘县，谒边澉珊师墓。

七月

初一日，宿张家桥。

初二日，午雨，晚宿富庄驿。

初三日，午雨，晚宿南留智庙。

初四日，宿腰站。

初五日，宿东昌府之八里庙。

初六日，四面皆水，天又将雨，仍住八里庙。

初七日，拟过泰安登岱岳，不果。

初八日，宿莘县。

初九日，宿观城县。

初十日，宿开州。属大名府。

十一日，宿高平寨。属长垣县。

十二日，宿留光集。

十三日，抵汴城，宿东关外。

十四日，移寓入城。

十五日，出访同乡诸友，细询关中近况。

十六日，游铁塔寺，在城东北隅试院后。

十七日，游相国寺。

十八日，访宋故宫遗址。

十九日，钱晶卿招饮。

廿日，跋张月槎先生书后。

　　文云："吾乡号善书者，首推赵玉峰中丞，次则钱南园侍御，两先生为最。而钱名至今尤藉甚，赵则泯学无闻，岂以政治掩书名欤？石屏张月槎太史以致仕郡守举鸿博，再入词垣，天下又无不知其为博雅君子矣，而书法亦卒无传焉。润少读《留砚堂诗文集》，私心景慕有年，从未见其尺幅字。兹帧乃秋原刺史从汴市购获，笔势飞动，如龙蛇捉拿不住，盖草书神品已入怀素室，不仅与玉峰、南园抗行也。噫！书法如是，而尚无传焉，虽桑梓后生，亦仅睹吉光片羽于故纸堆中，则其他更可知已。"（文存《心烈日记》卷十四）

廿一日，阅邸抄。洪秀全于五月服毒自尽，忠王李秀成潜匿民间，为清兵擒获斩之。

廿二日，钱晶卿馈赆四金。

廿三日，出访光州诸友。

廿四日，窦兰泉先生过访。

　　窦兰泉，即窦垿（1804—1865），字于坫，又字子州，号兰泉。祖籍江南泰川，明代迁居云南。

廿五日，谒窦兰泉先生。是晚，门人曾子鹤、李宗白二君来见，畅谈至

240

二鼓始去。

廿六日，诸友均来索书，因各酬之。

廿七日，周小田邀往作书，遂留饮。

廿八日，与曾子鹤作竟夕谈。

廿九日，晓发汴梁，晚宿中牟县。

卅日，宿郑州。

八月

初一日，宿汜水县。

　　《鸿濛室诗钞》卷十九《入关集》有《荥阳县》。

初二日，宿孙家湾。途中成《虎牢关》一律。

　　《鸿濛室诗钞》卷十九《入关集》有《虎牢关》。

初三日，宿河南府。

　　《鸿濛室诗钞》卷十九《入关集》有《洛阳道中》。

初四日，谒阙陵，便道访伊阙关诸胜。

　　《鸿濛室诗钞》卷十九《入关集》有《谒关陵》《游伊阙》。

初五日，宿铁门。

初六日，宿英豪镇。

　　《鸿濛室诗钞》卷十九《入关集》有《入函谷》。

初七日，硖石驿午尖，宿张茅所。

初八日，宿陕州城南桥头铺。

初九日，宿灵宝县。

初十日，仍住灵宝。访无极洞，老子留著《道德经》处。

十一日，作洛阳诸图。

十二日，作陕州诸图。

十三日，宿阌乡县。

十四日，宿潼关。在黄河高岸上，层谷重关，极为雄险。

十五日，作《潼关图》。

十六日，宿桦水。

十七日，宿渭南县。依山临河，地颇扼要。

十八日，宿接口。

十九日，抵西安省。省垣悉为兵勇所坏，觅寓甚难。

廿日，是日仍雨。夜梦先严以戈逐玉铭弟，玉润累为庇护。

廿一日，雨。补《游岱不果》诗。

《鸿濛室诗钞》卷十九《入关集》有《道出聊城，拟纡途登岱，适值河涨不果，成此寄题》。

廿二日，雨。补《潼关远眺》诗。

《鸿濛室诗钞》卷十九《入关集》有《晓登潼关城楼远眺》。

廿三日，雨。补《望华》及岳庙途中诗。

《鸿濛室诗钞》卷十九《入关集》有《西岳庙近为回逆焚烧过半》《望华岳》《雨中过灞桥见营垒作》《骊山》。

廿四日，雨。补汴梁诸诗。

《鸿濛室诗钞》卷十九《入关集》有《汴梁寻宋故宫遗址》《谒窦兰泉先生》《喜晤光固诸及门，时将秋试》《梁园夜坐，别曾子鹤，即题其集后》

廿五日，阴。出访旧营林松岩、彭仁山及赵厚庵诸友。

廿六日，赴藩署禀到。赵厚庵晚间来，畅谈至夜始去。

廿七日，彭游戎过访，未晤。

廿八日，出谒诸首领。

廿九日，出谒诸大宪。

卅日，游慈恩寺，成诗一律。

《鸿濛室诗钞》卷十九《入关集》有《游慈恩废寺，登大雁塔作》。

九月

初一日，出谒诸大宪。

初二日，访徐良辅。

初三日，朱小亭过访。

朱小亭，名成绩。浙江湖州人，冒籍山西。部选西乡典史。

初四日，出谒诸大宪。林松岩招饮。

初五日，赵温如过访。

赵温如，名文炜。陕西人。偶晤寓中，因来坐谈。

初六日，曹军门遣使馈赆三十金。

初七日，沈鹏元观察枉过，未晤。朱小亭携酒过寓，相与畅谈。

初八日，阅吴炳续修《〔乾隆〕陇州续志》。

初九日，李铁梅先生枉过，未晤。

初十日，阅《华岳志》。

李萌伯辑。凡八卷。

十一日，游碑林。

十二日，阅《古文辨体》。

张炌编辑，其徒屠之申为之注。共四卷。

十三日，奉藩宪委檄赴本任。

十四日，诣各宪谢委。

十五日，赵温如、朱小亭诸君皆过访。

十六日，吴莲溪过访。

十七日至十九日，阅邸抄。

廿日，朱小亭、吴莲溪过谈。

廿一日，邀吴莲溪、朱小亭同至满城，访唐故宫遗址。

廿二日，朱小亭执东受业。

廿三日，阅邸抄，徐宗干奏台湾太平军略清。

廿四日，致杨卜臣书。

廿五日，致都中诸友书。

廿六日，书屏赠朱小亭。

廿七日，拟各宪禀辞，未果。

廿八日，诣各宪禀辞。

廿九日，自书家神牌联，以为祀仪。

十月

初一日，收家人傅祥，尚诚实可用。

初二日，李铁梅赐书楹帖。

初三日，拟启程赴陇，不果。

初四日，作书寄李雨苍京堂。

初五日，代雍鹤峰作书。

初六日，午发西安，晚宿咸阳。

初七日，宿右扶风镇。

初八日，宿杏林镇。

初九日，宿岐山县。

初十日，抵凤翔府。

十一日，谒封府宪及访诸同寅。

十二日，诣府禀辞。方文川大令招饮。

十三日，作书致陇州吏目李小亭。

十四日，作谕示分署书役。

十五日，发凤翔，晚宿汧阳。

十六日，访汧阳令林望侯。

十七日，抵陇州。

十八日，出谒州牧并访同寅。

十九日，书吏代禀报到任日期。致朱小亭函。

廿日，李晓亭诸友均索书。

廿一日，起程赴平凉，谒雷纬堂，晚宿苟家寨。

廿二日，宿安口窑。

廿三日，野宿。

廿四日，抵平凉府，谒见雷纬堂。

　　《鸿濛室诗钞》卷十九《入关集》有《平凉大营访雷纬堂副帅四律》。

廿五日，访吴梦九故人。

廿六日，作《平凉府图》。

廿八日，阅邸抄。曾国荃功成乞退，朝廷已允其请。

廿九日，张椒云臬使由溪州移驻平凉。

　　椒云，即张集馨（1800—1878），字椒云，号香海，别号时晴斋主。
江苏仪征人。曾任陕西布政使。

十一月

初一日，雷纬堂出相营基。

初二日，访雷振之大令，晤秦国胜总兵。

　　振之为雷纬堂弟，现带亲兵营。

初三日，雷纬堂进军安国镇。

初四日，以诗文呈张椒云臬使。

初五日，闻太平军上窜陕境。

初六日，石家嘴太平军退。

初七日，城内兵勇杀人，雷纬堂回城弹压。

初八日，遣价回陇。访余寿亭镇军，再晤秦国胜。

初九日，秦国胜过访。

初十日，代吴梦九致书杨春樵。

十一日，大雪满山，严寒特甚。

十二日，拟赴泾州，天寒雪盛，不果。

十三日，访伍介康。

　　伍介康，名超。浙江人，占籍泾阳。

十四日，晓发平凉，晚宿马连铺。

十五日，宿王村。

十六日，抵泾州。北风尤紧，手足皆冻。

十七日，童纬廷、沈锡侯二君过访。

十八日，访赵厚庵。厚庵自陇来泾，遂卧病，今稍能起。

十九日，访周述之镇军。

周述之，名善继。四川人。

廿日，林育泉招饮。

廿一日，访赵厚庵，听话诸勇获财状。

廿二日，偕赵厚庵访卜筮景。

廿三日，登回中山，访王母宫废址。

《鸿濛室诗钞》卷十九《入关集》有《登回中山，访王母宫废址在泾州城西里许》。

廿四日，雷纬堂见玉润境遇多厄，既许留营，又令粮台助金二百，故肃函致意。

廿五日，过赵厚庵，听话五月克平凉状。

廿六日，发泾州，晚宿屠家沟。

廿七日，宿娘娘庙。

廿八日，宿石岭子。

廿九日，抵陇州。

《鸿濛室诗钞》卷十九《入关集》有《大雪中自泾还陇，感赋》。

卅日，移寓州之南城。

《鸿濛室诗钞》卷二十《陇上柝声集》有《移寓借庐感成有序》，序云："长宁官廨既毁，人民逃散，不能履任，乃僦屋州城为暂止地，榜曰借庐。跋云：'山水风月，皆非我有，然而山水风月无一而非我有者，借之力也。借山借水，借月借风，更借吾庐，借之为用大矣哉。爰纪以诗。'"

十二月

初一日，唐煜轩太守及李晓亭俱过访。

唐煜轩，即唐德堷，或称禹轩。时任陇州知州。

初二日，自泾回陇，旅夜三宿皆有梦。

初三日，吴仲光过谈。

吴仲光，名征，原号莲溪。拟从军，故来相访。

初四日，作书致杨卜臣、边介石。

初五日，书屏幅赠方文川大令。

初六日，书屏幅赠林望侯明府。

初七日，书直幅赠友人。

初八日，作书寄杨卜臣、边介石、杨芊安、方毓之诸君，并上李铁梅先生。

初九日，作示谕长宁各镇居民。偕吴仲光同游木塔寺。

初十日，傅朴斋过访。

　　朴斋原名淳，以避讳更名春翔。江右籍，寄居均州。

十一日，作书致祝亚山及曾子鹤。

十二日，代马五峰书屏联。

十三日，闻金县失守，兰州戒严。

十四日，傅朴斋过谈。

十五日，孙雪堂过访。

　　孙雪堂，名祖康，号雪堂。主禹轩太守幕。

十六日，闻南口窑一带俱有贼。

十七日，作书致雷纬堂及大营诸友。王子萱过访。

　　王子萱，名寿光。松江人。为禹轩司记室。《鸿濛室诗钞》卷二十《陇上柝声集》有《王子萱寿光过访》。

十八日，再致书雷纬堂。

十九日，作《陇州图》。

廿日，致书林育泉及朱小亭。

廿一日，沈葆桢奏搜获洪秀全幼子洪福真于荒谷中。

廿二日，闻太平军尚盘踞北山中。

廿三日，孙雪堂过谈。

廿四日，先君冥寿。

廿五日，阅邸抄。恩麟奏哈密回民军作乱，官军夹击，全行歼灭。

廿六日，闻灵台县失守。

廿七日，接朱小亭及马宸男诸信。

廿八日，作《天下全图》。

廿九日，自叙《平舒集》。

序云："平舒，古瀛渤地。子舆氏云：'太公避纣，居东海之滨，后人因以名河曰子牙河。'盖附会也。然亦安知其附会之非尽出于附会乎？夫古圣贤豪，乡里争荣，即一流寓间，亦足为山川生色，固人情耳。余随卜臣至署，岁适一周。地既无古刹名山可以登临游眺，世更鲜高人杰士相与觞咏流连，日惟俯首丹铅，摩挲宝剑，作为歌诗，以写胸中抑郁不平气，此其况为何如乎？集名平舒，非敢望后之人附会吾徒，亦聊记吾从附会乡中来耳。甲子除夕，陇州司马黝石氏书于吴岳峰下。"（文存《鸿濛室诗钞》卷十八）

清同治四年　乙丑（1865）　五十五岁

正月

初一日，随班坐朝谒庙。

初二日，李晓亭招饮。登城瞭望。

初三日，作《西安府图》。

初四日，太平军至曹家湾，合城戒严。

《鸿濛室诗钞》卷二十《陇上柝声集》有《守陴乙丑新正四日》。

初五日，太平军至，幸未攻城。

初六日，太平军东去汧阳界。

初七日，雷纬堂马队自平凉追太平军。

初八日，步队追太平军至陇。

初九日，闻追太平军诸军至汧，遂止不行。

初十日，代李晓亭书屏幅。

十一日，唐煜轩太守拟请留兵戍守上关，令作书致纬堂。

十二日，代唐煜轩书楹联。

十三日，代唐煜轩书屏，四幅俱作钟鼎文。

十四日，阅邸抄，劳崇光奏铜仁克复。

十五日，李晓亭招饮，未赴。作书致李宪之及陈东屏。

十六日，作书致方毓之。

十七日，碧鬟姻事久而未成，拟托雷纬堂代作蹇修。

十八日，李晓亭招饮，诸同寅皆在座，共商城守事宜。

十九日，遵例开篆。

廿日，闻雷纬堂退军平凉，遣使致书。

廿一日，阅邸抄。御史刘庆奏参已革臬司李元度罪重罚轻，请仍按律定拟。上谕令曾国藩、左宗棠查奏。

廿二日，阅邸抄。曾国藩奏广东现有军务，请以粤省厘金截留自用。

廿三日，马五峰招饮。

廿四日，为孙雪堂题照二绝，作秋月团圆图。

　　诗云："碧沿朱栏露未干，梧桐月下影团圆。一房儿女深堪羡，况有金闺人共看。

　　万里辞家我正愁，那堪还读画中秋。烦君戏向姮娥问，玉杵何时许并投？"（诗存《心烈日记》卷二十）

廿五日，孙雪堂过谈。

廿六日，唐煜轩太守过谈。

廿七日，阅邸抄。吴棠奏筑清江浦城池，实为紧要之着。

廿八日，唐煜轩太守招饮。泾州来函云太平军二股已合为一，北窜宁州之太昌镇。泾防吃紧，拟请大帅派兵戍守，先将后路扫清，然后进兵固原。

廿九日，为友人书楹帖。

卅日，闻宁夏城复。

二月

初一日，设筵以祀家神。

初二日，致马秋原诸同乡书。

初三日，唐煜轩太守过谈，谓济南山水胜过江南，盖以其水尤为清异也。

初四日，午过唐煜轩小酌。

初六日，作书致伍介康，拟借阅家藏图书。

初七日，唐煜轩过访，以其尊翁雪方先生《剩草》一卷，求为作序。

初八日，作雪方先生《剩草》诗序。

序云："甲子冬，予佐政陇东，维时摄州篆者为山左唐煜轩太守，款接甚优。连月贼踪犯境内，兵车络绎，往还不绝。时或登陴，轮巡夜警；时或开城，抚恤流亡。太守一身兼任其劳，而犹能与营弁武夫往来酬应，各尽欢心，一无所扰，是其肆应才有过同侪数倍者，而未知其为风雅人也。迨贼氛既远，政治稍纾，于其记室王君子萱处，得阅予《月影戤光录》，不觉拍案叫奇，心赏久之，至于泣下。于是朝夕过从，披肝沥胆，相与纵谈十年情事。至其得志，则兴会高飙，每忆旧游，又复凄然肠断。盖其雄材伟貌，而更饶雅量柔肠，非可以一端竟，然犹未知其笃于彝伦也。一日，亲捧其尊翁雪方先生《剩草》一卷过予曰：'此先人遗稿，从故纸堆中网罗散佚而汇而藏焉者也。君盍为我一序存诸？'予敬谨盥诵，清腴流畅，风雅咸宜，是格调性灵，兼擅胜场，又不独谨守剑南门户，斤斤然界宋分唐以为长者。窃尝论之，诗至前明，李、何崛起，共倡复古，冈忌剽窃，以至末流徒存优孟。迨入国朝，蒋、赵并生，又复尊唐佻宋，不免矫枉太力，失之过正。而稗官野史，以及怒骂诙谐，悉杂诗歌，风雅一道，几乎熄矣。然而剑南宗派，屹然中立，无所偏倚。既不与李、何为胜衰，又不为蒋、赵所排击，则以其诗中境界，亦自有唐宋两宗在也。夫根柢风骚，关心时政，发为哀音，激成壮藻，则挹彼浣花，以成绝调。至于流连景物，抒写性情，一草一木，无不入诗，则突过元祐，独唱宗风，此剑南之所以独成其为剑南者也。我雪方先生之为剑南学者，无乃在是？惜其全稿散失，所存无多，未免使人读之有游山未竟、尝味初甘之憾。然非太守公笃志先芬，关心遗泽，则并此一编不能存，孰更知雪方集之能脍炙人口若是哉？自古忠臣多出孝子，于今循吏半是风人，盖其性情笃则政治优也。将见是编出，不独前辈风流衣被后学，即此家声远播，亦起懦顽，故乐而为之序。其缘起如此。先生讳金照，字秋华，雪方其别号也。历城诸生，屡试不第，尝赍志以没云。"（文存《心烈日记》卷二十一）

初九日，唐煜轩以静功诀见遗。

初十日，接朱小亭来函，即覆。

十一日，过唐煜轩，同访李晓亭共话。

十二日，孙雪堂请乩，未降。

十三日，今日未出门，亦无朋至，独坐而已。

十四日，阅雪方《剩草》，五言尤佳。

十五日，雷纬堂于本月朔日入固城，致书以贺其捷。

十六日，昨夜梦一石壁，恍惚四大字曰"照耀东海"。

十七日，阅邸抄，悉陶恩培死事情形。

十八日，为王子萱所辑图章印《鹡鸰馆铁笔偶存》作序。

序云："物之最寿者，莫如金石，故古人欲寄其精神意气，以与金石比寿，非文字不可；而欲使文字与金石并寿，又非寄其文字于金石也不可。铁笔一道，虽曰小技，其寄吾之精神意气于金石以垂不朽者，亦与文字同。当其运腕构思，因形悟象，非有奇情逸兴，心通造化，神与古会，聚史仓、斯相于一堂，遇以琴而通乎梦，相与摹绘偏旁，区别点画，何者为云书鸟篆，何者号垂露悬针，一一规秦模汉，铸禹范汤者，必不能使吾之精神意气以与盘匜彝鼎同贞永寿。吾友王君子萱，博雅士也。吟咏之余，兼工镂篆，镵刓刻露，又复雄厚温敦，每成一印，必出相赏，恍如对皇古人而亲见其下笔时也。精艺至此，孰谓其为雕虫技，壮夫不屑为哉！天下事物，无论大小精粗，靡不有道焉以贯乎中。苟得其道，则虽形而下也，亦何异形而上者之精神意气，常存天壤，不与浮云为变灭也耶？是为序。"（文存《心烈日记》卷二十一）

十九日，晚过唐煜轩，云山左有倪姓者，善走，日行七八百里，往来如飞。

廿日，昨夜梦先君戒责，今又梦先慈诃杖，皆放声大哭而醒。

廿一日，唐煜轩过访，并邀晚酌。

廿二日，再致书雷纬堂。

廿六日，过孙雪堂。

廿七日，阅邸抄。熙麟奏参张集馨奸险卑污诸款，上谕饬陕抚查实覆奏。

廿八日，唐煜轩招饮。

廿九日，代唐煜轩拟书致张少尉，愿缔陈朱之好。

三月

初一日，唐禹轩既代执柯，碧父稍有所恃，此中机会，或能撮合。

初二日，抚军不知何处得闻陇界有太平军，派军戍此，以防门户。

初四日，袁小亭来函。孙雪堂招饮。

初五日，阅邸抄。常清、明绪等奏新疆回民军上年十月攻扑伊犁城，为官兵击退，城围立解。

初六日，袁小亭欲玉润急速入营，以图保举，作书谢之。

初七日，昨夜梦与友人联社，得二语，足成之。

　　诗云："茫茫何所向，莽莽但云烟。地迥苍鹰外，僧归卧虎边。一官成大隐，好梦即神仙。有句堪忘老，无心更着鞭。"（诗存《心烈日记》卷二十二）

初八日，《坤舆图隘新编》成。

　　自客腊中旬至今，凡三阅月。合之旧图，共获图六十，编为二卷。

初九日，阅邸抄。官文奏降人吴太清率众投诚，众至十余万，且当太平军陈得才大股冲扑时，又能反戈剿杀，斩馘尤多。上谕优奖。

初十日，清明祀祖。

十一日，拟印章文四十有余。

十二日，代米静斋书扇，作钟鼎篆及缩临《出师颂》全文。

十三日，书屏赠王子萱。仿颜平原家庙碑体书《西铭》全文，共六幅。

十四日，书《太极图记》。

十五日，代唐禹轩跋李晓亭栖鹤室。

十六日，梦题牡丹。

诗云："娇姿浓艳拥朝阳，烟满琼台雾满廊。不是沉香亭醉后，那能含笑媚君王。"（诗存《心烈日记》卷二十二）

十七日，接袁小亭来函，即覆。

来函代答纬帅意，略云阁下在陇，未便保奖，虑当事者异议。惟作伐一事，未便遵行云云。

十八日，接朱小亭来函，即覆。

小亭代虑后嗣，劝早纳宠。

十九日，阅邸抄，曾元福奏台湾内山太平军肃清。

廿日，李晓亭招饮，座中出苟家兰亭共观。

廿一日，改《武汉合图说》，以武昌为主，兼论汉阳。

廿二日，改《黄梅图说》。

廿三日，改《太湖图说》。

廿四日，酬李鹤洲《闲步西郊诗》一律。

诗云："梵刹云归冷画甍，偶来闲坐寄幽情。山钟早断花间韵，溪磨还流水上声。不信苍黎多浩劫，谁从古佛悟无生。荷锄定是春耕叟，相见依依语未清。"（诗存《心烈日记》卷二十二）

廿五日，接吴梦九、仲光两君来函，即覆。

廿六日，阅邸抄，僧格林沁奏河南军情。

廿七日，作家书及致孙竹雅太守。

廿八日，作书致李宪之及杨卜臣。

廿九日，上两江总督曾国藩书。

四月

初一日，改《六安州图说》。

六安之功本卢又雄力，乃为胜保所攘，故兹特正之。

初二日，改《庐州府图说》。

庐州城大难守，官兵贼徒皆败于此，盖近城无险可恃耳。

初三日，改《固始县图说》。

初四日，作《天下全图说》。

统论历代都邑得失，而更欲建三都以联天下大势：曰北都建燕，曰西都建秦，曰南都建吴。

初五日，石蓉镜以玉润将移寓，设筵小叙。

初六日，代方云帆书屏联。

云帆，方文川子。

初七日，李晓亭过寓。

初八日，书寓联。

大门联云："琴赞关山学惭制锦，符分汭水治谢烹鲜。"二门云："陇上云山成大隐，关中道德想遗经。"内室额曰"借庐"，跋云："山水风月皆非我有，然而山水风月无一而非我有者，借之力也。借山借水借月借风，更借吾庐，借之为用大矣哉！"联云："万里难归，敢望风云腾骥足；一枝可借，聊从枳棘傍鸾栖。"（联存《心烈日记》卷二十三）

初九日，送李晓亭赴西安，并致书林松岩。

初十日，李晓亭仍回陇。

十一日，阅省钞。据云御史蔡寿祺等奏劾恭邸收受规礼，三月廿一日奉旨着革出军机。

十二日，阅邸抄，劳崇光等奏定番州城复。

十三日，移寓。

十四日，家祭。

十五日，接方毓之书。略云碧父固执如初，碧病痴迷可虑，恐耽延余嗣，宜早订别姻。

十六日，连旬亢旱，昨日始微雨，今晨亦然。

十七日，昨夜梦无数红枣堆满庭院，方长数丈，厚二尺许。

十八日，将遣仆赴皖求婚，道经武昌，故作书顺致罗厚斋，并取前所寄存书箱及各稿板入关。

十九日，书扇赠方毓之及黄仙樵。

廿日，作寄皖楚诸书。一寄方毓之，一致碧鬟，一寄罗厚斋并及曾子鹤、李翰臣二君。

廿一日，遣使入皖求婚。

廿二日，阅邸抄。御史丁浩奏正月十三日，直隶广平、顺德，河南开封、归德等府，山东曹州等属地方均有震雷雨雹之异。

廿三日，阅邸抄。

廿四日，左宗棠等奏福建南阳城复。

廿五日，闻陶茂林兵溃。

廿六日，临《历代钟鼎款识》。

廿七日，临钟鼎文。

廿八日，接袁小亭书，即覆。

廿九日，阅邸抄。

卅日，接雷纬堂来函。

纬堂近日颇有矜伐意，偶有所规，不能自责，反致书论辩滔滔。

五月

初一日，陶茂林军溃勇至。

初二日，溃勇酉刻离去。

初三日，民勇互斗。

初四日，自三月后尤旱无雨，今始微雨。

初五日，唐禹轩招饮。

初六日，昨夜至今午雨始止，秋成可望。

初七日，阅邸抄。

初八日，米静斋招饮。座间得阅林望侯来函，云捻军东窜，徐州、丰沛一带皆吃紧。

初九日，阅邸抄。

初十日，同乡杨楚来见。唐禹轩招饮，闻陕境肃清。

杨楚，号昌林。云南昆阳人。廪膳生。以亲临斗殴、借尸磕骗事牵连入罪。

十一日，闻僧邸军溃阵亡。

十二日，晚访杨昌林。

《鸿濛室诗钞》卷二十《陇上柝声集》有《酬杨昌林楚诗有序》，序云："君昆阳诸生，以非罪戍陇十余年，与余有乡谊，故来谒，并投诗文各一首，爰酬以句。"

十三日，作《黝石铭》。

铭云："黝石黝石，其坚尔心，其丑尔质。菩萨偓儃，金刚砆磩。灵倩天工，巧谢人力。岂娲炉之所炼兮，抑秦鞭之所驱役。米颠见而必拜，壶公袖以谁拾？吾将呼尔曰文人，慎勿嶙峋自异，独挺然而特立。"（文存《心烈日记》卷二十四）

十四日，祖妣何太夫人忌辰，致斋谨祭。

十五日，拟移石，不果。

十六日，城西郭外访石。

十七日，访唐禹轩共话。

十八日，接朱小亭来函，即覆。

十九日，唐禹轩招饮，共观南乡山中岩竹。

廿日，移竹栽花。

廿二日，接陈东屏函，云蓉舫司寇于二月下世。

廿三日，覆陈东屏书。

廿四日，仆僮偶拾一石，因濯以水，七窍玲珑，惟一中通，亦一奇也。

廿五日，再作《黝石铭》。

铭曰："石而遇乎时也，则炼娲炉而补皇天；石而不遇乎时也，则衔精卫而恨海难填。石乎石乎，夫固有与时为推移者乎？"（文存《心烈日记》卷二十四）

廿六日，赁石。

廿七日，作移石题壁诗。自叙《陇上柝声集》。

《鸿濛室诗钞》卷二十《陇上柝声集》有《偶移竹石南墙下，成诗一绝，即涂壁上》。

《陇上柝声集》自序云："佐陇今八年矣，不惟廨宇全非，即人民亦多散尽。虽有实心，何存实政？况又无政可存耶？故自击柝来，非登陴即团练，舍此更无以为民者。不得已闭户佣经，藉消岁月，亦间与诸生讲道论文，不过聊避素餐之诮。诗兴既减，拈韵遂稀。偶检近稿，所获寥寥，可笑人也。存之所以记吾愧耳。壬申春仲，关山击柝叟黝石氏识。"（文存《鸿濛室诗钞》卷二十）

廿八日，再作题壁诗。

《鸿濛室诗钞》卷二十《陇上柝声集》有《次日晨起又题，仍用前体》。

廿九日，陈东屏书来，始知杨卜臣于去秋接署永清，恐前数书均不能达，故再作书直递其署，兼问李宪之散馆后现授何职。

六月

初七日，边介石寄诗数章。

七月

初四日，游龙门洞。

《鸿濛室诗钞》卷二十《陇上柝声集》有《龙门洞题石在州西七十里，为邱长春习练处，有磨性石、定心峰诸胜》。

初六日，为先业师汪竹轩先生写墓志。

文云："呜乎！某违师教今四十四年矣。忆自庚寅、辛卯两载执贽，受益良深。别后，师成进士，筮仕山左、黔阳两省，中间仅一晤于滇之京铜局，盖于役南归也。戊午，从戎皖庐，兵败走来安，知公寓福兴集，拟纡道晋谒，不果。今师之文孙以书通问，并寄行述，命删润，始知癸亥秋师已作古人于扬之兴化县，返葬来邑。某既悉行状，爰撮其要为志墓云：公汪姓，讳自修，别号竹轩，世居滇之通海县。祖某，父某，皆以公贵，赠如其官。公生而岐嶷，不苟言笑，性尤力学不懈。弱冠补弟子员，即负笈五华，与李君士林、黄君初同学，日夜攻苦，虽饮食出入必有节。嘉庆己卯乡试，三人皆获隽，李抡元，黄亚魁，公第九人，士论荣焉。旋摄广南府教授篆，从学者众。壬辰捷南宫，以知县用，笺掣山东首篆，惠民有政声。甲午，充山东乡试同考官。差竣，丁外艰归。服阕，改贵州，历任毕节、镇宁、兴义诸州县，所至皆化。先是，兴义有巨盗李麻子者，聚徒山林，久为民害，地方官无敢捕。公至，确探密缉，置之法，群情称快，为生祠以报，至今顶祝无替焉。丁未，部选来安，民之爱戴，亦如兴邑。己酉，充江南乡试同考官，所荐皆知名士，士心无不悦服。南圩水灾，设法捐赈，全活者数万计。咸丰癸丑，粤逆陷金陵，北窜滁、和，民避入境。公率众守陴，安插难民，布置井井，贼不敢犯。嗣因积劳成疾，遂卸篆，犹时时以久食国禄，不能同靖国难为憾。会棚匪乱，公衣冠坐堂上，贼至，厉声叱之曰：'我前县令汪某也，可杀我否？宜速退，不然，尔族赤矣。'贼未识所言，挥刀砍扑于地。一贼识曰：'此贤父母也，慎勿伤！'扶起罗拜去。由是养疴林泉，教子训孙为乐。以同治癸亥秋九月十四日殁于兴化旅邸，权厝来邑之某乡，距生于乾隆某年某月日，享年七十又若干。配某氏，生子敦仁，甫入庠，即早逝。继配黄氏，生存仁，灵璧尉，亦早殁。孙锡麟，敦仁出，以军功得保县令。曾孙某，锡麟出，甫四龄，尚幼。家世有积德，为人所难。父赠公某，尤慷慨好施。邑固苦于徭，虽老幼男妇无能免，时即指天誓蠲斯役。迨公贵，始由山东寄俸三千金回籍，尽捐入局，民患顿苏，群请于朝，得旌表赠。公殁，四方会葬者数千余人，有泣下者。铭曰：以公之学、之品、之教，固不暇赴义而云报，然义无不报者。昊天曰明，人心斯肇。义相乘而莫知所造。"（文存《鸿濛室文钞》卷四《鸿濛金石文》）

十八日，移寓撒家店，游八龙潭。

《鸿濛室诗钞》卷二十《陇上柝声集》有《撒家店拟定寓馆于此》《游八龙潭》。

廿六日，听仆僮话陇有义犬控冤事。

八月

初九日，接李宪之函，知已留馆授职编修。作书勉其自当振作，奋发有

为，力求实际，以挽世运之衰。

九月

初三日，阅《薛文清公文集》。

　　明薛瑄撰，共二十四卷。

十月

廿四日，李雨村作《诗话》，摹仿随园，令人增厌。

清同治五年　丙寅（1866）五十六岁

二月

廿八日，唐禹轩招饮，坐中谈及张天师奇事。

三月

十五日，刘生过寓偶谈，云陇境人类相食，真可惨也。

十七日，论历代清流气节。

廿三日，论张良之击秦皇。

廿四日，三赴撒家店。

廿六日，阅《纲目》。

六月

初五日，游山门镇青岩寺。

　　《鸿濛室诗钞》卷二十《陇上柝声集》有《避乱至青岩寺，遂题其壁寺在清水县东南六十里山门镇后。旁有古洞，口衔圆石，如坠不坠。又一洞如室，苔痕隐现，室鸿濛三字与余斋名符，别为文纪其异，并系以诗》。

　　又作游记曰："松非石不古，石非松弗奇，松石交映，灵斯著焉。清水邑东南有山曰石洞山，寺曰青岩寺，以岩树浮青，而洞境又甚幽邃也。然而史迁之游踪不到，灵运之题咏罔闻，固碌碌无奇，与寻常山水同埋没于荒陬僻壤中者，何哉？则以世无识者故耳。丙寅夏，余以避乱至长沟河，去山不远，因乘便访之。遥望峰头葱郁，浓黛横流，嘉荫可爱，以为此常树色耳，无足奇。及入山，循溪蹑磴，石骨顿露，嶙峋峭蒨于清流碧涧中，亦以为此凡石品耳，更无足异。不数里抵岩下，鬣鬣者长松带壑，如龙蛇蚴蟉，群飞舞于万仞峰巅；黝黝者奇石撑空，如狮象斗搏，互蹲踞于千岩树底。于是始恍然于松与石之不可以相离，要必于两相交映处，而后可以共成其奇焉者也。寺之左，石室洞启，苔痕隐露'室鸿濛'字而非镌刻成，且与予斋名符，亦异矣哉！岂予前身固常跏趺于其内欤？又再左，洞形如裂，一圆石悬衔洞口，欲坠不坠，恐十二万年后，地老天荒，此石常如故也。洞外秃柳婆娑，巅与末皆倒植地，而以背作圆桥，又不胜奇倔古异。洞顶台阁层矗在松梢云雾际，可望而不可攀。予乃枕藉苔茵，旷怀天地，朗咏唐人'细草春香小洞幽'之句，而不知身在尘界内，尚何有干戈戎马之相迫于吾前欤？虽然一境也，而松以石显，石借松高，方且互相交映，以成其趣也。如是而人固可以孤立自异欤？藉使孤立可以表异，则邈焉者寡俦，屹然者无辅，正如蓬岛仙株，隔绝大海，徒使人想望于虚无缥缈间，复何怪世无识之者欤？又不禁抚松倚石，恒低徊于身世而不能自置云。"（文存《星烈日记汇要》卷三十《名胜四十五》）

初六日，游庞公岩，咏鹦鹉石。

《鸿濛室诗钞》卷二十《陇上柝声集》有《乘兴访庞公岩，到寺时夜已深在清水县西二十里，别有记，存文集》《游小川峡，觅鹦鹉石歌有序》。

作游记云："夫神仙解脱与达人高蹈，迹同而心实异。然而达人高蹈，往往借神仙解脱以为奇，正如神龙见首不见尾，使世之人徒想像于鳞爪空濛际，而莫知其所为。至于灵珠在抱，则自有栖真藏神地，非世历千秋，迹遍人寰，未易穷见端倪也。余游清水庞公庵，乃知牛头之庞公，即鹿门之庞公，而鹿门采药不返之庞公，即牛头白日飞升之庞公。其白日飞升事不可知，而采药不返之迹，则固有其栖止地矣。碑载公名德，襄阳人，明明鹿门庞公矣，而乃何以至是乎？古有志士，晦迹山林，其心必有难白处。目值乾柱将倾不能救，权奸窃柄弗能夺，而拨乱反正之人，又有出而任诸其责者，则吾将为世瘤，而犹不早作乘桴计，则岂大丈夫所为哉？公当卯金运退，当涂谣传，而卧龙、凤雏辈又翩翩后起，不能不借采药以成浮海志者，固至隐而至微也。然则何以晦迹鹿门，而又显灵牛头，岂非神龙见首不见尾，而灵珠在抱者，又自有其栖真藏神地欤？余初至庵，时已昏暮，月上峰巅，影入林莽，虎豹潜藏于阴幽，蛟龙出游乎浣溁。独步松关，时闻涛响，固已想见公之心如月斯朗矣。次日晨兴，曳杖登山，朝旭送爽，禽鸟飞鸣而不忍去，白云飘飘以长往，又有以见公之神与迹一，夫固与山灵而常相赏者也。呜乎噫嘻，邈哉远矣！公之迹世可得而寻，公之心世不可得而见。余乃仰首长空而为之歌曰：'上覆穹窿兮，下载坤灵。惟禀气于清淑兮，惟德为馨。生五百以名世兮，为上古之闻人。胡不幸而罹此难凶兮，独颠踬以无成。既鸿飞于冥冥脱党锢而自远兮，又蠖屈于深渊叹忠贞以谁明？予其投汨水以从灵均兮，抑钓富春而希踪子陵。殁既不可兮，生更难存。云为车兮风为马，虬螭作驭兮鸾鹜是骈。霓之旌兮飘飘，雷之鼓兮凭凭。揽神灵而杂还兮，揭日月以常行。叩帝座于天阍兮，乃克诉予之精诚。匪十种其谁托兮，又何怪骖云驾雾而白日以飞升'。"（文存《星烈日记汇要》卷三十《名胜四十六》）

九月

十四日，畅廷玉参军与张勤贰尹转饷来州，同游药王洞。

十六日，刘霞仙中丞作《五十初度诗》八律见示。

刘霞仙，即刘蓉（1816—1873），字孟容，号霞仙。湖南湘乡人。湘军将领、桐城派古文家，官至陕西巡抚。有《养晦堂文集》等。

廿二日，鄂友石太守过访。

鄂友石，名太愚。

十二月

廿三日，补《太极元枢》一书。

清同治六年　丁卯（1867）　五十七岁

三月

初五日，记节妇阎氏。

四月

十九日，阅《纲目》。

廿一日，接边介石西安来函，见赠五古十章。

　　《鸿濛室诗钞》卷二十《陇上柝声集》有《介石又寄诗十章，拈此戏酬丁卯》。

廿五日，阅《纲目》。

五月

初一日，纳史姬。

　　《鸿濛室诗钞》卷二十《陇上柝声集》有《纳史姬丁卯五月朔》。

　　赵藩《方玉润传》云："官陇后，纳乳媪史氏养女直隶陈氏为侧室，字之曰爪仙。"

七月

十二日，夜梦沉香。

八月

初七日，阅《纲目》。

十一日，**梦游幽静园林，书联云："**天外试昂头，看过眼云烟，无非幻相；壶中聊小憩，即当前景物，尽是生机。**"**

联存《星烈日记汇要》卷末附《纪梦三十八》。

九月

初一日，阅《纲目》。

廿四日，阅《泰律编》。

十月

初二日，夜梦近人法帖百余页，奕奕动人。

初十日，昨梦人送巨盆绿牡丹一株，花甚茂。

清同治七年　戊辰（1868）　五十八岁

二月

十五日，拟定《九州疆域》。

三月

廿七日，**张子衡过访，出其《铁瓶诗钞》。**

题一律其后云："揽辔乘春驻节遥，襜帷还听马萧萧。关中道德人非远，塞上豺狼劫易消。旧雨好随春燕至，新诗还带暮云描。陇头莫羡潺湲水，多少烽烟聚灞桥。"

张子衡亦酬一律云："秦关楚泽望迢遥，觌面迟君咏采萧。百战河山同昔感，千秋岁月为谁消？琴材妙赏愁焦尾，画幛间评爱白描。辍鼻蛾眉相待老，锦江何事艳题桥？"（诗存《星烈日记汇要》卷二十一《韵语二百五十九》）

廿九日，**张子衡赠诗，即刻和之。**

赠诗云:"宿松曾记别方干,陇首相逢意倍欢。著述惊人凭覆瓿,功名误我强登坛。一灯夜雨论心久,十笏家山插脚难。愿挽天河洗兵甲,曲江风日更弹冠。"(诗存《星烈日记汇要》卷二十一《韵语二百六十》)

《鸿濛室诗钞》卷二十《陇上柝声集》有《张子衡臬使提军防沅,邀往相晤,并赠一律,依韵奉酬戊辰》云:"记曾揽辔大江干,秉臬西来士更欢。奇气已看摩战垒,高吟还欲压骚坛。提封万里铭勋易,撒手千金树义难。羊叔风流欣未远,教人珍重是儒冠。"

四月

十二日,论"一贯之旨"。章潢《图书编》亦有一贯论。

十三日,思元生。

《鸿濛室诗钞》卷二十《陇上柝声集》有《六十初度偶成八月廿三日》,句中小注云"戊辰四月望三日,子灵应生"。又《新烈日记》卷八载思元卒于光绪六年(1880),年仅十三岁。可知灵应即思元。

十八日,阅章潢《图书编》。

《图书编》一百二十七卷,明万历年间江西布衣章潢所著。

十九日,阅章潢《图书编》。昨悟受中之理,今更作图以明之。

闰四月

十二日,阅《图书编》。

十八日,《春秋》大旨前论略详,兹阅《图书编》,其说有足以破迂儒腐见者,因录之。

十九日,阅《图书编》。

章潢论《春秋》大旨,可谓得其要矣,而论时月,则又非其意。

廿日,阅章氏《图书编》之《月令辨》。

廿二日,章潢又辨周礼是非。

廿七日,论卦变之说。

廿八日,《图书编》有《上下经反对卦说》,虽无甚深意,然可为观象一助。

五月

十一日，论屯田之利守边。

十三日，论《图书编》所载选举之法。

十九日，董威太守寄诗见示。

廿八日，谒见府宪李勤伯先生。

　　李勤伯，即李慎，字勤伯。汉军正蓝旗人。咸丰元年（1853）进士。同治五年八月任凤翔府知府，十三年三月调西安府知府。

六月

初八日，登喜雨亭。

七月

十一日至十九日，读章潢《图书编》。

廿日，《图书编》论中国龙脉有三大干而泄天机。

廿四日，《图书编》又谓南龙之尽结为金陵，北龙之尽结为燕京，中龙之尽结萃于泗、凤，而明之都陵实全占焉，为自古所未有。

廿六日，《图书编》论中国诸水。

九月

初七日至初九日，阅《大学》。

十二日，论朱子"格"字之义。

十八日，阅《中庸》。

十月

初九日，明洪武十年制，内侍不许读书识字，此诚万世法。乃未几而永乐更置东厂以刺外事，宦官之祸，遂终明世而不可制。始知祖宗立法虽善，而子孙轻意改动，遂致遗祸无穷。

十一月

初五日，作《中庸图说》。

初六日，作《杂说》，自《中庸》章至《无息》章共十三条。

初七日，再作《杂说》，自《大哉》章至末章共得十二条。

廿一日，阅《孟子》。

论曰："孟子之学，传自子思子。子思子作《中庸》，发明性善之旨，故《孟子》一书不离性善以为之主。二书当合看，其旨乃明。且欲养未发之中，非闻道于《孟子》，不得其门而入也。余故谓《中庸》养性，当以《孟子》为法。"（文存《星烈日记汇要》卷五《孟子二》）

十二月

初九日，偶阅《慈幼编》中载《小儿变蒸考》，颇切要，亦为人父者不可不知之一端也，爰备录之。

清同治八年　己巳（1869）　五十九岁

正月

十三日，论周子太极。

廿一日，梦大鹰如人，飞集屋梁。

二月

十九日，阅《大学衍义》。

《大学衍义》，真德秀撰。

三月

十七日，读《朱子语类》。

尝读五经四书，无不通晓，惟朱子所著性理诸书，颇觉难解，而《语类》尤甚。

廿九日，阅蔡寿祺太史《梦绿草堂诗钞》。

蔡寿祺（1816—1888），字紫翔，号梅盦。江西德化人。道光二十年（1840）进士。改庶吉士，授编修。著有《梦绿草堂诗钞》。

卅日，阅金玉麟大令《二瓦砚斋诗集》，凡十卷。

金玉麟（1807—1863），字石船，号素臣。四川阆中人。道光十八年（1838）进士，官宁羌知州。有《二瓦砚斋诗集》。

四月

廿三日，李子坦寄近诗数章。

五月

十六日，论"善读书者，求诸圣言足矣"。

文存《星烈日记汇要》卷一《辨学十五》。

六月

十四日，阅黄六鸿《福惠全书》。

该书是作者对地方行政的情况、阅历、经验和体会的记录，诚牧令之龟鉴而为治之金针。

廿五日，《福惠全书》中各条均可尊行，惟讲学一端似不宜从。盖其时尚染明季恶习，行之今日，必致骇众而招讪谤，且足召祸。

七月

初一日，录朱子论康节。

初三日，论诗序之伪。

论曰："诗序之伪，尽人能识，而《集传》又多武断，故难餍人意。于是学者又复叛而遵序，两家迄无定解，夫子所雅言者，竟成千古疑案。

虽亦后世治经者之过，实由三百篇无题无序，故不可解，而尤莫甚于十五国风。窃意古人作诗，必自有题，题所未尽，叙以明之，不知何时失去，遂使后人得以伪托，真可痛恨！然诗亦有无题而自成章者，盖意有所讽，不肯明言，故托为无题以刺之。此不过十中一二，岂皆无题尽如今之三百篇哉！"（文存《星烈日记汇要》卷三《诗三》）

初四日，论赋比兴。

初五日，拟作《诗经原始》。

十一日，读《诗》。

十二日，论"删诗不始于孔子"。

十六日，读《诗》。

十七日，论风雅颂。

文存《星烈日记汇要》卷三《诗七》至《诗九》。

八月

初五日，阅《性理会通》。

初六日，补绘六图于《太极元枢》。

十五日，金熙彬以《曼陀罗花馆诗草》一卷寄示。

金熙彬，字曼伯，号梅序。江苏嘉定（今属上海市）人。同治七年（1868）入马佑庵部驻陕西凤翔，主飞书草檄之事。

廿五日，金熙彬步韵赠诗二律。

十一月

廿五日，光固周子澜寄诗四律。

诗云："莽莽乾坤战伐秋，黄尘徐为洗神州。黔中鼓角听应断，关内烽烟说未休。才士几经夸妙议，英雄争自运奇谋。岂知地老天荒处，尚有诗人宦陇头。

廿载遨游幕府间，剑光红处唱刀环。从前事业空投笔，乘老功名始入关。不分虏来惊宦海，也因兵阻念家山。侯封莫易诗千首，传诵能教遍九寰。

拟向夷门会讲坛，到来君已赴长安。神交纵许三生契，心折偏教一
面难。文战几人争射策，宦游千里庆弹冠。多年欲寄诗相讯，愁绝秦川
不忍看。

曾偕桃李结交亲，一卷鸿濛契有因。万里程经增胆识，千秋笔妙出
风尘。青云许附休嫌晚，白首相逢不异新。闻说金针能度世，近传衣钵
又何人。"（诗存《星烈日记汇要》卷二十一《韵语二百七十一》）

十二月

十九日，郑秋浦大令寄诗数首。

《夜宿白屯听雨》云："骤雨翻三峡，沉阴裹一屯。云腥龙起壁，风
暴虎撞门。海气重霄压，江声万马奔。荒洲孤泊处，多少未招魂。"《涢
口晚泊》云："断梦流何处，扁舟系此身。江空天作底，岸远月为邻。泛
泛悲蓬梗，茫茫感劫尘。简书今更迫，不敢说劳薪。"《晓发金口走风》
云："风动鸣千弩，帆沉压半桅。浪花衔日跃，岸树逆云飞。击楫心犹壮，
乘槎愿竟违。平湖菰米熟，征雁盍来归。"（诗存《星烈日记汇要》卷
二十一《韵语二百七十二》）

清同治九年　庚午（1870）　六十岁

五月

十七日，思元患痘。
十八日，阅《痘疹心法》。
廿日，删节朱纯嘏《痘疹定论》。

闰十月

十八日，李子坦书来，论津门华洋互斗事甚详。

十一月

十九日，马嵬坡吊杨贵妃墓。

十二月

廿七日，阅万伯舒司马《笑月馆诗钞》。

万方煦，字伯舒，一字对樵。浙江山阴人。有《豫斋集》。

其《杂感》五律八章可为诗史，录其七云："避地竟何益，干戈困此身。烽烟荡南国，劫火续西秦。攘寇岂无策，持筹况有人。天骄原隐患，谁遣扰风尘。

河山空百二，防守失雄关。纵贼窥三辅，当关少一夫。萧墙延伏莽，同室竞张弧。多垒未为耻，凄凉问暮乌。

虚慕汾阳事，花门未可轻。昧机兴抚议，失策解乡兵。奋往心原壮，因循祸已成。招魂清渭北，碧血洒纵横。

杀气乾坤暗，妖氛日月惊。郊原连一炬，风鹤自孤城。残破无完邑，迁延奈救兵。艰难根本地，只赖伏波营。

入关来一旅，争欲献铙歌。岂谓援师至，无如狂寇何。城边兵火逼，帐下美人多。警报传西鄙，甘凉亦弄戈。

将军天上下，回鹘敢狓猖。已奏商山捷，微闻我武扬。顿兵胡不进，返斾一何忙。涕泪向苍昊，蒸黎劫未央。

兵集须筹饷，流离赖抚揗。未闻飞挽策，日有死亡人。投帻防饥卒，揭竿虑难民。安危关大局，事在二三臣。"（诗存《星烈日记汇要》卷二十二《韵语二百七十五》）

廿八日，论"泰伯三让天下"。

清同治十年　辛末（1871）　六十一岁

正月

初五日，重游慈恩寺、杜子祠。

初七日，接杨鼎昌函并赠诗一律。

杨鼎昌赠诗云："当代论风雅，如公足擅名。一官贫彻骨，才士老多情。慷慨钟奇气，温柔是正声。漫同身世感，把卷愧平生。"（诗存《鸿濛室诗钞》卷末）

初十日，阅毛子林《游杜子祠诗》。

毛凤枝（1835—1895），字子林，号蟬叟。生于北京，祖籍江苏扬州。著《寓志于物斋诗文集》三卷、《南山谷口考》一卷、《关中金石文字逸存考》十二卷。

十一日，访谭西屏明府不晤，阅其诗稿。

谭西屏，名麟。安徽旌德人。曾任西安知府。"青门萍社"主要成员。

十七日，吕子淦茂才以诗来赠。

廿二日，拟回陇，毛子林作文相赠。

廿三日，暂寄安敬亭寓所，求书者甚众。夜梦书橱产紫芝。

廿四日，恒欲取古人制艺中之有关道德经济者数十篇，厘为定本，使与古文同传不朽，而未有暇。兹方文川大令出其所作数十篇，乞点定，并求序言，因为之序。

二月

初五日，阅江龙门大令《浩然堂集》。

江龙门，即江开（1801—? ），字龙门。安徽庐江人。道光十五年（1835）举人，官陕西咸阳知县。诗、书、画皆精。

初六日，阅万伯舒继配陈秀英著《停梭吟草》。

初八日，阅会稽顾祖香诗文。

顾祖香，即顾寿桢（1836—1864），字伯苍，号祖香。浙江会稽人。咸丰九年（1859）举人，曾主讲于陕西扶风书院。有《孟晋斋文集》。

廿二日，蒋子潇不信《葬经》，故论地多谬。

蒋子潇，即蒋湘南（1796—1854），字子潇。河南固始人。道光十五年（1835）举人，绝意仕进。先后主讲于关中书院、同州书院，编著《〔道光〕蓝田县志》《陕西省同州府志》《华岳图经》《〔道光〕留坝厅志》等。

廿四日，李子潇论地虽谬，而堪舆源流考证颇详，因录其说。

廿五日，与蒋子潇论近代古文。

廿六日，阅蒋子潇著《游艺录》。

廿八日，王守吾知余将旋陇，袖诗二律来送别。

王守吾，即王淶。

三月

十五日，论四科取士法。

廿一日，论临《座位帖》风气之始。

廿二日，游碑林。

廿五日，作《性道斋》《经济斋》《文学斋》《游艺斋》四科学程及《读书杂说》诸文与诸生共勉。

文存《星烈日记汇要》卷二《学程》。

四月

初三日，取《二曲集》阅之。

初四日，阅《汉书·王莽传》。

初五日，阅《汉书·扬雄传》。

廿五日，记张得胜事。

廿六日，记张曜勇猛事。

七月

十三日，论《孟子七章》。

论曰："《孟子》七篇，或云孟子自著，或云门弟子万章辈记。然以文气观之，非孟子断不能为。使万章辈能为之，则其学亦与孟子等，何以孟子后竟无一人可继其后耶？"（文存《星烈日记汇要》卷五《孟子三》）

廿日，万伯舒函寄其弟仲桓《游华山》五古七章见示。

八月

初五日，阅刘存仁辑其朋好诗《笃旧》。

刘存仁（1805—1880），字炯甫，号念莪、蓬园。福建闽县人。道光五年（1825）举人，历官秦州知州。著《屺云楼集》《笃旧集》等。

十月

初一日，撰写《诗经原始序》。

文存《鸿濛室文钞》卷二《著述弁言》。

廿三日，门人王秉钧送二方来，治妇女屈麻症颇有效。

王秉钧，即王镜堂。陕西汧阳人。方玉润门生。

是年，山阴万方煦为《鸿濛室文钞》作序。

万氏序文云："京师走八千六百余里而至滇，盖西南之极徼矣。其圉西偪南交比吐蕃，地丛山菁，天蓄瘴疠，而人杂蛮夷，混茫罕漫，草昧洪荒之境，历万千年，疑犹有未尽辟者，气郁久而不伸，吾意必有其人焉杰出者，惜道远无由见之也。同治九年，余客凤翔幕，一日传呼陇州司马来，则宝宁之方黝石先生也。貌清奇，如深山大泽中老树怪石，非人世所恒觏。接其言，滔滔如江河矣。既复遇于西安，先生□就余纵谈，余度不足以应，拉毛生来与抗，恒至夜分，鸡两三鸣犹不息。余两人者皆倦，而先生神益清，气益豪，目光炯然，与烛炬相激射，起视天始曙，乃罢去。余两人叹先生之得天独厚也。闲尝示以所著，博大纵横无不备，虽未能纯中乎道，顾自往往具有特识，要为不向古人颐下乞气者，先生其霸于文矣。刘生香秬为余言：'曩从军滇时，历古之所谓六诏者，其山崛峻崛起，雄负于边，其水奔流绵远，以径达海，欲与中国岳渎者争高大而不相附丽，屈下荒徼，别自有天地也。'周、秦、汉、唐以来，与中华常绝而不相属者，盖其山川之形势为之耶？噫！知此可与读黝石先生之文矣。同治辛未，山阴万方煦撰。"（文存《鸿濛室文钞》卷首）

清同治十一年　壬申（1872）　六十二岁

五月

十九日，阅《笃旧集》。

廿日，阅张亨甫诗。

张际亮（1799—1843），字亨甫，号匼庐、松寥。福建建宁人。著《松寥山人集》《娄光堂稿》等。

廿一日，近人诗多不成体，惟朱伯韩观察学韩而能自成一家，不好为古人所缚，可谓善于师古者矣。

廿二日，阅王慈雨考功诗。

王慈雨，即王钦霖（1800—1847），原名汝霖，字雨亭、慈雨。江苏沭城人。道光六年（1826）进士，任吏部考功司主事。著有《王吏部遗集》《海鸥山房诗钞》《红蕤仙馆赋钞》《有真意斋骈文》《北游集》《边声集》等。

廿四日，录陈恭甫诗《过仙霞关四律》。阅芷湾先生诗。

陈恭甫，即陈寿祺（1771—1834），字恭甫，号左海。福建闽县人。嘉庆四年（1799）进士，主讲鳌峰、清源书院多年，有《左海全集》。

廿五日，拟编《国朝十二家诗选》，以船山、芷湾、默斋继袁、蒋、赵三家之后。

廿六日，阅《笃旧集》载魏默深刺史诗。

廿七日，阅陈作甫大令诗。

　　陈作甫，浙江人。

清同治十二年　癸酉（1873）　六十三岁

正月

初二日，杨仲山优贡于去夏朝考入都，一路均有题咏，汇录成册，特来
寄示。

初六日，杨仲山诗虽长于五律，而七古亦极排奡可喜。

二月

十五日，去年冬主事五峰书院。

　　分书舍为四，曰性道，曰经济，曰文学，曰游艺堂。因拟各楹帖十
余联以见志。

十六日，俞雪岑纡道来陇，畅谈至夜始散。

十七日，阅俞雪岑诗。雪岑为《陇上柝声集》作跋。

　　跋云："黝石，余忘年交也。弱冠负奇才，即慷慨有大志，每以僻处
边隅，不得与南北贤士大夫游为憾。乙卯秋，出蒙段，经梁益，偕余东下，
览巴江之险，夔门之壮，日事讴吟，无微不具，盖欲与三百里巫峡争胜
于文字间也。读其诗，峭拔嶙峋，噌吰澎湃，如夜泊绝壁下，风水搏击，
而滩声月色，远在混茫中。吁！黝石之诗一变矣。抵荆楚，上书不遇，
往谒东诸侯于汉皋，黄山牧马，赤壁烧兵，吊古英雄，潸然泪下。读其
诗，感喟苍凉，动人心魄。其音壮以悲，其气严以肃，如猿啼鹤唳，刁
斗夜鸣，大漠沙飞，不闻金鼓。吁！黝石之诗再变矣。既而攻皖北之坚
城，策江南之巨寇，亦复好整以暇，啸歌自娱。未几，闻故乡残破，不
能遽归，乃放棹湘郢，扬帆洞庭，低徊于美人香草，以写其胸中抑郁之

思。读往来赠答诸什，体物言情，工于比兴。向之峭拔嶙峋者，化而为
旖旎缠绵矣；感喟苍凉者，化而为悱恻凄清矣。噫！诗之道其至此穷乎？
何黟石之善变也。癸酉春，余自皋兰返青门，迂道过陇，得与黟石晤。
鬓发将衰，精神益振。殆授官以来，弥肆力于诗古文辞，故虽沉滞下僚，
亦坦然以著书为乐，余于是知黟石之过人远矣。酒酣，出《陇上柝声集》
见示，觉风云莽荡，日月奔驰，如立马重关，登高四顾，秦山破碎，落
照昏黄，而其气其才，又足以涵盖而笼罩之。语云：'诗以情迁，以境异。'
余读陇上集，而愈信其言之不爽耳。吁！黟石之诗，畴能测其变之所昉，
变之所止也哉！同治癸酉仲春望后二日，吴兴雪岑氏俞耀谨跋。"（文存
《鸿濛室诗钞》卷末）

十八日，俞雪岑又出其别后数年诗相示。

三月

廿四日，祈雨吴山。

记之曰："陇之有吴岳也，犹潜之有潜岳，昔皆尝膺岳祀，秩上公矣。
今曰西镇，尚得与东沂山、南会稽、中霍山、北医无闾诸山之神同列祀
典，岂不以山势磅礴，雄峙金方，为西土一大镇欤？潜之岳，一峰独秀，
形如柱立，故曰天柱。陇之岳，五峰竞秀，势若掌擎，故曰五峰。中为
镇西峰，左曰大贤，再左曰望辇，右曰灵应，再右曰会仙，皆屹立天半，
云雾尝绕其上。而镇西一峰最小而秀，亦最灵而应，故祈泽者恒致祷焉。
今岁一春无雪，麦苗将槁，群祷诸神弗应，乃将有事于吴岳，而以余充
其任。于月之己亥，斋戒出城，宿八渡。庚子抵岳庙，悉为贼毁。而仰
望五峰，插霄蠹汉，近在咫尺，与人相揖让，其实则去庙尚十余里也。
乃竭诚努力前进，入谷四五里，山路礴确，势渐崎岖。易舆而骑，再数
里抵山麓，峭岩壁立，断涧横流，舆骑俱废，则抠衣徒步，拾级登路，
无藤葛，攀跻尤难。二仆夹胁以上，至力尽处，则暂憩危石，喘定再登。
如是者屡，始至山半。崖悬若覆，飞流高泻其上，前人题曰'晴岩飞雨'，
神为洒然，伫立者久之。鼓勇再上，至一天门，路稍坦夷，循岩行里许，

有泉出岩下，冷然以清，深碧异常，若有神物据其中焉，即祷雨处也。石题'岳镇灵湫'，又曰'金天灵液'，语无溢美。逾湫数武，古殿三楹，建岩胁间，为老岳庙，神像犹存，屋半圯矣。而镇西峰尚在天半。绝顶有池，万古不涸。去此七八里，山脊中断，非学猿猱不能上，余力竭矣。乃望空遥祝，礼成而下，别遣健足年少，飞腾以取其液。归至庙，日已昏，遂宿。辛丑，群从先归，余徘徊岳庙，遍读诸碑，汉唐古碣已无存者，惟元明至今石若林立，然皆俗笔，绝无可采。乃掘土寻碣，得明人残诗数刻，稍可观，余无当也。壬寅回城，雨意作而复止者数，泽终难降。余意未诚欤？民劫未尽欤？天意茫茫，不可知矣。姑记其事，以待泽之降云。"（文存《星烈日记汇要》卷三十《名胜四十九》）

四月

《诗经原始》撰成。

《诗经原始·凡例》云："是书持论务抒己见，不得不小异前贤，未免有乖世好，讵敢出而问世？然而蓼嗜菖蒲，未始无人，于是群相怂恿，劝付剞劂，亦不能以自主焉。其役经始于辛未仲冬，告竣于癸酉孟夏，凡阅月一十有八。"

五月

十三日，阅鹤洲司马诗集。

六月

作家信。

家信云："余自远游，他无所得，惟著述尚有数种，拟为丛书三十六种。脱稿者已二十余种：《诗经原始》二十卷、《太极元枢》三卷、《坤舆图隘新编》二卷、《历代四科衍绪》十卷、《易卦变图说补》一卷、《运筹补机智略》五卷、《守略》五卷、《战略》六卷、《艺略》四卷、《平贼二十四策》二卷、《中兴论》一卷、《上时帅书》一卷、《当今名将传》一卷、

《古诗纬》十卷、《唐诗纬》一十八卷、《诗钞》二十卷、《文钞》四卷、《删许性命主旨》四卷、《星烈日记》二百余卷今汇为四十卷、《国朝十家诗选》未分卷、《评点杜诗》未分卷、《佐陇聊存》四卷，其余尚须有待。使大假以年，或能就绪，亦未可知。特恐著述甚易，开雕实难，则未如之何也。"

八月

廿三日，及门周富保以旧藏板桥数印示之。

周富保，即周文轩。湖南黔阳人。方玉润门生。

九月

十二日，阅定边令李培之诸诗。

李培之，名世瑛。陕西陇县人。方玉润门生。

廿五日，王鼎臣诸幕府枉过。

清同治十三年　甲戌（1874）　六十四岁

二月

初一日，阅符南樵所辑诗四函曰《正雅集》。

即《国朝正雅集》，符葆森（1814—1863）编。葆森，字南樵。江苏江都人。是书共一百卷，选收清代乾隆至咸丰间诗人二千零四十余家诗八千余首。有作者小传，缀以诗话。

廿一日，补录历代诗人祠堂旧记。

玉润撰有《拟创历代诗人祠堂图记》，读来颇觉新颖。文云："自古仙佛皆有寺观以为皈依地，惟诗人尚无专祠，是吾儒清品，反不得与异端争隆也。余髫年学诗，即有志斯役。今老矣，而又沉沦下僚，是此志终莫能伸。爰图其式，以待后之同志而有大力者建之，亦未始非千秋佳话云。大门三间，据实直书，曰'历代诗人祠堂'。门内巨坊，巍峨崇焕，题'乾坤清气'四字，盖取'乾坤有清气，沁入诗人脾'意也。坊之左曰扬风，右曰扢雅。坊后凿池，是为艺海。池上架桥，形如十字，四达池畔，曰四始桥。诗人门径自此而入，亦由此而分。向北直达正门五间，中为大雅门，两旁分书温柔、敦厚额。再进升阶陟坫，是为骚坛。中建大堂，曰'忠孝堂'。盖诗学原本忠孝，非徒以风云月露，仅擅才华为也。堂壁大书'兴观群怨'字，即宣圣教小子学诗之旨。东西两序，祀历代诗人，各以类从，要皆奉李、杜二贤为大宗。堂背建室三楹，宏极而深，曰'文章奥府'，乃太白、少陵并肩南面，高坐于上，二家才识无所轩轻也。左建谪仙楼，右创诗王阁，双峰并峙，俯视一切，祀配享诸贤之称入室弟子者。最后亦启阁三层，则《三百》诗人下逮汉魏、六朝诸家，为诗人渊源所自出，故曰探源阁。自艺海至此，亦犹河海之皆发源于星宿也。阁外两廊，左为枕经，右题胙史。凡学莫不本于经史，况诗史尤当以经籍为光。唐初四杰诸公分祀于内，所以别于李杜耳。凡此皆诗学正宗，以次相传，各有世系，不可或紊者也。正统而外，复有别传，如渊明而下，以及王、孟、韦、柳之徒，自成一派，非李、杜所能牢笼。盖其品高而气逸，故能独辟妙境，以成绝诣，因别为院祀之。由四始桥而左，入别径门，再向北行，曰妙悟门。门后庭院清幽，别有天地，前为无邪斋，后为清远楼，中则三昧书屋，两翼额以渊然、澹然，非高人逸士乌足以处此。若夫方外不少名流，亦由四始桥别分右路，入门一塘如鉴，清照肺肝，曰沁脾塘。中立小岛，曰仙心岛。诗人不具仙心，不可以为诗；诗不沁人心脾，亦不足称佳诗。缁流羽客、山林隐逸之士，其乾坤清气之尤焉者乎，故悉聚乎此。造寂照轩以处高僧，建御风台以迎仙子，更起真逸亭以祀岩穴高蹈诸君，庶几乎臭味相投，而无所差池者欤！至于闺秀，更多传人，惟不可以混处一室，故更辟亭院于方外后，颜其门曰香草美人之室。门外隙地，遍植蘅芜，故其墙为薜荔墙。正室额题'雎麟遗意'。东厢祀节烈之有才者，曰冰心。西厢祀风雅之无行者，曰兰质。诗虽无邪，郑卫兼收，要亦不失为贞淫讽刺之遗意而已。观此

制作，可悟风雅世有同心，其亦不至以予言为僭妄流歁。"（文存《鸿濛室文钞》卷四《鸿濛金石文》）

六月

初六日，主五峰讲席已逾二年，诸生所习，率多文艺，罕及性功。兹赴南乡理民山斋夜坐，心神多暇，偶有所悟，随笔书之，复得二十一条，将以示资质稍深者，俾知吾人为学，必以圣贤为归，而圣贤又当以孔孟为准，断不可自小规模，亦不可徒事纷歧。

二十一条论存《星烈日记汇要》卷一《辨学十七》。

初九日，跋《醴泉铭》。

跋文云："戊辰春季，于役麟游，乃偕吕孟武大令联骑访九成宫故址，因得谛观率更令所书《醴泉铭》石碑于断瓦颓垣中，字多剥落，笔亦减瘦，其碑脚又为邑令命工补凿三十余字，尤为恶劣不堪，故不愿观而去。临别，孟武强赠一纸，姑置笥中，今已七年。兹因山居多暇，出以破寂，始知峰峻虽细，精神迥出，犹可想见古人用笔遗意。其原刻石工亦精，非寻常手民比。较之后世翻刻群称完善者，不啻霄壤，殊可宝也。且原文千一百有余字，其所凿及剥落者仅百数十余字，是可观者尚九百余也，何多求耶？惜当时不多携数本来，因急函索友人近拓对勘，则真恶劣如余所见之碑也。然后叹孟武所赠乃前数十年拓本，至今又不可多觏矣。案此帖为欧书第一，亦为唐楷法冠。昔人评称草里惊蛇，云间电发，森森若武库矛戟者，隐然可见。又谓欧书从古隶中出，皆非真知言者。惟赵子函云"欧书《皇甫君》遒劲，此碑婉润"，差为得之。盖欧书实本晋法，变山阴圆和之貌而为古隶严整之姿，其运锋轻过，正如纤云掩月，玉魄莹然，寒透重霄。原书锋芒本自轻细，非关拓久，故虽剥落而精神未减也。世人习见粗恶翻本痴肥倔强，反以为真，真可慨叹，又岂独书法为然乎哉！"（文存《星烈日记汇要》卷二十六《书法十七》）

初十日，跋《皇甫碑》。

跋文云："此碑较《醴泉铭》体势差瘦而尤峭，盖《醴泉》结体宽舒而用笔轻倩，气亦较和，而此则专以峻利取势，陡折运锋，故其骨多露而神尤媚耳。学信本书者，须从此问径，然后上窥《醴泉》，庶有津梁可逮，否则未有不作铤险鹿，徒自蹶其步焉已矣。此碑近在碑林，虽其石为亭圮压断，剥落殊甚，而显者锋薤犹存，可与《醴泉》共观，未失率更真面也。"（文存《星烈日记汇要》卷二十六《书法十八》）

十一日，跋《同州圣教序》。

跋文云："登善书虽一变晋法，而其源则自《兰亭》来。右军书《兰亭》是已退笔，因其势而用之，回环顺逆，八面皆可入锋，即八面亦可出锋，故其书无一直笔。登善知之，极意规仿，而更广其法，遂为唐以后书家开无数法门。特更运之以楷法，则尤奇。《圣教序》，关中原有二刻，一置慈恩寺，一置同州倅厅，此为同州本。赵子函评云：'遒逸婉媚，波拂处虬如铁线。'可谓知言。凡赏鉴家莫不以此为胜过慈恩，而又疑后署龙朔年月与褚公生存不合，遂不敢定其真赝。余谛观之，实胜慈恩本，而剥落殊甚。盖慈恩为僧人所宝，此则椎拓过多耳。意当日慈恩乃奉敕书，此则后人摹刻者，故书款皆后人笔，非公书也。凡古人得意作，皆数为之，或前不如意，后再为者有之，或前已恰好，后更追摹者有之。右军之书《兰亭》，岂仅初写一过已哉！此可识同州之胜过慈恩，亦可以无疑于年岁之不符已。"（文存《星烈日记汇要》卷二十六《书法十九》）

十二日，跋《淳化》兰州本。

跋文云："此帖迄无佳者，盖自宋初摹刻，原属板本，而卷尾篆书乃云模勒上石，何哉？板本既藏禁中，人间已难数觏。后云复毁于火，则初拓更不可得。其时外间转相摹刻，已无虑数十余种，则庐山真面岂可常存？此在宋时已然，何论今日？余所以不欲观者，此意也。兹帖乃明季肃世子重刻于皋兰者，王君子萱出以相赠，闭置笥中，今且十年。近始展玩，亦间可喜。盖古人精神往往寓诸笔墨外，当其得意时，虽更数千百年，而神采焕发，亦自有不可磨灭处。即如首卷历代帝王书、晋武帝省启帖、元帝安军帖、齐高帝破堽帖、梁武帝脚气帖，均尚可观。至唐太宗则佳者尤多，如久婴沉疾帖、体履渐可帖、渐望平复帖、雅州帖、八柱承天帖、患痢帖诸书，尚有笔意可寻。又历代名臣则张芝之知汝殊愁、有过还复、今欲归、二月八日四帖，崔子玉之贤女委顿，张华之得书为慰，王导之省示、改朔二帖，王恬之得示，王昙之昨服散，沈约之今年殆无故，陈达之十二月，虞世南之潘六云，张旭之足下晚复不知疾痛如何诸帖，则尤生气勃勃也。五卷后悉二王帖，羲之佳者最多，皆美不胜收，惟献之无可取。无怪梁武帝书评云：'王子敬书如河朔少年，皆充悦，举体沓拖而不可耐也。'大抵此帖草书多有致，真行率失真，瘦者尚有神，肥者不耐观。虽《右军帖》中亦所不免，学者分别观之可耳。"（文存《星烈日记汇要》卷二十六《书法二十》）

十六日，论学右军书法之难窥全神。

十七日，阅周于礼所刻《听雨楼藏帖》。

周于礼（1720—1779），字绥远，号立崖。云南嶍峨（今玉溪峨山彝族自治县）人。乾隆十六年（1751）进士，入翰林，由编修历官大理寺少卿。书法米元章，笔势雄健。有《听雨楼藏帖》传世。

十九日，跋《慈恩圣教》。

跋文云："关中法帖，此碑最为完善。盖碑嵌于雁塔左右两龛，非独风雨牧竖所不能到，即捶拓亦仅寺僧所为，故历代珍重，宝为奇货。评者谓其笔阵飘缈，如神君仙子，雨鬟风鬓，以云气为衣服，而秀绝寰区者，诚然。然其何以与同州本字体同而韵致殊者，则多致疑而未有定。余细观之，此盖手书上石者，石性坚则笔易滑，非轻以运锋，字必无韵，故结体似松而势较活。彼乃重摹入石者，纸性柔则笔能留，必遒以取势，字乃有力，故用笔易紧，而书多遒媚。此二帖之所由分也。至同之胜过此者，或公亲手自钩，故较周密，亦未可知。不然，彼何以胜此耶？自来书石与书纸异，非亲手阅历者不知，亦非细心体会者莫辨。余屡为人书石，故知其性如此。虽然，此本在今日尚得完好，而同州者则已剥落殆尽，非以其人不知重，故能葆真以至此欤？吾愿世之嗜书者，视为硕果晨星，不当以其值贱而易忽之也。"（文存《星烈日记汇要》卷二十六

《书法二十三》)

廿五日，阅《蚕桑辑要》。

　　沈秉成（1823—1895）辑。秉成字玉才，自号耦园主人。浙江归安人。

廿六日，作《时艺说》。

廿七日，论《诗》之入乐。

五月

五峰书院监院马康乐为《鸿濛室诗钞》作跋。

　　跋文云："黝石夫子来佐吾陇，今且十年，以驿署久为贼毁，不能履任，侨寓州城，历年守陴，与民共甘苦，未获一日安。暇则闭户著书，以道自乐，亦未尝有戚戚容。去岁振初周侯莅任，兴复五峰书院，始从诸生请延主讲席，而以乐监院事，朝夕侍讲，受益良多。夫子道德高深，著述美富，非乐等所能窥见涯涘。但自侍教来，每以身心性命学相勉励，谆谆善诲，人皆忘倦。近刊生平所为诗廿卷成，命诸生同校字，乐受而读之，虽不能轻赞一辞，而夫子一生性情学问、出处大端，已略得梗概。昔阳明谪龙场，陋等九夷，尚集诸生讲学，闻者兴起。又况吾陇关西名胜，岂无一人兴起者乎？爰跋数语卷末，以志景仰，并以为诸生勖。同治十三年岁次甲戌夏五月，五峰书院监院候选训导岁贡生门下马康乐顿首谨跋。"（文存《鸿濛室诗钞》卷末）

七月

初四日，阅李塨《春秋传注》。

十二日，李子坦由津来函。

十三日，阅《孟子》。

十五日，李子坦寄其侍姬曹姗姗所著《秋水轩诗草》。

八月

廿四日，阅陶弘景《三命抄略》。

十月

初二日，谢绪岷过访。

谢绪岷（1845—1890），字继周，号梦峨，笔名芨舟。四川中江人。著有《西归诗草》《梦蝶山居》《芨舟诗稿》等。为方玉润门生，曾为《星烈日记汇要》题跋。

初五日，谢绪岷又以《西归诗草》见示，皆其由京至陕之作。

十二月

廿九日，谢绪岷以诗题鸿濛室稿。

诗存《鸿濛室诗钞》卷首题辞。

同治年间所作古近体诗：

《鸿濛室诗钞》卷二十《陇上柝声集》收同治年间诗作，除前所提及数首外，另有《陇州杂诗十二首》《自遣》《补梦诗》《送唐禹轩太守德垾引疾卸陇篆归济南》《晚宿故关》《马鹿镇》《长宁驿是余击柝处，皆焚毁无遗》《花园头》《西望》《过咸宜关》《暮归》《得胡姬滇中寄书丙寅》《品石歌有序》《新建扫雪山房于积雪庵右，工甫竣而贼至，遂毁于火，因成一律记之》《由狮子沟至勒马岩宿李氏宅》《再题李宅一绝》《贼退还州寓》《谒林颖叔方伯时督军筹饷到陇》《题饶肖峰大令克勤青门走马照》《陇上登高，和汤如璧廷玉藩参军韵》《登雷祖殿遇雨，是陇山最高处》《赠鄢友石太守歌有序》《黄彝峰观察鼎枉过并馈赆，呈诗鸣谢时陇围甚急，君至而围解》《鸡血藤杖歌和边介石作吾滇产鸡血藤，可以为杖，即昌黎所谓赤藤杖也》《虎穴行》《登楼》《周俊臣明府春暄由颖寄书索余稿，因录近作二卷付之，并系以诗》《李勤伯慎观察邀饮喜雨亭，命题因呈》《蓝杨氏殉节诗有序》《送吴退庵中翰士迈西征天水己巳》《送别子衡臬使引疾南归》《金梅序部郎熙彬馈人□橄榄诸品，诗以谢之》《袁筱坞学士保恒奉命督办西征粮台，屡以函邀入幕，赋此见志庚午》《历俸初满，将赴青门，留别陇上及门诸子》《题林松岩春军门小照》《题万伯舒方煦司马文集，即以为赠》

《行将回陇，毛子林凤枝刺史以文送别，作诗奉酬》《酬吕子淦申懋才》《酬杨种珊鼎昌明经》《辛未人日游杜曲，谒少陵遗像》《勤伯观察守凤三年，政通人洽，乃修复东坡喜雨、莲池二亭，书来命题，寄呈一律》《王守吾藩司幕涑改秩曹郎，将从军西行，寄诗见志，因报以句壬申》《寄怀王子萱》《袁筱坞侍郎为其祖母郭太夫人祝期颐寿，征诗到陇，因仿毛诗体，即用经语得八首甲戌》。

清光绪元年　乙亥（1875）　六十五岁

正月

初十日，阅《论语》。

二月

廿八日，阅省钞。甘肃巩昌近城某山忽移入县城，直抵署门乃止。

七月

廿七日，李培之寄示郭清姊氏《苦行述略》一篇。

八月

十二日，谢绪岷弟绪魁，号星垣。近从蜀来，年甫弱冠，亦拜余门。并出其令慈所著《绣佛斋诗草》一卷。

九月

十九日，宁乡谢葆灵（名威凤）过访，赠诗一册曰《塞蛩吟草》，嘱谢绪岷代为厘正。

谢威凤，湖南宁乡人。左宗棠幕僚。曾任阶州（今甘肃武都）、直隶秦州知州，擅书法诗文。光绪初年在西安与谭麟、万方煦、毛凤枝等人成立"青门萍社"，作诗吟赋，讲学论政，十分活跃。

廿四日，评点吴寿垚《诗草》一卷。

十月

廿日，吴寿垚又寄诗一册见示，皆其由楚入秦之作，颇多雄章健句。

清光绪二年　丙子（1876）　六十六岁

闰五月

廿二日，撰写《重修陇州五峰书院碑记》。

　　碑记云："陇州旧有五峰书院，以吴岳得名也。前明文风颇盛，即国初尚有入词垣者。自乾隆年间，州牧吴君某移祀文官于城之西北隅，甲科顿息。百余年来，竟无仕者。近遭回乱，荒废尤甚，岂风水说有以限之欤？抑人心自为风气也？同治甲子冬，余以部铨陇佐。至州时，回氛甚炽，驿署被毁，不能达，乃寓州城，思有以变厥风，而无其会也。迨岁壬申，刺史周君振初来履任，始有同志以兴复书院为己任。明年春，乱稍定，乃举讲席相属，因与共筹经费，而苦无出，不能不旁搜别画，取炭山之厘税，为膏火之正供；更以乐输之间款，作修建之余资。迄今四载，始观厥成，并移祀文帝其中，庶几神灵妥而文运将兴矣。然而非余主讲意也。余维书院之设，国家所以教育人材，以为他日旁求地也。夫俊义之所以必求，人材之所以待育者，岂惟是区区甲科可与为盛衰也哉！盖将有以探圣教微茫之坠绪，为人心转移之先机，斟酌教思，勤加陶冶，使之潜移默化于不自知，然后人杰者地亦灵，圣贤豪杰相继挺生，乃所以为教泽之长耳。且夫学术之不明也久矣，三代教术与治术尝合为一者无论已。自孔门设教，无所偏倚，而一贯传心，远绍执中，非学配颜、曾者，未易得窥门墙。然细寻遗编，往往悟其意旨。盖学莫大乎仁，如木有本，如水有源，寻源溯本，而其施不穷，故可以贯万事万物，而操其权于一心也。于是礼知信义以养其端，子臣弟友以尽其伦，易象诗书以穷其蕴，兵农礼乐以扬其休，好古敏求以充其量，博学笃志以一其趋，身心意知以端其本，家国天下以收其效，祖述宪章以正其传，参赞化育以极其功。故虽夫子不言，而四时行、百物生，莫非大气盘旋，有以鼓动群伦于不觉，而其化自神也。乃自性道文章途分为二，而及门中有得闻不得闻者，遂谓夫子道德高深，绝人钻仰，以致后之学者分门别户，各守师承而不思变，竟使康庄大道，迷同异域，自汉历宋，以迄于今，而未有以明之，则岂圣教之过哉？当汉之盛也，朝廷以经术为重，士夫以廉让是敦，其治尚为近古，故世多循吏，代有通儒。即至末流衰乱，犹能以气节相高，遭党锢而不悔者，谓非崇经之效也欤？然而训诂益精，穿凿愈甚，揆以德性之尊，其失也离。其后虚无寂灭之教兴，骈丽声律之文盛，天下又徒以清谈是尚，几不知道德为何物。河汾乃起而振之，甄陶宰辅，作育将帅，几几乎洙泗风矣。乃僭续六经，妄传中说，则其失流为窥觎摹拟，诚如考亭所讥，而岂时中之比哉？迄至宋兴，濂、洛、关、闽诸大儒出，务为格致诚正之学，以穷夫天人性命之旨；务辨太极先天之奥，以扫象数笺疏之繁。其廓清圣教，功非不伟。然而明争道统，暗杂二氏，以致末流人人性天，家家语录，识者病焉。我朝崇儒重道，经学与道学二者并萃，无所偏尚。以故图书之富，超越前古；运会之隆，远迈百王。然而道在君相，世鲜师儒，则虽制度礼乐，斟酌尽善，而名山讲席，实乏统宗。矜考据者，诮义理为空疏；讲义理者，鄙考据为附会。其或调停两可，亦徒为词章说法，非于身心有裨，又或知以道德为经济，以伦行为问学矣。而苦志力行，耕凿自食，道类许行，抑亦世道人心之累也。凡若此者，皆非中道。世无孔孟，折衷末由。昔阳明远谪龙场，而悟良知之说，其学虽少过中，然志亦甚伟矣。余兹分牧关陇，其乱离景象，觉有过龙场万万者，乃中藏是非，亦欲假此自鸣，理势然也。爰分书舍为四科，曰性道，曰经济，曰文学，曰游艺。盖本宋胡文昭公经义治事斋而推广之。又复严立教条，多方训诫，制艺外益以身心性命之学。虽不知诸生领会何如，获益何如，而一堂讲授，衣冠揖让，彬雅可观，则固陇百余年所未睹者，非饰美也。盖干戈甫退，非俎豆不足以靖其心；圣教日远，非礼让不足以肃其气。亦将使由外摄中，积习成性，然后其学可几大成，而为道得人，始克共明圣教，且为汉宋诸儒补其偏而救之正，斯则区区之心所不能自已者，科甲云乎哉！是役也，靡金钱七百余缗，凡一木一石，皆诸生与余躬为经理而无所滥。总其成者，知州事黔阳周君鸾；分其任者，学正富平何君蔚文、训导渭南张君益铭，暨监院州贡生候选训导马生康乐，诸君之力为多，例得并书。时光绪丙子闰五月廿二日也。"（文存《鸿濛室文钞》卷四《鸿濛金石文》）

七月

初一日，阅余云楼司马诗。

余云楼，名修凤。湖南平江人。光绪三年（1877）任定远同知，编纂《〔光绪〕定远厅志》二十六卷。

十月

廿八日，阅陈小荛《潜沱诗钞》。

廿九日，阅陈小荛姊雅南女史诗集。

卅日，录陈小荛诗《青门留别四律》。

清光绪三年　丁丑（1877）　六十七岁

三月

初二日，阅沈吉田观察《荻庐诗草》。

初四日，阅稚和观察诗。

初七日，谢葆灵太守过访，出所绘《黄叶小影图》索题。

谢葆灵，即谢威凤。

初九日，夏康侯大令过访，临别遗诗三律见赠。

十二日，李石屏大令时相过谈，诗多佳句。

十三日，阅罗载昌诗。

十六日，阅咸宁俞南敬尊人《竹轩诗钞》。

先生名逢辰，号舫花。江苏丹徒人。以议叙知县来陕，旋升宁陕同知，历守汉中、凤翔等郡，均有惠政。卒于官。

十七日，谢葆灵送《袭声室诗草》乞代削定。

十八日，宫农山都转出所著《思无邪斋诗钞》并散文数篇相示。

宫农山，即宫尔铎（1839—?），字农山，号抱璞山人。安徽怀远人。有《思无邪斋诗钞》传世。

廿三日，论幕府诸友文采。

廿六日，阅新化谭钟钧《古谭诗钞》。

谭钟钧，字秉卿，号古谭。湖南新化人。有《古谭诗钞》。

廿九日，谢葆灵邀游灌园，归遂留饮。座中诸友多以诗作相示。

四月

初一日，阅曾国藩诗作。

初二日，宫农山都转出诗集索题。

书其上云："延安城头杀气粗，豺虎嗥呶鸺鹠呼。延安城外妖星大，照见人家屋上乌。频年戎马乱关中，几人叱驭生英风。况是流离辟荒径，拾残瓦砾句尤工。我知公心一腔血，洒遍乾坤泪犹热。我知公才高八斗，唱罢歌诗石应裂。不然白骨撑天乱如麻，何以西园壁上犹走新龙蛇。漫认石壕苦吟叟，聊傍青门学种瓜。吁嗟乎！丈夫杀贼须净尽，斩除根株凭利刃。丈夫安民务休闲，整顿流区无躁政。君不见《春陵行》，元次山，长歌当哭手自删。写出颠连困苦状，留与诗人坐长叹。"（题辞存《星烈日记汇要》卷二十二《韵语三百三十六》）

初七日，阅穆竹村夫人诗稿。

穆清，字竹村。满洲旗人。咸丰九年（1859）举人。其妻名金云裳，室号倚竹楼。

初八日，阅穆夫人诗稿。

初九日，阅万方煦弟仲恒诗册。

十三日，阅席星甫大令诗。

席裕驷，字星甫。河南商丘人。"青门萍社"成员。

十四日，邓子嘉过访，并出诗数纸见示。

十五日，阅谢葆灵太守友黄笔川诗。

黄氏名照临，湖南石门人。以举人大挑入秦，历官富平、山阳等县，现署商州，皆有善政。著有《平夷论》《益西论》《广贵钱论》，识者多称之。

十六日，游慈恩寺及杜子祠。

十七日，阅谢麟伯学使诗集。

谢麟伯，曾任左宗棠幕僚。

九月

初四日，接丁应文明府函暨赠诗。

清光绪四年　戊寅（1878）　六十八岁

三月

初九日，接丁应文明府函。

廿八日，李宪之寄其粤西典试途中纪程诸作并《广西题名录》一本。

清光绪五年　己卯（1879）　六十九岁

七月

初二日，阅邸抄。

初三日，接臬宪覆函，兼谢赠帖也。

初四日，接唐道覆函。

初五日，接定太尊函。

初六日，蔡和仲函索石刻鼎文，即覆。

初七日，接上宪覆缄。

初八日，接府宪函。

初九日，接余云楼函。

初十日，接刘庚堂覆函。

十一日，接和荣轩函。

　　和荣轩，号耀曾。云南丽江人。任贵州镇远总兵。

十四日，接常朴园函。

十五日，致毛子林。

十六日，接抚宪函。

十七日，曩作《重修陇州五峰书院碑记》成，久未勒石。今刻诸碑帖，尚有余石，因拟书而刻之。

十八日，连书《碑记》二石，皆不佳，故暂止不办。

十九日，今日所书笔稍畅，存之。

廿日，今日笔又过放，不能存也。

廿一日，今日书《碑记》手腕差活，章法亦整，可存也。

廿二日，俞昆岩、段素庵皆有覆函，并谢赠帖。

廿三日，接藩宪缄。

廿四日，阅沈仲芬诗集。

十月

初一日，覆余云楼，寄去日记，并附呈新刻《石墨》三卷二份。

　　《石墨》，即《鸿濛室墨刻》。

初二日至初四日，书《重修陇州五峰书院碑记》。

初五日，书《景福山》诗七律一首。

　　《鸿濛室诗钞》卷二十《陇上柝声集》有《景福山时由上关大营还，道观已为贼毁》。

初六日，接夏康侯函。

十一日，新刻《石墨》第三册成，因以十份寄定太尊，并其幕中三份。

十二日，李培之寄到毛子林一函。

十四日，刘汉初过访。

十六日，接定太尊函，言明春二月间再当西征。

十七日，覆定太尊。

廿日，接沈卓吾函，略云刻下奉文遣撤，拟料理诸务，即当南旋。

廿一日，接定太尊二函。

廿三日，补书《重修陇州五峰书院碑记》。

廿四日，作《拟游吴岳，不果》七律一首。

　　《鸿濛室诗钞》卷二十《陇上柝声集》有《拟游吴岳，不果》云："吴岳五峰擎天掌，辟破鸿濛分元黄。东撑太华连砥柱，西揽黄河来大荒。天地之精神鬼护，风云所会蛟龙藏。高吟怅望者谁子，吁嗟吾意何苍苍。"

廿五日，覆沈卓吾。

廿六日，谭小和来辞行。

廿七日，刘岐山来辞行，赠鼎文一付。

廿九日，刘汉初来辞行，并馈银。

十一月

初一日，接定太尊函。

初二日，接李宪之青州来函。

　　略云山东讲席极不易得，脩脯亦薄，不足以备路资，转不如暂留本缺。

初四日，覆李宪之。

初五日，接胡鸿宾函。

初六日，覆毛子林和李培之。

初八日，发府宪贺禀。

初十日，冬至，接定宪缄。

十一日，覆定太尊。

十二日，接李培之凤郡来函，即覆。

十三日，宴女宾。

　　爪仙生辰也。爪仙，方玉润同治六年（1867）五月所纳侧室。

十四日，接余云楼覆函。

十六日，覆胡鸿宾。拟将书板封存陇上龙门洞中。

十八日，拟家堂联。

　　上联云：世瑞产灵英久矣芝云征地脉，（旁注云：道光丙申秋，余家园内产紫芝二茎，大者高五寸余，小者亦三寸许，状类龙拿，真异产也）下联云：心香传太极微乎月影悟天根。（旁注云：先君北溟公常夜步中庭，仰观明月，凹凸相会，成太极象，乃指示润，润因成《元枢》一书）（联存《新烈日记》卷三）

廿六日，致李培之函，托买物品。

廿七日，跋《鸿濛室墨刻》。

　　跋文云："光绪庚寅冬，余代篆麟游，仅十余日。临别，萧香固大令举百金为寿。……归乃检旧箧，得所为书若干页，今尽付□纸，合之旧刻为四册，志不忘也。"（文存《新烈日记》卷三）

廿八日，新生送报条。

廿九日，接李云生函。

卅日，接张月坪函，谢前赠帖及贺春禧也。

十二月

初二日，新生唐阶虞送报条。

初三日，石廷瑞送报条。

初四日，接周岳门函。

初五日，接夏康侯《澹缘斋诗稿》一卷。

十六日，接段素庵贺缄。

十八日，接岐山贺缄。

十九日，《石墨》全册刻成，新旧共合四册，凡五十六页。

廿三日，致余云楼及周岳门、谢宝林、夏康侯。

廿四日，以《石墨》赠州署及岐山诸友。

廿五日，接卓吾讣音。

廿六日，覆李云生。

廿七日，致李培之。

清光绪六年　庚辰（1880）　七十岁

正月

初五日，接郡尊覆函。覆贺启，兼谢赠帖。

初六日，致陈雪楞。

初七日，致蔡梅盦，寄呈《诗钞》一部，《墨刻》全函四册。

十一日，致陈东屏，寄呈近刻《石墨》全函共六分。

十二日，致毛子林。

十六日，周福保由黔回陇，今始来见，以新刻《石墨》全函赠之。

十七日，书楹联。

十八日，以《石墨》赠李培之。

十九日，辰时开篆，因命儿女辈同上学。

廿日，接岐山函。

廿二日，接汉中镇函。

廿三日，接岐山函，略云前逸六犯，现获四犯，其二亦有踪迹也。

卅日，致李宪之。函云久有南归之志，惟两手空空，望助一臂之力。

二月

初一日，接定太尊复函。

初二日，覆定太尊。函告南旋之期，约在秋间方可成行，现在各处张罗川资，尚未送到，一俟到时，即便禀请开缺也。

初三日，专丁赍书赴山东。

初六日，作书寄方思慎侄，望即刻西来。

初七日，新盐宪常公瑛履任不久，呈投履历贺禀，今来。

初八日，接余云楼覆缄。

初九日，祭圣庙，以病未痊，未与。

初十日，接李培之缄。

十一日，覆余云楼。

函云："尊处赠资，总以早寄为上着，何则？行囊必充，方敢请假，迨至批准，又须时日也。"

十二日，致定太尊书。

十七日，谢沧洲来自凤翔。

十八日，前寄侄书，今始发之，遣役还乡。

十九日至廿日，为谢沧洲书楹联。

廿一日，书季女雪翎、季男思桓碑记。

廿二日，遣思元扫墓，并立石也。

廿三日，谢沧洲回程。

廿五日，致李培之函，托买茶。

廿六日，书子孙殿额，曰"承帝兴宗"。

廿八日，接马承基诗函。

廿九日，接谢沧洲函，即覆。书灵山圣母额。

三月

初一日，书睡佛额曰"卧禅"。

初三日，接李培之函。

初四日，覆李培之及毛子林。

初六日，书铜佛额。

初七日，书武侯额曰"三代后一人"。

初九日，接李培之函云代买朝裙等件已获，惟银不敷，催速寄也。

初十日，前书未当，再书卧佛额。

十一日，代周振初书草亭联额曰"劳人偶憩"。

周鸾，字振初。

十二日，再书草亭联额。

联云："不羡广居，藉半亩荒园留有许多地步；况为传舍，爱数椽茅屋且卷无限天机。"额曰"草茅坐论"。

十三日，接史顺来函。

十五日，再覆李培之。

十六日，作《方氏板茂庄田碑记》。

论其家世情形较详，文云："古井田制，其可复乎？吾不得而知也；其终不可复乎？吾亦不得而知也。余家由蜀迁滇，世居古特磨城，有南北二庄焉。北曰阿科，南曰板茂，均各去城八十里。阿科庄田购自民间，每耕获按户授亩，按亩均收，无足异者。惟板茂则皆远祖躬率庄丁，开挖废垦、芟刈荒茅而成田者。庄地广袤约十余里，山皆土石，巉巉相半，而独乏水泉，仅上下二冲可开堰塘而资灌溉。祖乃就地相宜，于冲地低洼处储水辟田，得三十余区，平分三段，段取其一，以为公田。而凿塘者二，招佃三十户后增至六十余户，户授田一区，同养公田。又置仓于庄心隙地而环守焉，是为余家取给之资。岩根余地，杂植松杉枣粟暨桃李梨榴之属。堰塘则环以榆柳，并畜鱼虾，亦栽菱芡。其人则有斗充、斗练、勘那诸色目，以统率而诲导之。其役不过春渔冬狩，其仪不过鸡黍酒醴以及岁时祭赛、送往迎来而已。二百年来，民不知有赋税之扰、徭役之劳者，皆祖遗之惠也。余每赴庄勘其土地，抚厥遗规，不禁作而叹曰：'善哉！我祖其有王佐才乎！不然，何所区之当也。'观其处置民田，什取其一，是即周家井田遗制，公私均平也。观其树畜隙地，不留余闲，亦即周家蚕桑善政，妇孺交养也。观其役使民力，岁无苛派，又即周家时使薄敛、与民休息也。其制虽小，可以扩大，充之一国而一国治，充之天下而天下平。余又不禁俯而惜曰：'异哉！我祖虽有王佐才而无王佐命也。'古者画地授田，必值剥复际而后可以如其志。我祖入滇，当国初定鼎时，而滇处边隅，地广人稀，山菁丛杂，开辟尚少，故我祖得以展其才而小试焉。然非胸有成谟，而又心怀利济者，何能措之裕如也。惜乎其所试者小也。自始祖讳承宗、高祖讳正矩、曾祖讳世璧、祖讳贵 字天锡 及父讳凌翰 字振鹏 号北滇，寿皆耄耋，惟曾祖早卒。其始辟田庄者，一代始祖乎？扩而大之者，天锡公也。家谱久遗，无从征实，谨撮其概如此。"（文存《鸿濛室文钞》卷四《鸿濛金石文》）

廿三日，接饶肖峰及庚堂函。

廿五日，代饶肖峰书墓联。

联云："居家重古仪，孝友睦姻，叔世犹存司马范；处事仗遗旨，忠诚骨鲠，孤怀独抱史鱼心。"额曰"三代遗风"。

四月

初一日，遣役赴灵山悬匾。

初四日，思元患病。

方玉润长子。衄血甚重，日三四次，至今不止，亦可危也。

初五日，思元病未痊。

初七日，延医始至。开方皆不敢服。

初九日，思元未愈。《预拟坝东阡表》成。

《鸿濛室文钞》卷四《鸿濛金石文》有《预拟坝东阡表》。

初十日，服四物汤，思元病稍轻。

十一日，接定远函。

十二日，思元病甚沉。

十三日，思元诞期，病甚沉。

十四日至十六日，思元病甚沉。

十七日，思元病稍转。

十八日至廿日，思元病重甚。

廿一日，思元卒。气绝时卯末辰初，得年一十有三。

廿二日，拟葬思元于北郊，因亲往视之。

廿三日，接陈雪楞函。

廿四日，拟葬思元，为雨所阻，不果。

廿五日，葬思元于北郊。

廿六日，史顺由山东回，赍至李宪之函，赠银百金，然往还川资已用去三十六金。

廿七日，思元首七。

廿八日，覆陈雪楞。

廿九日，覆李宪之。

卅日，以《石墨》赠周福保兼送别。

周福保（今更名煇）近捐通判，明日将入都，分发山东。

五月

初二日，接营友函。

初四日，酬神。

初六日，接余云楼贺缄。

初八日，仁胜营官王得胜来陇，因携扶风令孙笠庄赠资二十金，即覆谢之。

十一日，思元三七。

十二日，记思元。

元儿性颇聪敏，九岁即能为人书钟鼎屏，十岁以钉镌砖作鼎文，古致历落，人以为汉砖，不知近人作也。

十三日，祭关帝，未与。阅《纲目》。

十七日至廿四日，摘录《鉴语》。

廿五日，作《鉴语序》。

文存《新烈日记》卷九。

廿六日至廿九日，阅《阳明文集》。

拟辑阳明、新吾、亭林三先生语录为《三希录》。三家学各不同，而乃编辑之为一。盖入门虽各不同，而会归则无不同，是三家相异之中正好相资也。分为三卷，第一卷中又分四目，曰道体、心法、立志、辨学，共十五条；第二卷又分四目，曰存养、省克、尊经、明伦，共十七条；第三卷又分九目，曰治民、为政、辅政、品藻、游艺、勖己、励人、自信、更成，共二十一条。

六月

初一日，接潘雨香覆缄。

初二日，刘玉初来拜，因托寄宝鸡诸书。

初三日，思元六七。

初四日至初六日，阅《呻吟语》。

天地、道体、圣贤、礼制、问学、存心、修身、涵养、省察、□□、力行、慎言、反己、安分、理欲为第一卷；人品、器量、识见、诚实、文艺、敦伦、处人为第二卷；应事、居官、治道、教化、法令、刑赏、用人、御民、建功立业、兴利除害、秉公为第三卷。

初七日至初九日，摘《日知录》。

经卷六十五条为第一卷；政治四十四条为第二卷；礼制十八条、风俗十一条及文钞三则，共为第三卷。

初十日，思元七七。

十一日，录《阳明传》。寄李培之函，托访妾。

十三日，录《新吾传》，洛学编本。

十四日，录《亭林传》，平江李次青著。

十五日，作《三希录序》。

文存《新烈日记》卷十。

廿日，作《三易原始叙》。

叙云："上古圣人开天立极，中古圣人继天建极，近古圣人参天保极，三者功不同，而德则无以异焉。说在大易一书之原本羲、文、周、孔四圣者。古之易有三：曰《连山》、曰《归藏》、曰《周易》。今《连山》《归藏》其亡已久，惟《周易》盛行，至今不替。即伏羲之易，亦若存若亡。世之言易者，无不知有伏羲易，实无一人见及伏羲易者。伏羲之易奈何？先天卦是也。当其时未有文字，只传图象，不传书，非开天立极义乎？迨其后丹鼎家窃为私秘，至康节始返而归诸儒，朱子从而演之，世乃知易有先天学者，然终未能确指为伏羲易也。周之易又奈何？即世所传上下经是也。世之书曰文王系篆，周公系文，而其序实与伏羲异，以是知此自为《周易》耳，非继天建极学乎？孔子之易又奈何？孔易盖兼羲、文而一以贯之者也，于何征之？于系辞上下传征之。系辞上曰：'天一地二，天三地四，天五地六，天七地八，天九地十'，此非先天易乎？系辞下曰：'易之兴也，其当殷之末世，周之盛德耶？'又序卦传与今《周易》无异，盖孔易实兼羲、文、周而互用之，特世习焉不察耳。予不敏，乃博采世之言先天学者，参以己意，汇为《羲易》一卷，以补其阙。又即国朝列圣御纂周易诸书，辑为《文周孔三圣》。二书中分理、气、象、数四端，使其条分义晰，无相混亦无相离，庶尚理者不遗气，亦可由气以求理；尚象者不遗数，亦可因数而穷象。可以察往，可以知来，可以仰观，可以俯察，可以见阴，可以见阳，可以藏仁，可以显用。谓为上古闻天立极之易也，可；谓为中古继天建极之易也，可；即谓为近古参天保极之易也，亦无不可，是为序。时大清光绪六年，岁在上章执徐，季夏中浣念日滇东南极边古希老人方□□鸿濛氏撰。"（文存《新烈日记》卷十）

廿二日，为高姓书寿幛。

廿三日，为高姓书门额"名教乐地"。

廿四日，为谭虎臣书条幅《临座位帖》。

廿五日，书一幅作鼎文。

廿六日，书小屏四幅。

廿八日至廿九日，选随园诗。得两卷。

卅日，选忠雅堂诗。得一卷。

七月

初一日，选忠雅堂诗。

初二日至初三日，选船山诗。

初四至初五日，摘《瓯北诗钞》。

初六日，选《国朝三家文钞》。

初七日至初八日，摘录自诗，将以附骚坛诗录之后，署曰《骚坛侍享集》。

　　是书未见流传，不知是否刊刻。

初九日，接涂伯音函。

初十日，接李勤宪函。

十一日，覆涂伯音。

十二日至十六日，摘自作诗。

十七日，接李云生函。

十九日，接涂伯音函。

　　大略谓中丞爱才若渴，欲得拙集而代进之耳。

廿日，覆涂伯音。寄去《诗经》二函、《诗钞》一函（已装订好），《文钞》一部、日记一部（未装订，烦命工装好），《石墨》二部，外《韵语》一册，单张《石墨》各数纸。

廿一日，覆李勤宪。

廿二日，寄李培之，托买妾。

廿三日，覆诸宪贺禀。

廿四日，摘录己诗。共得七百余首，分为六卷。

廿五日，作《骚坛侍享集序》。

　　序云："《骚坛侍享集》者，鸿濛子自删诗稿，拟附诸骚坛诗老之后而存焉者也。始予作《历代诗人祠堂图记》，镇西军统领官鄢君友石见而笑曰：'所想甚善，文亦新奇。中间安顿主客，驱别流派，及各室署名，尤为自然天成。独惜祠堂内尚少一住持僧耳，拟即以先生当之，何如？'遂相与大笑而罢。今且十年矣，连岁三男二女相继物故，所存者仅长女汭珍一人而已。天意茫茫，其殆将以予为诗人祠堂住持僧欤？折黄冠之拥彗而却扫者欤？然二氏皆非己所愿托，无已，其以本色面目奉祀于诸老坛长之末乎？后有墨客骚人善吾言而因以大启尔坛者，则予为不死矣。尔时谪仙诗圣，高座沉吟，诸弟子之皈依坛下者，指予为住持僧也可，即指予为拥彗之黄冠也，亦无不可。爰即历代诗辑为《骚坛俎豆诗存》，照图分宗别派，而以己作附系其后，自署曰坛侍，则其心为已苦矣。"（文存《新烈日记》卷十一）

廿八日至卅日，阅《别裁集》。拟选国初诗入《骚坛俎豆诗存》也。

八月

初一日，丁祭，未与。思元百日。

初二日至初三日，录渔洋诗。

初五日，录荔裳诗。

初六日，喻墨斋贺中秋。

初十日，接李培之、涂伯音覆缄。

十一日，覆涂伯音。

十三日，寄思慎侄，盼得书后宜早速装就道。

十四日，录愚山诗。

十六日，录初白、竹垞诗。

十九日至廿二日，阅《古诗源》。

选苏李诗为五言大宗；选古诗十九首为五言正宗；选魏武、陈思诗为五言正宗；选阮公《述怀诗》为五言正宗。

廿三日，史润甫由京絜眷来陇，并得陈雪楞信。

廿四日至廿七日，阅《古诗源》。

选太冲诗为五言正宗；选二谢及鲍明远诗为五言小宗；选庾子山诗为五言小宗；选陶渊明诗为五言别宗。

廿八日，阅唐诗。选王右丞诗为五言正宗。

九月

初一日，接上宪覆缄。

初二日，接汉中镇贺缄。

初四日，思元病日，曾许城隍黑白二神挂袍，今虽无效，而神不可欺，故仍遣女眷往酬焉。

初五日，女眷诣思元墓。

初六日，委员李君修德来拜，未晤。

初七日，覆陈雪楞。

初八日，选物赠诸亲。

初九日，检各帖及自著书籍，将托润甫带入京都。

十一日，送爪仙携小女汭珍入都。

十三日，致余云楼：承许慨助之项，希早颁下，得以预请开缺，即便南回也。

十八日，致余云楼，拟请代为买妾。

十九日，何玉亭过访。

廿五日，思慎侄七月卅日自家乡滇起程，今日始至。

廿六日，终日静坐，与思慎话乡关旧事，不胜惨伤。

卅日，致余云楼，函告拟先返乡关，妥安窀穸，再议出山。

十月

初一日，致涂伯音，询问代达之书能否呈进。

初二日，致胡鸿宾，希助力川资。

初六日，命思慎出门拜客。

初七日，为周辉书屏。

初八日，寄西屏，索书《海鸥吟社诗存》。

初九日，专丁赴都，迎接爪仙。

十二日，接勤宪西宁来函。

十三日，接赵子青函。

十四日，覆赵子青。

十六日，为严幼滨书联。

集北魏碑字云："攀葛回通南阁路，扪岩久献北门铭"。

廿日，代李培之书联。

廿一日，书家堂联。

廿二日，接段积堂山东军营来函。

大略叙其十年奔驰之苦，近始稍有着落处，乃捐河工闸官，又安有家室，可慰也。更欲为余谋有措资，尤为可感之至。更自造真正黑驴皮阿胶数十斤，分送二斤到陇，盖其营近东阿县，故人情重可感也。

廿三日，接岐山、定远二信。岐山赠金，随后当即寄到，惟定远乃欲留寄汉中，当商生息。

廿四日，覆段积堂。

廿五日，覆余云楼。

廿八日，为李培之书屏。

十一月

初一日，为李培之书楹联，三联俱仿《座位帖》。

初二日，接李培之、西屏函。

初三日，自书楹联。

初四日，自书屏幅一。

初五日，发山东段积堂信。

初六日，自书屏幅二。

初七日，书屏幅三。

初八日，书屏幅四五。接子青函。

初九日，书岳阳楼联。

联云："忧乐信关心，看满地江湖，鱼龙跳跃，无非楚恨湘愁，万顷谁吞云梦去；佯狂堪玩世，想诸天环佩，鸾鹤飞鸣，难遁劫尘苦海，三

杯还醉岳阳来。"（联存《新烈日记》卷十五）

初十日，再书岳阳联。

十一日，为闫谦书联。

十二日，书屏幅七。

十三日，书楹联、屏幅八。

十四日，接勤宪六月函，内附《诗稿》一册。

十五日，阅勤宪诗。

廿日，覆勤宪。

廿九日，接余云楼函。

十二月

初五日，书联，集北魏碑字。

初六日，发各宪贺禀。

初七日至初十日，书屏、书联。

十一日，接汉中、汧阳二函。

十二日，发甘肃贺禀。

十三日至十七日，书屏。

十八日，发贺启。

十九日至廿三日，书屏。

廿四日，家祭。接汧阳贺函。

廿五日，书屏联。

廿六日，龙价由京回陇，带来雪楞、爪仙二信，大略谓爪仙现时不宜出行。

廿七日，接邠州喻墨斋函，即覆。

廿八日，接粮郡二缄。

廿九日，覆陈雪楞，补缺之事不果。

卅日，接扶风孙、岐山胡贺函。

清光绪七年　辛巳（1881）　七十一岁

三月

十四日，书钟鼎小屏六幅。

十五日，再书屏。晚接涂伯音、林望侯及李宪之函。

十六日，书钟鼎屏四幅。

十七日，书宣纸中屏四幅。

廿四日至廿七日，书屏。

四月

初三日，午书屏四幅。

初六日，接余云楼函，略云蓝田辋川之谋。

初七日，接子青函，略叙近况，并代徐君小村寄改其《诗叙节略》。

初八日，作《诗人祠堂图》。

初十日，覆子青。

十四日至十八日，书屏。

十九日，书扇三柄，将以寄回乡赠友人者。

廿日，书扇五柄，亦将以寄回赠友人者。

廿一日，思元周年。命思慎赍纸银、纸钱、纸绸、纸缎至其墓前焚与之。

廿二日至廿四日，连日三书岳阳联。

廿五日，将以付梓，钩岳阳联。

廿六日，钩搁笔亭诗。

廿八日，代蒋芸轩书联。

卅日，接京信。楞函略云二月十九日未刻爪仙已举一子，母子安善。

五月

初一日，接子青函，即覆云：代刻之稿，尚希饬工赶办，方好分送诸友，是所拜祷。

初二日，覆余云楼。

初三日，接穆竹村函。

初四日，覆穆竹村。

初五日，发府宪贺禀。

　　新府宪方公名其正，号矩门。

初七日，接刘介卿函。

初八日至十一日，书联。

十二日，书钟鼎屏。

十三日，书屏。

十四日，书斗方。

十五日，书大联。

　　此芸轩代其友所属，集《石门铭》字并跋之。

十六日，书斗方。

十七日，欲著《俯察一隅》一书，今日先成《玉案山》一图。

十八日，此日成《黑龙潭图》。

十九日，此日作《石城图》，地在滇垣海口睡佛山后。

廿日至廿六日，作地图。

廿七日，龙价自京回。爪仙因孩子太幼，不能即回。

廿九日，作《演武亭祖茔图》。

六月

初一日，作家书，欲先遣使接胡姬西来侍奉。

初二日，致杨卜臣。思慎回乡归厝双棺，尚望临穴指示一切。

初三日，致康达姻家。

初四日，覆雪楞。小儿拟名曰思极，取字圞之。

初五日，致爪仙。函成始知爱女汭珍已亡。

初六日，遣使回籍。

初七日，发京信。

初八日，接余云楼覆函。

初十日，先母忌日。

十二日，编《历代四科衍绪》。

先编德行科，以孙夏峰先生为首。

《鸿濛室文钞》卷二《著述弁言》有《历代四科衍绪自序》。

十三日，又得德行一人曰黄梨洲先生。

十四日，又得德行一人曰李二曲先生。

十五日，又得德行一人陆稼书先生。

十六日，得德行一人曰陆桴亭先生。

十七日，为林望侯题照。

诗曰："陇上春云住又飞，长淮烟水素心违。匆匆十八年间事，好倩琴弦谱落晖。"

又有跋云："同治甲子冬，余履陇佐任，道出古隃麋，时望侯仁兄大人适宰是邑，相得甚欢，不禁相见恨晚也。嗣君捧檄他邑，往来宦途，行踪无定，音问稍疏矣。君今复履是任，情怀非旧，政治维新，爰出是图命题。感今追昔，曷胜浮沉之感。爰成廿八字奉教，亦聊以塞十余年相倾相慕之情云尔。"（诗文存《新烈日记》卷十二）

十八日，覆余云楼，言辋川之谋必须先筹费而后图地。

十九日，覆李宪之。询可否每年会兑二三百金至陇，亲眼校阅所著文章。

廿日，编《历代四科衍绪》，得德行六人：汤潜庵、王介祺、颜习斋、李刚主、王□□及刘言洁。

廿一日，得德行二人：李文贞公、方望溪侍郎。

廿二日，得德行四人：范忠贞公、傅青主先生、王伦表先生、陆周明先生。

廿三日，得德行七人：颜孝子伯璟、谢龙光、曹超、张维德、张振祚、薛文、薛化礼。

廿四日，得德行二十人：王孝□原及谢万全、王金、陈嘉谟、贺上林、何士阀、王麟瑞、刘必泰、邱永彰、胡士宏、刘镒、张大观、蔡应泰、杨璞、刘芳、李长茂、黄成富、陈福□衿、吴鸿锡。

廿五日，书楹联，地震。

廿六日，书楹联。

廿七日，书屏。

廿八日，编《历代四科衍绪》，得政事二人：范文肃公父子二人。

廿九日，编《历代四科衍绪》，又得政事二人：冯文毅公溥、张文贞公玉书。

卅日，编《历代四科衍绪》，又得政事三人：张文端公英、魏敏果公象枢、姚端恪公文。

清光绪九年 癸未（1883） 七十三岁

是年，先权厘梅湖，后升补砖坪厅通判，未抵任而卒于八月廿四日，葬于陇州木塔寺后。

广南志书局《方玉润》云："光绪癸未，边宝泉开藩秦中，委玉润权厘梅湖。"《民国陇县野史》卷八《名宦良吏·方公小传》云："光绪九年，公年逾古稀，边方伯宝泉委收梅湖厘金，公以宦囊羞涩勉强就任。"

《续修陕西通志稿》卷七十一《名宦传八补录》云："冯誉骥巡抚陕西，器其才，而恤其老，奏升补砖坪厅通判，未抵任而卒。葬于陇州木塔寺后。玉润著述甚富，已刊者有《鸿濛室丛书》若干卷，刻板未半；又日记杂著十九册，亦未付梓。"

参考书目

《碑传集》，（清）钱仪吉编，上海古籍出版社 1987 年版。

《碑传集补》，闵尔昌编，上海古籍出版社 1987 年版。

《碑传集三编》，汪兆镛编，上海古籍出版社 1987 年版。

《〔道光〕广南府志》，（清）李熙龄纂修，民国间抄本。

《滇贤生卒考》，方树梅编，民国二十五年方树梅南荔草堂刻本。

《方玉润传》，赵藩著，《云南丛书》1914 年版。

《方玉润著述考》，向达著，《唐代长安与西域文明》，河北教育出版社 2001 年版。

《〔光绪〕陇州乡土志》，（清）唐崧森等纂修，清光绪三十二年抄本。

《〈鸿蒙家书〉与方玉润著作》，黄美椿著，《文史（第九辑）》，中华书局 1986 年版。

《鸿濛室诗钞》，（清）方玉润著，清咸丰十一年至同治十三年陇州刻本。

《鸿濛室文钞》，（清）方玉润著，清咸丰十一年至同治十三年陇州刻本。

《鸿濛室文钞二集》，（清）方玉润著，清咸丰十一年至同治十三年陇州刻本。

《历代妇女著作考》，胡文楷编著，上海古籍出版社 1985 年版。

《陇县新志》，史恒信纂修，民国三十六年抄本。

《陇县志》，陇县地方志编纂委员会，陕西人民出版社 1993 年版。

《民国陇县野史》，王宗维编撰，民国三十四年抄本。

《民国续修陕西通志稿》，杨虎城等纂修，凤凰出版社 2011 年版。

《清朝进士题名录》，江庆柏编著，中华书局 2007 年版。

《清代碑传文通检》，陈乃乾编纂，中华书局 1959 年版。

《清代人物大事纪年》，朱彭寿编著，北京图书馆出版社 2005 年版。

《清代人物生卒年表》，江庆柏编著，人民文学出版社 2005 年版。

《清代文学家方玉润及其著作》，马子华著，《广南县文史资料选辑（四）》，1990 年版。

《清代学者著述表》，萧一山编，商务印书馆民国三十三年版。

《清代职官年表》，钱实甫编，中华书局 1980 年版。

《清末学者方玉润传略》，李乐天著，《陇县文史资料选辑（第四辑）》1986 年版。

《清人别集总目》，李灵年、杨忠主编，安徽教育出版社 2000 年版。

《清人诗集叙录》，袁行云著，文化艺术出版社 1994 年版。

《清儒学案》，徐世昌著，中国书店 2013 年版。

《清史稿》，赵尔巽等撰，中华书局 1977 年版。

《清史列传》，中华书局 1982 年版。

《三千五百年历日天象》，张培瑜著，大象出版社 1997 年版。

《陕西近代人物小志》，曹冷泉撰，民国三十四年樊川出版社。

《诗经原始》，（清）方玉润著，李先耕点校，中华书局 1986 年版。

《太平天国史》，罗尔纲著，中华书局 1991 年版。

《晚晴簃诗汇》，徐世昌编，闻石点校，中华书局 2018 年版。

《心烈日记》，（清）方玉润著，稿本。

《新烈日记》，（清）方玉润著，稿本。

《星烈日记》，（清）方玉润著，稿本。

《星烈日记汇要》，（清）方玉润撰，清同治十二年至光绪元年刻本。

《曾国藩诗文集》，（清）曾国藩著，中华书局 2018 年版。

《中国近代史料丛刊·太平天国（全八册）》，中国史学会主编，上海人民出版社、上海书店出版社 2000 年版。

《中国历代官制词典》，徐连达主编，安徽教育出版社 1991 年版。

《中国历史大辞典·清史卷》，上海辞书出版社 1992 年版。

《中国文学家大辞典·清代卷》，钱仲联主编，中华书局 1996 年版。

《中西回史日历》，陈垣撰，中华书局 1962 年版。